U0960047

劳动教育与实践教程

主　编　马鹏巍　李敏霞

副主编　邓歌明　李　敏

张　璐　张　莹

参　编　谷　秾　王泽玉

董瑞瑞　武小溪

天津大学出版社

TIANJIN UNIVERSITY PRESS

图书在版编目(CIP)数据

劳动教育与实践教程 / 马鹏巍, 李敏霞主编 ; 邓歌明等副主编. -- 天津 : 天津大学出版社, 2023.8
ISBN 978-7-5618-7552-0

Ⅰ. ①劳… Ⅱ. ①马… ②李… ③邓… Ⅲ. ①劳动教育－高等学校－教材 Ⅳ. ①G40-015

中国国家版本馆CIP数据核字(2023)第130210号

出版发行 天津大学出版社
地　　址 天津市卫津路92号天津大学内(邮编:300072)
电　　话 发行部:022-27403647
网　　址 www.tjupress.com.cn
印　　刷 廊坊市海涛印刷有限公司
经　　销 全国各地新华书店
开　　本 787mm×1092mm　1/16
印　　张 12.5
字　　数 318千
版　　次 2023年8月第1版
印　　次 2023年8月第1次
定　　价 45.00元

目　　录

绪论　劳动教育的首要的根本问题

【学习目标】

知识目标

了解马克思主义劳动价值观的内涵及内容；掌握习近平新时代中国特色社会主义劳动价值观的主要内容；充分认识正确的劳动价值观对大学生成长成才的重要作用。

素质目标

树立正确的劳动观，尊重劳动、崇尚劳动；增强对劳动、劳动人民的情感，奉献社会，报效祖国。

加强大学生劳动教育，全面提升大学生劳动素养，就要以马克思主义劳动价值观为引领，以马克思主义中国化时代化的劳动价值观——习近平新时代中国特色社会主义劳动价值观为指导，这是对大学生进行劳动教育的首要的根本的问题。唯此，才能更好地促使大学生树立正确的劳动价值观，奉献社会，报效祖国。

一、以马克思主义劳动价值观为引领

在人类社会发展过程中，劳动发挥了重要作用。在马克思主义价值体系中，劳动价值观发挥着特殊的重要作用。马克思和恩格斯以宏大视野审视了劳动的价值，形成了对劳动的本质、作用及态度的根本认识和总的看法，充分认识了劳动对整个人类社会的作用和意义。这为我们形成正确的劳动认知和价值判断指明了方向。

（一）劳动的含义及分类

马克思和恩格斯在批判吸收黑格尔哲学的基础上，认为劳动具有哲学本体论的意义，是关系到人的自我实现、自我解放以及社会发展的总体性范畴。马克思认为，劳动是物质生产活动，是“人和自然之间的物质变换过程”，是一种自由的自觉的活动，是现实的人改造客观世界的活动。他指出，劳动作为使用价值的创造者，作为有用劳动，是不以一切社会形式为转移的人类生存条件，是人和自然之间的物质变换，即人类生活得以实现的永恒的自然必然性。所谓劳动，是指在一定社会关系中，人类实现人和自然间的物质变换，为满足自身需要有目的地创造物质财富和精神财富的社会实践活动。它是人通过自身肢体对外输出劳动量而产生价值的人类活动，是人维持自我生存和实现自我发展的唯一手段。它是人类所特有的一种有意识、有目的的社会实践活动，是人利用自己的体力和脑力，通过自身的活动来调整和控制人与自然之间的物质、能量、信息的交换过程，是人的生存条件和存在方式，也是社会存在和发展的基础。劳动是人的本质力量的对象化活动，尊重劳动、崇尚劳动是对人的本质力量，即人的一般本质和现实本质的价值复归。

劳动具有人类专属性、自觉能动性和人类创造性。劳动具有自觉意识和能动性，它是人进行的有目的的活动，有自觉能动意识。劳动又是社会活动，它的目的、方式和劳动能力的发挥受当时社会历史条件的限制。人的劳动具有双重效果，“当他通过这种运动作用于他身外的自然并改变自然时，也就同时改变他自身的自然”。劳动不仅改变了劳动对象，而且也改变了人本身及人类的社会状况。所以说，劳动是人类特有的、为满足自身的物质和精神需要，有目的地调整和控制人和自然界之间的物质变换过程的一种改变自然物的社会实践活动。

劳动有广义与狭义之分。狭义劳动仅指体力劳动，广义劳动包含体力劳动和脑力劳动。这里所讲的劳动是指广义劳动。对于广义的劳动，马克思按照不同标准、从不同角度对其进行了分类。

1. *具体劳动和抽象劳动*

马克思将生产商品使用价值的劳动称为具体劳动，将生产商品价值的劳动称为抽象劳动。具体劳动是指在一定的形式下进行的劳动。具体劳动包括劳动目的、劳动工具、劳动对象、操作方法和劳动结果等五个要素。由于劳动的目的、使用的工具、加工的物质对象和采用的操作方法不同，人们可生产出具有不同使用价值的物品。由于生产的使用价值众多，因此，相应的具体劳动方式也有很多。具体劳动体现着人和自然的关系。抽象劳动是指撇开一切具体形式的、无差别的一般人类劳动，即人的脑力和体力的耗费。它抽去了具体形式的一般人类劳动，并形成商品的价值。只有在商品生产的条件下，当人们的经济联系通过劳动产品的相互交换来实现的时候，耗费在这些劳动产品上的人类的脑力和体力才能作为形成价值的一种人类劳动而被社会“抽象”出来。抽象劳动是一种社会关系，是商品经济所特有的。

2. *必要劳动和剩余劳动*

马克思为了进一步研究商品的价值，分析商品质的规定与量的规定，将劳动分为必要劳动与剩余劳动。他强调的价值量是由劳动者生产商品所消耗的劳动量决定的。必要劳动是指劳动者为维持和再生产劳动力所必需的劳动，也就是劳动者为了维持自己和家庭的生活所必须付出的那一部分劳动。在必要劳动中所花费的时间就是必要劳动时间。依据马克思政治经济学原理，社会必要劳动时间就是以一个工作日中一个标准人生理活动耗费的使用价值为界限的劳动时间，即劳动者当天的劳动成果的价值等于其当天所消费的价值的部分。在必要劳动时间内的劳动为必要劳动，是再生产劳动力本身价值的劳动。剩余劳动则是超过维持劳动力生产和再生产需要的劳动，亦即生产剩余产品所消耗的劳动量。在私有制社会中，剩余劳动即为剥削者所占有的劳动。剩余劳动时间内的劳动为剩余劳动，生产剩余价值被资本家榨取。但在社会主义国家，剩余产品被社会所占有，这样也就没有剩余劳动了，所有的劳动都是必要的，因此也就没有必要劳动和剩余劳动之分了。

3. *简单劳动和复杂劳动*

马克思在揭示商品价值量的本质时，又将劳动分为简单劳动和复杂劳动。简单劳动是指不需要经过专门训练和培养的一般劳动者都能从事的劳动。复杂劳动是指需要经过专门训练和培养，具有一定文化知识和技术专长的劳动者才能从事的劳动。复杂劳动包含比较多的技巧和知识的运用。马克思在《资本论》中谈道，简单劳动“是每个没有任何专长的普通人的机体平均具有的简单劳动力的耗费”“比社会平均劳动较高级较复杂的劳动，是这样一种劳动力的表现，这种劳动力比普通劳动力需要较高的教育费用，它的生产要花费较多的劳动时间”。在同样的时间里，复杂劳动创造的价值量等于成倍的简单劳动创造的价值量。简单劳动所产生的产品的剩余价值较低，而复杂劳动所产生的产品的剩余价值相对要高。“在劳动、资本、知识、技术、管理、数据等要素参与的收入分配制度中，所谓按劳分配的‘劳’，不只是指生产一线的直接劳动者的劳动，还有技术、知识、管理、数据的劳动，这些劳动属于复杂劳动。只有复杂劳动的报酬得到体现，连同生产一线的劳动者的报酬加起来方能够体现按劳分配为主体。”[1]

4. *私人劳动和社会劳动*

马克思在批判资本主义私有制条件下商品经济的基本矛盾时，将劳动分为私人劳动和社会劳动。他指出，生产商品的具体劳动和抽象劳动的矛盾，根源于私人劳动和社会劳动的矛盾，这是商品经济的基本矛盾。私人劳动是指生产者作为私有者，在社会分工体系中，按照自己的利益和要求进行的从事某种商品的生产，具有私人性质的劳动。社会劳动则指在社会分工体系中，劳动者为了进行社会交换，按照社会的利益和需求所从事某种商品的生产，具有社会性质的劳动。马克思强调私人劳动和社会劳动的矛盾决定着商品生产者的命运。

5. *脑力劳动和体力劳动*

马克思认为脑力劳动与体力劳动的统一是共产主义实现的条件之一。人类在劳动中，不仅有体能的消耗，而且有脑力的支出。也就是说，在劳动中脑力劳动和体力劳动是共有的。但对于某项或某类具体劳动来说，从计划到完成，其脑力活动的复杂程度及体力消耗的强度是不均衡的。脑力劳动就是古人所讲的“劳心”，指脑力消耗和付出占优势的活动。体力劳动就是古人所讲的“劳力”，指体力消耗和付出占优势的活动。脑力劳动和体力劳动，是人类劳动发展到一定阶段出现的劳动分工形式。消除两者的差别是一个长期的过程。消除这种差别的根本途径是高度发展社会生产力和高度发展与普及科学文化教育。随着直接生产过程实现自动化，计划和管理过程实现自控化，繁重的体力劳动和重复的脑力劳动由机器来承担，人类进入了智力和体力全面充分发展的新时代。

6. *技术劳动和非技术劳动*

尽管马克思没有运用技术对劳动进行明确的分类，但马克思在阐述资本积累时，强调了剩余价值的资本化，阐述了资本的技术构成问题，暗含着将劳动分为技术劳动和非技术劳动。技术是人类在利用和改造自然的劳动过程中积累和体现出来的知识、经验和技能，也包含人类在劳动中所创造的工具、机器和设备等。马克思认为在资本主义企业内部，资本家投入生产过程中的资本，从自然形式上看，总是由一定数量的生产资料和劳动力构成的。在生产资料和劳动力之间，存在着一定比例关系，这个比例关系取决于生产技术的发展水平。技

[1] 洪银兴：《社会主义基本经济制度的创新和优势》，《红旗文稿》2020年第1期。

术水平越高，每个劳动力所推动生产的生产资料的数量就越多；反之，就越少。也就是说，技术劳动是指需使用复杂工具来完成的并需要较高的文化知识来进行的劳动。非技术劳动则是指以体力劳动为主的、不需要更多文化知识来进行的劳动。

当然，除上述分类之外，还可将劳动分为生产性劳动和劳务性劳动、物质生产劳动和精神生产劳动、常规劳动和创新劳动等等，在此不再赘述。

（二）劳动价值观的基本含义

价值是一个深奥、微妙的概念，它属于关系范畴。从认识论上来说，价值是指客体能够满足主体需要的效益关系，是表示客体的属性和功能与主体需要之间的一种效用、效益或效应关系的哲学范畴。价值属于哲学范畴，具有最高的普遍性和概括性。人们追求真、善、美，凡有助于促进实践中的真、道德上的善、生活中的美的事物，便是有价值的。价值观是基于人的思维感官而作出的认知、理解、判断或抉择，也就是人认定事物、判定是非的一种思维或取向，体现的是人、事、物的意义或作用。它是人们基于生存、享受和发展需要对某类事物价值的根本看法，是关于事物好与坏、对与错、符合与违背意愿的总体认知，是关于该不该做什么的基本见解。人们为了满足自身需要，使用生产工具进行劳动，不断创造和追求价值，不断认识和评价价值。价值本身并不回答事物的本来面目，也不揭示事物的本质与规律以及事物发展趋势。它具有导向功能、规范功能、凝聚功能和激励功能。

劳动价值观，就是人们在实现个人愿望、满足自身需要时对劳动价值的定位和根本看法。它直接决定劳动者的价值判断和价值选择，是世界观、人生观、价值观的重要组成部分[1]。劳动价值观主要包括人们对劳动价值的认识、对劳动的情感态度和价值取向以及对个人劳动与社会劳动之间价值的认识。它对人们的劳动选择和劳动行为起着引导和支配作用。马克思主义劳动价值观是以劳动为主题并由劳动支撑的价值观。马克思认为，劳动不仅是谋生的手段，也是通向客观世界与主观世界的媒介，更是实现人性至美至善、彻底自由的必由之路。人们为了生存必须生产和制造工具，依靠自身能力并利用工具对自然界进行劳动改造，从而获取生存所需的物质资料。在这个过程中，客观世界满足了人们的需要。劳动使客观世界和主观世界之间建立起了紧密联系。马克思主义劳动价值观在劳动价值认知的基础上形成了对劳动的本质、作用及态度的根本认识和总的观点。一方面，它是指劳动者坚信通过个人的辛勤劳动与付出，在生产出足够满足自身需求的物质产品和精神产品的同时，还可以满足他人对物质产品和精神产品需求的一种自我价值评价；另一方面，它是指社会对于劳动者个人的劳动付出与劳动贡献的多少、好坏等所给予的一种价值评价，其目的是引导和鼓励全社会形成一种劳动光荣、劳动崇高、劳动至上、劳动伟大的社会风气，进而推动社会的发展和人类的进步[2]。特别是进入新时代，深入研究和把握马克思主义关于劳动价值的观点，对于当代大学生树立正确劳动价值观具有重大时代价值和现实意义。唯此才能更加有效地促进社会进步，实现远大理想。

劳动教育，就是通过有目的地向大学生传授马克思主义劳动价值观，有计划地向大学生

[1] 刘向兵：《新时代高校劳动教育的新内涵与新要求——基于习近平关于劳动的重要论述的探析》，《中国高教研究》2018 年第 11 期。

[2] 郑银凤，林伯海：《当代中国马克思主义劳动价值观的变迁、弘扬和发展》，《思想理论教育导刊》2016 年第 1 期。

传递劳动知识与技能，使大学生养成良好的劳动习惯，形成正确的世界观、人生观和价值观，真正成为德智体美劳全面发展的社会主义事业的合格建设者与接班人。

（三）马克思主义劳动价值观的主要内容

劳动价值观是马克思主义理论的重要内容。马克思、恩格斯从不同的角度对劳动价值观做了精辟的论述，强调劳动创造了人和人类历史，劳动是价值和财富产生的源泉，劳动是实现人全面发展的基本途径。

1. 劳动创造了人和人类历史

马克思从劳动创造了人本身、创造了人类历史和推动了人类社会历史进步三个角度阐述了劳动对人类的特殊作用。一是劳动创造了人本身。马克思认为："人类通过劳动摆脱了最初的动物状态。"劳动使人从自然界中分离出来，使人有着不同于一般动物的语言和肢体结构，使人有了区别于其他动物的生物性特性。人类劳动不仅仅是为了满足生存的需要，同时还是为在征服自然中获得自由，在自由间领略幸福之美感，从而获得精神之满足。劳动是生物人转变为社会人的基础。马克思指出，无论是通过劳动而肯定自己的生命，还是通过生育而产生他人的生命，都立即表现为双重关系，即自然关系与社会关系。人也就具有了自然属性和社会属性。从生物人到社会人转化的过程，是作为"一切社会关系的总和"的人的本质形成的过程，人们以自己所从事的物质资料生产活动为途径进入一定的社会关系中。劳动具有双重效果，它不仅改变了劳动对象，也改变了人本身及其人类社会。二是劳动创造了人类历史。在马克思看来，历史就是从事劳动活动的现实的人所进行的劳动实践活动的展开。马克思、恩格斯认为，人类社会的全部历史是以生产劳动为起点的，只有人类的生产劳动才真正构成了人类历史的基础，才是解开人类历史发展秘密的钥匙。人类的发展过程就是劳动的发展史，人类历史是在一定的社会形式中由劳动展开的历史。马克思认为，所谓世界历史不外乎是人通过人的劳动而诞生的过程，我们首先应当确定一切人类生存的第一个前提，也就是一切历史的第一个前提。这个前提是人们为了能够"创造历史"，必须能够生活。人类社会是通过生产劳动产生的，劳动是人类历史的真正基础，是人类延续和发展的根基。三是劳动推动了人类社会历史进步。正是人类的劳动，促使人们摆脱最初的动物状态，逐渐从野蛮走向文明。马克思指出，劳动首先是人和自然之间的过程，正是在劳动促成人与自然既分化又统一的过程中，形成了人与自然的关系和人与人之间的社会关系，这二者之间的矛盾推动了整个人类社会历史的进步。劳动不仅是人获得自身物质生活资料的基本方式，而且是个人表现自己生活的基本方式。劳动者构成了自己创造自己历史的基本方式，人民群众是历史的创造者和历史的主体。

2. 劳动是价值和财富产生的源泉

马克思的劳动价值论系统论证了劳动在商品价值和财富中的作用。第一，劳动是商品价值的源泉，这是马克思劳动价值论所包含的核心思想。依据马克思主义政治经济学原理，一切有价值的商品都是建立在劳动创造基础上的。价值是人类抽象劳动的凝结，是凝结在商品中的无差别的人类劳动（包括人类脑力和体力的消耗）。生产商品的劳动具有具体劳动和抽象劳动二重性。一切劳动，既是人类劳动力在生理学意义上的耗费，它形成商品价值;也是人类劳动力在特殊的有一定目的的形式上的耗费,它生产使用价值。价值是商品的社会属性,使用价值是商品的自然属性。具体劳动决定使用价值,而凝结在商品中的一般的、无差别的抽象劳动则是形成商品价值的唯一源泉。第二,劳动是财富产生的源泉。劳动在唯物史观中体现的是一种社会关系,马克思在《哥达纲领批判》中指出,劳动只有作为社会的劳动或在社会中,才能成为财富和文化的源泉。人类通过劳动创造出大量的社会财富以满足人类日益增长的物质、精神等方面的需要,极大促进了人类社会的发展。马克思认为,劳动并不是它所生产的使用价值即物质财富的唯一源泉。物质生产是人类维持生命的前提条件,劳动是人类生存的基本条件,是人与自然之间的物质变换即人类生活得以实现的永恒的自然必然性。人类通过生产劳动解决衣食住行等生存问题,为从事政治、宗教和文化等活动奠定物质财富基础。马克思认为,劳动剥削是资本主义的社会本性,资本家凭借对生产资料的所有权对雇佣工人的剩余劳动进行无偿占有。为了改变这种状况,马克思提出了"按劳分配"原则,这是对不劳而获的剥削制度的否定。该原则按照劳动者个人所提供的劳动量的比例,在劳动者之间进行分配。劳动是唯一尺度,劳动者据此从社会领取与他向社会提供的劳动量成比例的消费品,马克思将其看作实现社会正义的重要原则。

3. *劳动是实现人全面发展的基本途径*

马克思主义认为,劳动是实现人全面发展的基本途径。在合理的社会制度下,每个有劳动能力的人都应当学会劳动,不仅能够用手劳动,而且能够用脑劳动,从而将体力劳动与脑力劳动结合起来,并使人的各方面的能力得到充分、协调的发展,成为全面发展的人。第一,劳动创造了人全面发展的现实条件。马克思、恩格斯在系统地考察了分工发展与人的发展关系的基础上,指出旧式分工造成人的智力劳动与体力劳动的分离与对立,导致人的劳动能力逐渐丧失整体性,从而使人陷入片面的畸形发展。只有从根本上改变资本主义的生产关系,才能使大工业的本性的客观要求得到"正常实现",才可能造就全面发展的人。第二,教育与生产劳动相结合是实现人的全面发展的唯一方法。在资本主义制度下,劳动被异化成"仅仅维持自己生存的手段"。劳动异化毁灭了自由自觉的人的本质属性和劳动者的身心发展,成为人得以解放的主要障碍。实现人的全面发展,就是要使人的智力、体力发展相统一。马克思在《资本论》中指出,从工厂制度中萌发出了未来教育的幼芽,未来教育对所有已满一定年龄的儿童来说,就是生产劳动同智育和体育的结合,它不仅是提高社会生产的一种方法,而且是造就全面发展的人的唯一方法。马克思在深入分析了异化劳动形成的私有制根源的基础上,提出只有以共产主义扬弃私有制,最终消除劳动异化,才能实现劳动和教育相结合,从而使多方面的技术训练和科学教育的实践基础得到保障。劳动已经不仅是谋生的手段,而且成了生活的第一需要。

总之,马克思树立的劳动价值观,是基于对人类社会的唯物主义考察,从现实社会出发,对劳动的二重性、劳动价值量的决定以及劳动对人的发展的重要作用等进行的系统阐述。这为我们培养正确的劳动观念,形成全社会崇尚劳动的价值取向提供了很好的价值引领。当然,马克思所处的时代是工业化初期的蒸汽机时代。当今人类进入了 21 世纪,社会经济条件发生了巨大变化。特别是进入新时代,我们在全面建设社会主义现代化强国新征程上努力拼搏的关键阶段,还需要根据变化的实践,在继承的基础上与时俱进。我们要在坚持的基础上发展马克思的劳动价值论,要深化对创造价值的劳动的认识,对生产性劳动作出新的界定;深化对科技人员、经营管理人员在社会生产和价值创造中所起作用的认识;深化对价值创造与价值分配关系的认识,丰富发展马克思主义劳动价值观。

二、以习近平新时代中国特色社会主义劳动价值观为指导

在坚持和发展马克思主义劳动价值观的基础上,中国共产党结合我国实际,逐步形成了以毛泽东、邓小平、江泽民和胡锦涛的理论为主要代表的劳动价值观。进入新时代,习近平系统阐述了新时代中国特色社会主义劳动价值观,进一步发展了马克思主义劳动价值观。2018 年 9 月 10 日,习近平在全国教育大会上强调"要在学生中弘扬劳动精神,教育引导学生崇尚劳动、尊重劳动,懂得劳动最光荣、劳动最崇高、劳动最伟大、劳动最美丽的道理,长大后能够辛勤劳动、诚实劳动、创造性劳动",形成了"劳动最光荣、劳动最崇高、劳动最伟大、劳动最美丽"的价值观[1]。这为新时代大学生形成正确的劳动价值观提供了思想指导和行动指南。

(一)劳动没有贵贱之分——劳动最光荣

1. 职业无贵贱,劳动最光荣

任何一份职业、任何一位劳动者都是光荣的和值得尊重的。人类是劳动创造的,社会也是劳动创造的。正是因为劳动创造,我们拥有了历史的辉煌和今天的成就。随着经济社会的发展变化、职业分类细化以及新职业的不断涌现,传统职业和新兴职业并举,无论从事的劳动技术含量如何,只要每个人勤于学习、善于实践、勇于创新,就能够造就闪光的人生。习近平总书记指出,无论时代条件如何变化,我们始终都要崇尚劳动、尊重劳动者,始终重视发挥工人阶级和广大劳动群众的主力军作用。这既激励着劳动者的劳动热情,引领着社会主义劳动价值观的导向,也是对马克思劳动创造价值思想的创新发展。他号召全社会大力弘扬劳动光荣、知识崇高、人才宝贵、创造伟大的时代新风,促使全社会成员弘扬劳动精神,推动全社会热爱劳动、投身劳动、爱岗敬业,为改革开放和社会主义现代化建设贡献智慧和力量。社会的发展离不开每位劳动者的创造,不论是工人、农民还是领导干部,他们都在自己平凡的岗位上从事着不同的劳动,为社会的发展增砖添瓦。他们勤劳朴实、自强不息的民族精神,爱岗敬业、吃苦耐劳的奉献精神,体现了中华民族的传统美德。全社会都要以辛勤劳动为荣、以好逸恶劳为耻,任何时候任何人都不能看不起普通劳动者,都不能贪图不劳而获的生活。

2. 尊重劳动,尊重知识,尊重人才,尊重创造

2020 年 9 月 11 日,习近平总书记在科学家座谈会上的讲话中强调:尊重劳动、尊重知识、尊重人才、尊重创造,遵循科学发展规律,推动科技创新成果不断涌现,并转化为现实生产力。劳动是人类生存和发展的基础。尊重劳动、尊重知识、尊重人才,积极发挥创新性劳动在创造财富中的决定性作用,是人类文明不断繁衍发展的动力源泉。中华民族有 5 000

[1] 陈国维:《大学生劳动教育》,北京,高等教育出版社,.2020。

多年连绵不断的文明历史，经过几千年的沧桑岁月，中国人民始终勤劳勇敢、努力创造，用劳动、用知识、用智慧，耕耘生活，创造了博大精深的中华文化。新时代实现中华民族伟大复兴，建设社会主义现代化强国，劳动群众是主体力量，特别是知识分子是创新性劳动的主体。唯有充分发挥这些高素质劳动者、创造性人才的作用，方能有效实现我们的奋斗目标。习近平总书记指出，要树立正确人才观，培育和践行社会主义核心价值观，着力提高人才培养质量，弘扬劳动光荣、技能宝贵、创造伟大的时代风尚，营造人人皆可成才、人人尽展其才的良好环境，努力培养数以亿计的高素质劳动者和技术技能人才。在全社会营造“尊重劳动、尊重知识、尊重人才、尊重创造”的浓厚氛围中，弘扬劳动精神，教育引导大学生崇尚劳动，通过辛勤劳动、诚实劳动、创造性劳动，弘扬“劳动最光荣”的价值导向，弘扬劳模精神、劳动精神、工匠精神，不断凝聚起奋进新征程、建功新时代的信心，为全面建设社会主义现代化国家贡献自己的智慧和力量。

（二）劳动创造幸福生活——劳动最崇高

1. 劳动是人们提高生活水平、创造幸福生活的根基

2022 年 4 月 27 日，在“五一”国际劳动节到来之际，习近平总书记向广大技能人才和劳动模范致以诚挚的问候，向广大劳动群众致以节日的祝贺。他指出：“我国工人阶级和广大劳动群众要大力弘扬劳模精神、劳动精神、工匠精神，适应当今世界科技革命和产业变革的需要，勤学苦练、深入钻研，勇于创新、敢为人先，不断提高技术技能水平，为推动高质量发展、实施制造强国战略、全面建设社会主义现代化国家贡献智慧和力量。”中国人民自古就明白，世界上没有坐享其成的好事，要想幸福就要奋斗。幸福不是毛毛雨，幸福不是免费的午餐，幸福不会从天而降。人世间的一切成就、一切幸福都源自劳动和创造。早在陕西延川梁家河知青插队时，习近平在七年的劳动生产实践中，通过踏实劳动，修井打坝、建沼气池，就认识到只有依靠劳动才能创造出更多的物质财富，才能解决老百姓的温饱问题。要想摆脱贫困，过上好日子，就必须付出更加艰辛的劳动。他常常强调，“人世间的一切幸福都需要靠辛勤劳动来创造”，这不仅阐释了幸福与劳动的关系，也对广大人民群众发出了崇尚劳动的号召。当前，我国社会的主要矛盾是人民日益增长的美好生活需要和不平衡不充分发展之间的矛盾，要解决这一矛盾，唯有踏实劳动、不懈奋斗，才能满足人民对美好生活的期待，才能为幸福生活打牢物质根基。

2. 幸福都是奋斗出来的，奋斗本身就是一种幸福

劳动是财富的源泉，也是幸福的源泉。习近平总书记多次指出，“人世间的一切幸福都需要靠辛勤的劳动来创造”“幸福都是奋斗出来的”“奋斗本身就是一种幸福”。劳动不仅满足了人们对物质生活的需要，还使人们在劳动创造中体验和感受劳动的幸福与精神愉悦。因为劳动创造，我们才拥有今天的成就。新征程上，我们要继续发扬吃苦耐劳、努力奋斗的劳动精神，遵循科学发展规律，不断创新，为实现中国梦挥洒汗水、添砖加瓦。习近平总书记还强调“让人民群众有更多获得感”“使人民获得感、幸福感、安全感更加充实、更有保障、更可持续”。他指出：“一切劳动者，只要肯学肯干肯钻研，练就一身真本领，掌握一手好技术，就能立足岗位成长成才，就都能在劳动中发现广阔的天地，在劳动中体现价值、展现风采、感

受快乐。”奋斗者是精神最为富足的人,也是最懂得幸福、最享受幸福的人。这揭示了劳动不仅是人的一种物质活动,也是人的一种精神活动,劳动能给人带来快乐和幸福,这种幸福不只是物质上、感官上的满足,也是更高层次、更大价值的人生取向,是人们幸福生活的重要组成部分。新时代是奋斗者的时代。奋斗是艰辛的,奋斗是曲折的,奋斗者是精神富足的人,也是懂得和享受幸福的人。奋斗的人生是有意义的人生、幸福的人生。

(三)劳动推动社会进步——劳动最伟大

1. 劳动创造财富

人类的进步,社会的发展,科技的飞跃,都与劳动密不可分。没有过不去的火焰山,只要努力奋斗,一切皆有可能。回望历史,许多历史伟人都是凭借自己的辛勤劳动取得历史功名。早在延安根据地面临经济困难时期,我党靠“自己动手”开荒种地,才有了“丰衣足食”的成果;靠亿万农民“面朝黄土背朝天”辛苦劳动,才有了我们餐桌上的丰盛美食。劳动不仅是一种生活方式,一种人生态度,还是一个人品行的体现。人生在勤,何能不劳而获?如果没有劳动,就不会有现在高端的机器产品,更谈不上现今的人工智能技术。劳动创造的财富,比世界上所有的财富都贵重得多,这种财富,将会伴随我们的一生,取之不尽,用之不竭。劳动是创造财富的源泉,唯有我们每位建设者努力劳动、热爱劳动、辛勤劳动,才会有跻身世界前列的强盛中国,才会有屹立于世界民族之林的强大民族。

2. 劳动托起梦想

劳动不仅是财富之源,也是科技腾飞的核心力量,更能成就我们美好的人生与梦想。习近平明确指出:“实现中华民族伟大复兴,就是中华民族近代以来最伟大的梦想。这个梦想,凝聚了几代中国人的夙愿,体现了中华民族和中国人民的整体利益,是每一个中华儿女的共同期盼。”然而,梦想不会自动成真,实现梦想也不可能一蹴而就,中华民族的伟大复兴,绝不是轻轻松松、敲锣打鼓就能实现的。任何梦想都是靠脚踏实地地劳动来实现的。习近平总书记指出,我们所处的时代是催人奋进的伟大时代,我们进行的事业是前无古人的伟大事业,我们正在从事的中国特色社会主义事业是全体人民的共同事业。全面建成小康社会,进而建成富强民主文明和谐美丽的社会主义现代化国家,根本上靠劳动、靠劳动者创造。实现我们的奋斗目标,开创我们的美好未来,必须紧紧依靠人民、始终为了人民,必须依靠辛勤劳动、诚实劳动、创造性劳动。“空谈误国,实干兴邦”,唯有各行各业的劳动者脚踏实地地辛勤劳动,才能实现中华民族的伟大复兴。人要有理想、有目标,并为之而奋斗。大学生更要自强自立自信、坚韧拼搏奋斗,实现自己的伟大梦想。

3. 劳动开创未来

劳动是平凡的,劳动是神奇的,劳动是伟大的。劳动是梦想与现实之间的桥梁,是通向未来的必由之路。无数的劳动者用自己的智慧和勤劳的双手,不仅编织了这个五彩斑斓的世界,而且创造了人类社会的灿烂文化。过去如此,将来也如此。我们过去取得的举世瞩目的成就,是靠辛勤劳动创造的;我们未来全面建成社会主义现代化强国,更需要勤奋劳动。正如习近平总书记指出的那样,正是因为劳动创造,我们拥有了历史的辉煌;也正是因为劳动创造,我们拥有了今天的成就。劳动造就了中华民族,造就了中华民族辉煌的历史,也必将创造出中华民族的光明未来。这深刻诠释了劳动对国家富强、社会发展的重要价值,揭示了劳动是实现“国家富强”“民族振兴”“人民幸福”的根本路径。现在,我们比历史上任何时期都更接近实现中华民族伟大复兴的目标,比历史上任何时期都更有信心、更有能力实现这个目标。唯有“引导和支持所有有劳动能力的人,依靠自己的双手”脚踏实地地辛勤劳动、诚实劳动、创造劳动,才能开创我们的美好未来,实现远大目标。

(四)劳动创造美好生活——劳动最美丽

1. 劳动创造美好

劳动是崇高的,劳动是神圣的,是创造美好的伟大写照。没有春天的播种,哪来秋天的收获。人们靠劳动生存发展,人们凭劳动快乐幸福。劳动者基于其劳动实践而实现美的创造,并通过各种美的劳动形式,彰显劳动者的本质力量和劳动美的价值。2013 年 10 月,习近平就指出:“要在全社会大力弘扬我国工人阶级的优秀品质,大力宣传劳动模范和其他典型的先进事迹,加强对广大青少年的教育,让劳动最光荣、劳动最崇高、劳动最伟大、劳动最美丽的观念蔚然成风,让全体人民进一步焕发劳动热情、释放创造潜能,通过劳动创造更加美好的生活。”他强调“我国工人阶级和广大劳动群众要更加紧密地团结在党中央周围,弘扬劳模精神,弘扬劳动精神,弘扬我国工人阶级和广大劳动群众的伟大品格,在实现‘两个一百年’奋斗目标的伟大征程上再创新的业绩,以劳动托起中国梦”。这不仅是对劳动者辛勤劳动的肯定与赞美,也为我们崇尚劳动、确立劳动创造美丽理念进行了很好的价值引领,还是对马克思主义劳动价值观的继承和发展。

2. 劳动绽放美丽

劳动创造幸福,实干成就伟业。习近平总书记多次礼赞劳动创造,讴歌劳模精神、劳动精神、工匠精神。2020 年 11 月 24 日,在全国劳动模范和先进工作者表彰大会上,习近平总书记强调:“在长期实践中,我们培育形成了爱岗敬业、争创一流、艰苦奋斗、勇于创新、淡泊名利、甘于奉献的劳模精神,崇尚劳动、热爱劳动、辛勤劳动、诚实劳动的劳动精神,执着专注、精益求精、一丝不苟、追求卓越的工匠精神。劳模精神、劳动精神、工匠精神是以爱国主义为核心的民族精神和以改革创新为核心的时代精神的生动体现,是鼓舞全党全国各族人民风雨无阻、勇敢前进的强大精神动力。”习近平总书记高度评价与赞美劳动模范与劳模精神,称劳动模范是民族的精英、人民的楷模,是共和国的功臣。肯定劳动模范对社会所做的贡献,不仅是国家、社会对于他们工作的认可,更是他们“最美”的证明。劳动模范在他们平凡的岗位上辛勤劳动,以高度的主人翁责任感、卓越的劳动创造、忘我的拼搏奉献,为全国各族人民树立了光辉的学习榜样,给全社会展现了劳动最美丽的时代形象。习近平总书记“希望广大劳动群众大力弘扬劳模精神、劳动精神、工匠精神,勤于创造、勇于奋斗,更好发挥主力军作用,满怀信心投身全面建设社会主义现代化国家、实现中华民族伟大复兴中国梦的伟大事业”。这为我们营造“崇尚劳动”的浓厚社会氛围、树立劳动最美丽的观念提供了行动指南。

3. 劳动使人最美

劳动使人聪慧,劳动给人快乐。劳动是一种奉献,劳动是一种分享。它分享的是快乐、幸福与果实。从一个人对劳动的看法，可以鉴别出其做人准则和道德品质。习近平总书记高度评价与赞美劳动模范，称“劳动模范是民族的精英、人民的楷模，是共和国的功臣”。被他赞美的诸多劳动模范的共同特质就是热爱劳动、辛勤劳动、诚实劳动，在自己平凡的岗位上尽职尽责、淡泊名利、无私奉献。他在评价被誉为“最美奋斗者”的我国著名地球物理学家黄大年时，向全国各族人民发出了向劳模学习的号召——“我们要以黄大年同志为榜样，学习他心有大我、至诚报国的爱国情怀，学习他教书育人、敢为人先的敬业精神，学习他淡泊名利、甘于奉献的高尚情操，把爱国之情、报国之志融入祖国改革发展的伟大事业之中，融入人民创造历史的伟大奋斗之中”。劳动最美丽是对所有劳动者根本的价值要求，更是对全社会的价值要求。我们今天所取得的伟大成就，所拥有的一切，无不凝聚着劳动者的辛勤汗水，蕴含着劳动者的牺牲奉献。我们要以劳动模范为榜样，爱岗敬业、勤奋工作，锐意进取、勇于创造，发挥只争朝夕的奋斗精神，不断谱写新时代的劳动者之歌，共同投身实现中华民族伟大复兴的宏伟事业，以奋斗开创明天。

三、培育正确的劳动价值观是大学生成长成才的关键所在

青年强，则国家强。大学生是社会主义事业的建设者和接班人，肩负着建设国家的使命。培育正确的劳动价值观，是促进大学生全面和谐发展、实现立德树人的教育目标的关键所在。2018 年 5 月，习近平在北京大学师生座谈会上指出，青年的价值取向决定了未来整个社会的价值取向，并告诫青年，人生的扣子从一开始就要扣好。他更是在党的二十大上强调，“全党要把青年工作作为战略性工作来抓”“牢记空谈误国、实干兴邦，坚定信心、同心同德，埋头苦干、奋勇前进”。

（一）增信提质，提升大学生的劳动素养

教育兴则国家兴，教育强则国家强。2018 年 5 月，习近平明确指出：“高等教育是一个国家发展水平和发展潜力的重要标志。今天，党和国家事业发展对高等教育的需要，对科学知识和优秀人才的需要，比以往任何时候都更为迫切。”同年，在全国教育大会上，他强调，“坚持中国特色社会主义教育发展道路，培养德智体美劳全面发展的社会主义建设者和接班人”。大学生作为我国社会主义的建设者和接班人，必须树立正确的劳动价值观，将来才能为我国社会主义现代化建设作出重大贡献。特别是步入新时代，人才竞争更加激烈，大学生是我们社会发展的主要动力和后备军，是推动社会发展的主要力量。这个群体的素质，直接决定了中华民族的发展后劲。他们对待劳动的态度、劳动价值观的趋向，恰恰是衡量其素质的一个重要的标准。新时代加强劳动教育对于实现立德树人任务，对于大学生确立正确的劳动观念，形成积极向上的劳动态度，锤炼劳动意志，养成良好的劳动习惯都有着特别重要的意义。引导大学生确立正确的劳动价值观，不仅会影响大学生在校的学习生活，让其踏实勤恳地对待学习，深知“书山有路勤为径，学海无涯苦作舟”的哲理，容不得半点虚假；还会影响他们未来对工作劳动的价值取向，避免个人利益至上，只做对自己有利之事，不做无私奉献之事，缺乏服务意识，形成拈轻怕重、挑肥拣瘦的思想。由此可见，引导大学生树立正确的劳动价值观，事关大学生的成长与发展，事关社会主义事业人才队伍建设的质量和水

平，事关社会主义现代化伟业的实现，它不仅是实现“中国梦”的强大助推力量，也是大学生提升素质、成长成才的强大驱动力。

劳动教育是大学不可或缺的素质教育，直接决定社会主义建设者和接班人的劳动精神面貌、劳动价值取向和劳动技能水平。劳动教育就是有目的、有计划地向学生传递劳动知识和劳动技能，培养学生良好的劳动态度和劳动习惯，让学生形成正确的劳动价值观和具有一定的劳动权益意识，提升学生劳动素养的教育实践活动。劳动教育的基本要求：一是确立马克思主义劳动价值观，以习近平新时代中国特色社会主义思想为指导；二是确立正确的劳动情感与态度；三是掌握一定的劳动科学知识与能力；四是参加必然的劳动实践，促进全面发展。劳动具有树德、增智、健体、育美、创新的综合育人价值[1]。劳动教育主要通过三大路径来实现。一是家庭劳动教育。二是学校劳动教育。这是重要的环节，可开设专门的劳动教育课程，与思想政治教育相结合，与专业课程教学相结合，适时开展劳动实践活动，同时对大学生进行创新创业教育。三是社会劳动教育。在劳动教育发展的过程中，要注重家庭劳动教育、学校劳动教育和社会劳动教育的三位一体作用。同样，劳动教育也需要三方面教育的配合，仅靠一方的努力，很难达到最终的教育目的。

（二）“五育并举”，促进大学生全面发展

2018 年全国教育大会上，习近平总书记要求把劳动教育纳入培养社会主义建设者和接班人的总体要求之中，明确提出构建德智体美劳全面培养的教育体系。《中共中央 国务院关于全面加强新时代大中小学劳动教育的意见》强调，要“把劳动素养评价结果作为衡量学生全面发展情况的重要内容”。对大学生进行劳动教育，既是全面贯彻党的教育方针的必要举措，也是促进大学生全面发展的重要抓手。将劳动教育与德育、智育、体育、美育联系起来，形成“五育并举”整体，综合全面提升大学生素质。树立正确的劳动价值观、提升劳动技能、锻炼劳动能力、体验劳动之美是高校进行德智体美劳教育的重要内容。一是德育铸魂，在于引导学生领悟社会主义思想观点和道德规范，引导学生理解社会主义核心价值观，培养学生形成社会主义品德，侧重于培养学生树立正确的世界观、人生观和价值观。二是智育提质，在于授予学生系统的科学文化知识和一定的基本技能，提高学生提出问题、分析问题、解决问题的能力，使其掌握实现社会主义现代化建设的本领，侧重于启发学生掌握认识世界、改造世界的方法论。三是体育强身，在于让学生学习健康、卫生的知识和技能，发展学生体力、增强学生体质，侧重于使学生形成强健的体魄和良好的身体素质，为从事生产劳动和社会活动做好准备。四是美育熏陶，在于培养学生形成正确的审美观，提高他们发现美、鉴赏美、创造美的能力，净化学生的心灵，使其形成高尚的情操，侧重于引导学生带着怎样的眼光和心灵进入生产和生活世界。五是劳动教育，在于培养学生的劳动情感、劳动态度、劳动价值观，使其掌握劳动技能和增加劳动体验，侧重于培养学生带着怎样的情感、态度和方式进行生产和生活。对于学生全面发展而言，各种教育都有其自身的规律、特点和功能，同时，它们又相互制约、相互促进，共同构成大学生教育的有机整体。在这里，劳动教育具有的独特育人功能是全面发展教育体系的重要内容，是发展德智体美劳教育的重要支撑。

[1] 刘向兵等：《新时代高校劳动教育论纲》，北京，社会科学文献出版社，2019。

在德育铸魂、智育提质、体教融合、美育熏陶的基础上，着力通过劳动促进行动，构建劳动教育体系，广泛开展劳动教育实践活动，培育劳动文化，提升劳动教育支撑保障能力。加深大学生对劳动与立德树人、劳动与磨砺意志、劳动与增长才智、劳动与提升能力，劳动与强健体魄、劳动与美之间关系的理解，促进大学生全面和谐地发展。对大学生进行劳动观教育对德智体美都有着积极的促进作用。通过劳动观教育，将劳动理念、价值标准融入德智体美教育中，在劳动中提升品格、磨炼意志、增强体魄、培育美念，实现以劳树德、以劳磨砺、以劳增智、以劳强体、以劳育美的目标。一是以劳树德。一方面，劳动教育不只停留于掌握劳动技能上，还以塑造人格、完善品德、培养价值观念为目标，它既是“立德”的重要内容，也是“立德”的途径。劳动有助于培养学生的良好品德、劳动观念，增强劳动情感，使学生克服轻视体力劳动的思想，懂得劳动创造世界、创造社会财富的道理，形成良好的学习习惯，端正学习态度，形成高尚品德，具备创新意识，在未来的工作岗位上，实现社会公德、职业道德和个人品德的有机结合。另一方面，劳动教育可以磨砺学生百折不挠、坚忍不拔的意志。劳动苦并快乐着，既使人兴奋又磨砺意志。要想劳动出成果，光凭“三分钟热度”是不够的，需要顽强的意志攻坚克难。学习更是如此。通过劳动教育，学生可以从意志品质上提升自己，增强对吃苦耐劳的进一步认知，更深刻地领会“不经历艰辛，难得有收获”的意义。二是以劳增智。通过劳动教育，一方面大学生可以从理论上掌握劳动知识和劳动技能，这些知识和技能需要接受实践的检验，大学生的劳动认知水平得到提高，劳动方法和方式得到改进，从而实现以劳增智。另一方面，大学生可以以劳提力。劳动可以提升学生的实践能力和创新能力，培养学生的探究意识。劳动为学生提供了动手实践和亲身体验的机会。学生可以将书本知识与实践有机地结合起来，在实践中探索新的知识，培养学生的研究、探索和创新意识。三是以劳强体。劳动可以增强学生的体质，灵活学生的机体。任何劳动都内含以智力、知识为主的脑力劳动，以及以运动系统为主的体力劳动。特别是通过适当的体力劳动，可使大学生的体质得到很好的锻炼，身体更加健康，更加充满活力。四是以劳育美。劳动教育可以提升学生的认知，使学生有正确的审美标准，增强学生对劳动创造美的认识，让学生体验到劳动本身即美，从而达到美育的目的。大学生可通过参加各种社会公益劳动美化周边环境、美化校园环境。劳动有着综合育人功能，具有相对独立性，将其与德智体美教育并列，既是对劳动教育效能的有效突显，也是对德智体美教育的有力支撑[1]。因此，实施劳动教育可以从心灵上促成学生美的积淀，熏陶学生美的情怀，树立和培养他们正确的审美观，提高他们对美的感受力、鉴赏力和创造力，从而起到以劳育美的作用，使劳动教育与德、智、体、美教育相互促进和融合，促进大学生全面发展，使其成为高素质的“劳动者”、合格的“接班人”。

（三）劳动促进，实现大学生的青春梦想

习近平总书记多次强调，“劳动是一切成功的必经之路”“广大青年既是追梦者，也是圆梦人。追梦需要激情和理想，圆梦需要奋斗和奉献。广大青年应该在奋斗中释放青春激情、追逐青春理想，以青春之我、奋斗之我，为民族复兴铺路架桥，为祖国建设添砖加瓦”。他高

[1] 刘向兵：《新时代高校劳动教育的新内涵与新要求——基于习近平关于劳动的重要论述的探析》，《中国高教研究》2018 年第 11 期。

度重视劳动的重要性，多次礼赞劳动创造，讴歌劳模精神、劳动精神、工匠精神，勉励我们勤于创造、勇于奋斗。李大钊也曾说过："我觉得人生求乐的方法，最好莫过于尊重劳动。一切乐境，都可由劳动得来，一切苦境，都可由劳动解脱。"无论是个人的梦想，还是社会发展的梦想，都只有通过辛苦劳动、诚实劳动、创造性劳动才能够实现。只有依靠劳动，我们才能在这个世界上得以存续发展，并在劳动实践中，实现自己的梦想。劳动是现实与梦想之间的桥梁和中介。在国家层面，坚持科教兴国战略、人才强国战略、创新驱动发展战略，充分调动广大劳动者的积极性、主动性、创造性，不断拓展人才成长空间，塑造一支有理想、有智慧、有技能、会创新的高素质劳动者队伍；在个人层面，将个人梦想与国家梦想紧紧相连，把人生理想、家庭幸福融入国家富强、民族振兴的伟大事业，形成"干一行、爱一行、专一行、精一行"的社会风尚，我们就能够让一切劳动与创新的活力竞相迸发，让一切创造社会财富的源泉充分涌流。大学生有理想、有激情、有活力，敢于有梦、勇于追梦、勤于圆梦。唯有靠勤奋不辍、持之以恒的劳动才能圆大学生的青春梦想。

劳动是可贵的，劳动锻炼可以培养大学生养成正确观念。人的伟大就在于会劳动、能劳动和爱劳动。没有劳动的人生是毫无意义的，能体现劳动的生活是充满幸福的。大学就是要在劳动教育中，拓宽育人渠道，培育大学生正确的劳动观念、劳动习惯、劳动情感、劳动精神。在倡导崇尚劳动、劳动促进中，要注重"五个结合"。一是青春梦想与现实苦干相结合。社会主义是干出来的，青春是用来奋斗的。习近平总书记多次强调："幸福不会从天而降，梦想不会自动成真。"大学们的进步和成长离不开自己的辛勤劳动、刻苦认真、努力奋斗。唯有依靠辛勤劳动、诚实劳动、创造性劳动，坚定理想信念、践行初心使命、磨砺意志品质，才能在实现民族复兴的伟大实践中放飞青春梦想，实现目标，开创美好未来。二是理论学习与实践锻炼相结合。学习科学文化知识是大学生的主要任务，这种学习既包括以脑力劳动为主的课堂理论学习，也包括以能力综合运用为主的实践性锻炼。《中共中央 国务院关于全面加强新时代大中小学劳动教育的意见》明确强调，构建劳动教育体系，大中小学设立劳动周。通过劳动教育课程，全面提升大学生对劳动的认知、对实践的重视。大学生要将书本上的理论知识学以致用，就必须在实践中进行锻炼与检验，适时参加实习实训、勤工俭学和其他社会实践活动。三是思想认知与专业特色相结合。在教育目标与内容、道德引领与价值塑造等方面，劳动教育与思想政治教育有很大的关联性。在学生所学专业上，学生的学习过程本身就是脑力劳动的过程。要根据学生所学专业，将培养学生的劳动价值观、劳动情感和态度，与其专业教学紧密结合，使学生在学好专业知识、掌握专业技术、参与专业实践的过程中，对劳动有一个正确的认识，形成良好的劳动品德，养成良好的劳动习惯。四是自我服务与公益劳动相结合。自我服务，既要求大学生依靠自身劳动完成个人日常生活卫生事宜，又要求大学生群体完成学习和生活中的简单劳动。在社会公益劳动中，应增强大学生的动手操作能力，培养大学生吃苦耐劳、勤俭节约的品质。在两者的有机结合中，培育大学生正确的劳动价值观。五是创新精神与创业能力相结合。提高创新与创业能力不仅是国家和社会的需要，更应当转化为当代青年的自身需求。创业精神与创业能力已成为当代大学生创业教育的核心内容。青年最具创新热情和创造潜力，他们最大的资本在于学习能力、接受新事物能力较强。高校要做好大学生创新创业工作，全面提升创新创业人才培养质量，培养创新创业的强大生力军，推动我国经济高质量发展。正如中共中央、国务院印发的《中国教育现代化 2035》所指出的那样：“弘扬劳动精神，强化实践动手能力、合作能力、创新能力的培养。”新时代的劳动者既要有力量，也要有智慧、有技术，能发明、会创新。形成劳动光荣、技能宝贵、创造伟大的时代氛围，既能提升大学生的创新创业能力，也能促进大学生在创业中为国家奉献才智、实现梦想。

【思考题】

（1）简述马克思主义劳动价值观的基本内涵。

（2）全面理解习近平新时代中国特色社会主义劳动价值观。

（3）结合实际，谈谈树立正确的劳动价值观对自身成长的意义。

实践：我为“劳动教育”献良策

【实践目的】

（1）了解学生的需求，使劳动教育课有的放矢。

（2）发挥学生的创造精神，加深对劳动教育的理解与感怀。

【实践意义】

通过我为“劳动教育”献良策，大学生可以结合不同专业，提出自身的需求与创造性设想；老师可以结合学生的实际，有针对性地搞好劳动教育，培育学生的劳动意识，使其具有正确的劳动价值取向。

【活动时间及地点】

理论课讲授之后，学校多媒体教室或自习室。

【活动流程】

1. 老师提出“劳动教育”课程实施的设想

（1）劳动教育的实施手段及其要点。

实施手段	要点
理论讲授	① 充分认识劳动教育的重要性与必要性，掌握马克思主义的劳动价值观与习近平新时代中国特色社会主义的劳动价值观； ② 重视劳动、尊重劳动、尊重劳动者、懂得劳动，以劳动楷模为榜样，引导学生践行以“诚”待劳，在实干中实现自身价值
体验式教学	通过亲身体验，深刻理解辛勤劳动对自身成长的重要性，激发学生刻苦学习的热情、追求实现梦想的决心

续表

实施手段	要点
劳动实践	① 培养学生的劳动意识，提升学生的劳动技能，让学生在劳动实践活动中，感受劳动之魅力和劳动之美好； ② 围绕创新创业，使学生创造性地解决问题，树立正确的择业观，懂得“空谈误国、实干兴邦”的哲理
劳动竞赛 （包括技能提升和成果展示）	① 引导学生参与各种劳动活动，记录劳动过程，展示劳动成果； ②开展形式多样的竞赛，激发学生参与劳动的积极性
演讲或撰写报告	引导学生结合专业思考劳动对于社会发展的意义，认识自己作为社会中的一员的义务与使命，从更深层意义上提高自身的劳动素养

（2）劳动教育的评价方法。

评价方法	评价要点	作用
综合评价	日常生活表现	评价劳动教育效能
	课堂参与度	
	实践活动参与度 （自我服务、家务劳动和社会公益劳动）	
	劳动素养 （团结力、创新性、合作力等）	
阶段性问卷调查	劳动安全意识	提升劳动教育效果 改进劳动教育手段
	劳动态度 （使命感、奉献精神等）	
	对教学手段的喜好程度	
	对教学手段的建议	

2. 学生根据老师的设计，结合专业特点，各自撰写课程“献良策报告”（不少于 800 字）

（1）自学《中共中央 国务院关于全面加强新时代大中小学劳动教育的意见》（见互联网）。

（2）8~10 人为一组，以小组为单位撰写，写好后交于各班班长或课代表。

（3）由各班班长统一收齐，并按学号、姓名排序后交任课老师。

【我献良策】

通过对绪论的学习并结合所学专业，我为劳动教育课献良策：

【结果评价】

老师对学生提供的“献良策报告”进行评价。

“献良策报告”评价表

评价标准	评价细则	分值	分数小计	总体评价
良策完整性	按时完成并上交良策	20 分		
事实客观性	事实材料运用充分	20 分		
	结论符合客观实际	15 分		
理论说理性	观点正确、理由充分	20 分		
	叙议结合、逻辑清晰	15 分		
语言通畅性	语言流畅、语句通顺	10 分		

劳动理念篇

第一章　美好生活需要劳动创造

【学习目标】

知识目标

了解劳动的必要性,劳动对社会进步的推动作用,中华文明得以传承的重要原因,新时代劳动的创造性作用。

能力目标

尊重劳动,尊重劳动者的优良品质,践行劳动创造美好生活的价值观。

素质目标

坚定通过实干实现中华民族伟大复兴的中国梦的信念,并为此付出自己的努力。

【课堂导入】

勤劳是中华民族千百年来的行为倡导和传统美德。对劳动的肯定和赞美是中国传统文化的重要内容。自古以来,赞美劳动的神话就已经深入了中国人的话语体系,无论是因勤劳能干而被尧封赏土地的后稷、因解救人类于漫长黑夜而辛勤钻木取火的燧人氏,还是荀子在《天论》中强调的"强本而节用,则天不能贫",无一不表达了对勤劳的赞美和认同。如今,随着中国特色社会主义进入新时代,勤劳更加成为新时代接续奋斗的重要品格和精神力量。近代以来,久经磨难的中华民族迎来了从站起来、富起来到强起来的伟大飞跃。有人将中国的发展奇迹称为"勤劳革命",是中国人的勤劳与奋斗将不可能变成了可能,用几十年时间走完了发达国家几百年走过的工业化历程。那么,我们如何理解劳动对社会进步的推动作用呢?新时代劳动精神如何创造?

第一节　劳动创造世界并改变世界

一、劳动是推动人类社会进步的根本力量

劳动是人类的本质活动,是推动人类社会进步的根本力量。马克思指出:"任何一个民族,如果停止劳动,不用说一年,就是几个星期,也要灭亡。"劳动光荣、创造伟大,是马克思主义劳动观的基本观点,是对人类文明进步规律的重要诠释,也是深深植根于中华民族血脉的精神基因。劳动创造了中华民族,造就了中华民族的辉煌历史,也必将创造出中华民族的光明未来。

"功崇惟志,业广惟勤。"劳动是推动人类社会进步的根本力量。实现中华民族伟大复

兴,要大力弘扬新时代劳动精神。2020 年 11 月,习近平总书记在全国劳动模范和先进工作者表彰大会上强调:“劳模精神、劳动精神、工匠精神是以爱国主义为核心的民族精神和以改革创新为核心的时代精神的生动体现,是鼓舞全党全国各族人民风雨无阻、勇敢前进的强大精神动力。”崇尚劳动、热爱劳动、辛勤劳动、诚实劳动的新时代劳动精神,将劳动实践淬炼升华,使之成为中国精神的时代表征,成为新时代精神文明建设的重要支点,深刻诠释了当代劳动者对人类文明的伟大创造。弘扬新时代劳动精神,要以人民性为价值属性,以劳动幸福为价值指向,促进劳动者的自由全面发展,激发劳动者蕴藏的巨大精神力量,用新时代劳动精神补钙铸魂强筋骨,凝心聚力促发展,在全面建设社会主义现代化强国新征程上创造新的时代辉煌,铸就新的历史伟业。

(一)人民性是新时代劳动精神的价值属性

人民是历史的创造者。人民的劳动创造了社会发展所需的物质财富和精神财富。新时代劳动精神反映了马克思主义时代精神的精华,是人民力量在劳动实践中的能动转化。它深化了广大劳动者对劳动的理性认识,传承了中华优秀传统文化中的劳动观念,摒弃了资本主义以劳动创造获取财富利润的狭隘观念,生动展现了我国工人阶级和广大劳动群众在实现中国梦伟大进程中拼搏奋斗、争创一流、勇攀高峰的时代担当和积极作为。

新时代劳动精神坚持和维护人民的主体性。人民是劳动的主体,伟大事业需要伟大精神,伟大精神来自伟大人民。劳动激发人的创造力、想象力、意志力等实践能力,是人的本质力量的确证和自我价值的展现。新冠病毒感染疫情发生以来,全国各条战线上的广大职工和劳动群众响应党中央号召,风雨同舟、众志成城,团结一致干大事,凝聚起抗疫的劳动精神和劳动力量,铸就了生命至上、举国同心、舍生忘死、尊重科学、命运与共的伟大抗疫精神,以实际行动奏响了新时代劳动者之歌。

人民是历史的创造者,这是唯物史观的基本观点,也是中国共产党人在革命、建设和改革实践过程中得出的科学经验。历史的车轮驶入 21 世纪,随着中国经济持续快速发展,中国经济总量跃居世界第二位。中华民族近百年来第一次如此接近中华民族伟大复兴的中国梦。

2016 年 11 月 30 日,在中国文联第十次全国代表大会和中国作家协会第九次全国代表大会上,习近平总书记指出:“人民不是抽象的符号,而是一个一个具体的人的集合。”习近平总书记关于人民主体性的论述是对传统文化中民本思想的继承,是中国共产党关于人民主体性思想的继承与创新发展,也是对西方哲学史中关于人的主体性思想的合理借鉴,具有多层意义。

人民是一个庞大的群体,发挥人民主体性,既要发挥每个个体的力量,又要发挥人民整体的力量,整体的力量来自组织的力量,没有组织,再多的人也是枉然。组织的力量集中体现为政党的力量,组织的力量究竟有多大,可以从中国共产党组织人民、领导人民、服务人民,在一百多年的奋斗史中得以印证,有强大的组织,才有卓越的胜利。信仰是组织的灵魂,马克思主义始终是中国共产党领导人民前进的精神旗帜,制度是行动的保证,作风是保持战斗力的根本,思想建设是保持初心、继续前进的不竭动力。

就当前来说，我国人民主体性的宏观形态是党和政府，人民主体性的微观形态是人民中的每个个体。人民主体性的微观形态和宏观形态相结合就是党、政府和每一个人相对接。网络信息技术已经提供了这种可能，每个人都成为信息终端，每个人都可以连通外部世界，党和政府也可以通过网络连通每一个人，这种基于大数据的网络连通，是群众路线在新时代的最好载体和最好工具。千万群众千万兵，这是革命年代人民战争最伟大的力量之源。今天，人民主体性之所以成为中华民族伟大复兴的力量所在，也源于此。因此，激发中国力量的根本，就是从国家层面上重视德治。德是指“十四亿人一心”，强调众人一心，主旨是“和”。所谓“德治”，其目的和结果，就是在党的领导下，十四亿人团结一心，形成“人心齐、泰山移”的德治效果，聚合成中华民族伟大复兴的强大动能。

新时代劳动精神扬弃资本主义对人的劳动的异化。马克思认为，在资本主义社会中，劳动沦为资本统治一切的手段，资本家通过剥削劳动者获得更多剩余价值，人民的劳动在逻辑和事实上已被资本所占有。弘扬新时代劳动精神，就是构造劳动认同。尊重人民在劳动中的主体地位，肯定人民在劳动中发挥的巨大作用，是对资本主义劳动异化和人的异化最有力的批判。

（二）劳动幸福是新时代劳动精神的实践价值指向

劳动是一切幸福的源泉。正因为劳动，人类才得以从现实的存在样态向人的自由自觉的类本质复归，这是实现美好生活的最高价值指向。弘扬新时代劳动精神，就是要克服劳动异化。劳动不再单纯地作为谋生手段，而是作为促进人自由全面发展的实现途径。人们在劳动的过程中释放人的能动属性，澄明人的本质，实现人的自我确证，从而真正实现人对幸福的永恒追求。弘扬劳动精神，追求人的自由全面发展，是马克思主义幸福观的最新表征。

劳动是物质财富和精神财富的创造活动，是一切幸福的源泉。一方面，劳动把人与外在的客观世界相连接，将人的本质力量作用于客观物质世界，不断改变客观世界，创造丰富的物质财富，提高人的生活水平，满足人的物质需求。另一方面，劳动使人的本质力量得以释放，在劳动的过程中创造丰硕的精神成果，满足人的精神文化需求。劳动是实现幸福的途径，不弃微末，久久为功，幸福必将属于劳动者。

马克思认为劳动过程是人满足自己生存和生活需求，使自己获得主体性的过程。马克思以无产阶级的视角，从唯物史观的角度对“人类社会”作了深刻的阐释。首先，劳动创造了人。马克思认为人的本质的生成和发展是在劳动中完成的，人首先是一种自然存在物，人类在劳动过程中利用自身的自然力（手、臂、腿等）改变自然界，同时也改变自身。人类在劳动过程中开始越来越多地体现自己的主观能动性，将人类从动物界分离出来的就是这种有意识的劳动过程。这种特有的活动形式，其目的在于改造自然界以满足自身需求。所以马克思认为，通过劳动，人类就可以证明自身的诞生和形成。其次，劳动创建了人类社会。劳动在人类社会发展中具有基础性的作用。为了生存，人类必须生产劳动，以获得生存所必需的物质资料。劳动是社会中的劳动，在物质生产劳动中人们会结成一定的社会关系，即产生了社会，在其现实性上，社会就是个人彼此间关系的总和。

马克思对人的本质作了全面而又准确的阐述，从人学的角度出发对劳动进行阐释，由此论述了劳动与人的本质间的关系。首先,劳动决定人的“类本质”,“类本质”就是“类特性”,马克思认为,种的类特性就在于生命活动的性质,而自由的有意识的活动恰恰就是人的类特性。人类通过劳动实践,将自己与动物区分开来。人类证明自己是有意识的类存在物。其次,人的本质是社会关系的总和。只有与他人相联系,人们才能够进行生产劳动,并在生产的过程中与他人结成各种社会关系。因而脱离社会的单个人是不存在的,只要进行实践劳动,必然会与他人结成一定的社会关系,劳动关系便是其中最基础的社会关系。因而,他认为人的本质是一切社会关系的总和。最后,劳动也是人的本质需要。人自身的需要形成了劳动实践和社会活动,人类为了生存必须进行物质生产。而人对自己的需要有一个逐步认识的过程,人类通过劳动创造物质财富,在满足当前的物质需要的同时,在一定程度上也促进了人对自我需要的认知,如劳动在满足人类物质需要的同时,催生了人类的精神需求。可见,劳动实践在人的需要中发挥了重要的作用。

马克思认为要实现人的本质的复归,就必须对异化劳动进行“扬弃”。实现劳动的解放,让劳动成为人自由自觉的活动,为实现人的全面解放提供最直接的条件。马克思劳动解放学说内涵十分丰富,具体来说主要包含3个层面的内容。首先,自然层面的解放。人类在劳动实践中不断地发现和掌握自然规律,人的主体性得到进一步彰显,改造自然的能力进一步增强,社会生产力进一步提高。其次,社会层面的解放,主要体现为分工和私有制的消灭,以及和谐劳动关系的建立。马克思认为自由、和谐的劳动关系只有在共产主义社会才能实现。最后,人自身的解放。劳动不再是人们谋生的手段,而是人们生活的“第一需要”,人们享有充分的劳动自由,且可以根据自身需要获得劳动产品,人在劳动过程中肯定自己,实现对自己本质的复归。劳动解放的最终目的是实现人类自身的解放。在劳动解放阶段,人自由全面的发展成为人类劳动的目的,只有在共产主义社会,劳动解放才能实现,人的自由全面发展才能得到最坚实的保障。

马克思认为劳动是一种自由自觉的创造性活动,是自由的生命表现,是劳动创造了人,劳动与人类社会历史共始终。劳动既是具体的社会历史活动,也具有超越社会历史的性质。在马克思看来,人不是理性的动物,而是劳动的动物,将人类与动物相区别的,不是理性而是劳动。人在改变自然的过程中创造了自己:首先,让自己从四肢爬行的动物变成直立行走的动物,创造了自己的肉体;其次,在劳动中心智不断丰富发展,让自己的活动越来越具有自觉性、能动性;最后,在劳动中结成社会组织,使人成为社会的人。劳动是创造人的真正“上帝”,劳动是人的本质。

劳动创造美好生活,劳动成就幸福人生。劳动幸福始终是历代中国人孜孜以求的价值追求。中华民族能够实现从站起来、富起来到强起来的历史性飞跃,正是因为在党的坚强领导下,一代又一代劳动者发扬坚强不屈、创新创造的伟大劳动精神,并使其最终汇聚转化为奋进新时代、共同实现美好生活的全民智慧和磅礴力量。在新时代劳动精神的指引下,党和人民群众同心同德、同向同行,用劳动幸福谱写了劳动最光荣、劳动最崇高、劳动最伟大、劳动最美丽的时代新篇章。

（三）社会主义现代化建设是新时代劳动精神的价值旨归

弘扬崇尚劳动、热爱劳动、辛勤劳动、诚实劳动的劳动精神，营造良好的社会风尚，是培育和践行社会主义核心价值观、加强社会主义精神文明建设的重要举措。劳动是推动人类社会进步的根本力量。弘扬新时代劳动精神，是追求人自身解放和全面发展的现实路径，也是全面开启社会主义现代化建设的精神支点。

新时代劳动精神是站在新的历史起点上对时代关切的回应，是摆脱人的现代性困境的精神指引。在经济全球化深入发展的今天，现代性引发的社会问题在社会主义现代化建设中不可避免，这也使劳动或多或少出现了物化倾向。劳动是人的本质力量的体现，是实现人的全面发展与社会进步的根本途径。弘扬新时代劳动精神，需要不断提高劳动者对自主劳动的认识，通过劳动真正释放人的内在潜能，激发人的巨大劳动活力，追求人对自我本质的全面占有，推动人的自我塑造、自我建构、自我成就向更高层次全面舒展绽放。

新时代劳动精神是推进中国特色社会主义现代化建设的重要抓手。推动社会发展必须依靠广大劳动者砥砺奋进、锐意进取；实现复兴蓝图，必须通过广大劳动者诚实劳动、真抓实干；弘扬新时代劳动精神，必须以习近平新时代中国特色社会主义思想来武装头脑，以劳动的手段来锻造艰苦奋斗的意志，在全社会大力弘扬工人阶级的优秀品质，让崇尚劳动、热爱劳动、辛勤劳动、诚实劳动的劳动精神在全社会蔚然成风。要充分释放人民群众的创造能力，使人民群众焕发劳动热情，激发蕴藏在人民群众内部的巨大潜能，用新时代劳动精神凝魂聚力、强基固本，引领新风尚，开启新征程，助力社会主义现代化建设。

二、唯有实干才能实现强国梦

“中国梦”凝聚着亿万人民对美好生活的期盼，对民族复兴的希望。对广大群众来说，实现伟大的“中国梦”的过程，自然是实现具体实在的“就业梦”“上学梦”“安居梦”的过程；对各级领导干部来说，实现“中国梦”，必须把人民的期待转化为一项项具体措施，落实到一件件好事实事上。

（一）伟大出自平凡，平凡见诸实干

“中国梦”是你我的梦，是种种色彩丰富的梦想汇聚而成的。“中国梦”的实现需要更多务实之举，唯有真抓，才能直面问题攻坚克难；唯有实干，才能让发展成果惠及人民。

不同的思路，基于不同的实际，而“讲究章法”，既要“赶”，更要“转”。统筹兼顾“赶”和“转”，就是更加注重发展的结构和效益，更加注重生态环境保护，以实现集约化、特色化、循环化发展。对资源型经济地区而言，“发展力主要体现为转型力，没有转型发展就没有跨越发展”。通过抓好试点闯转型之路，通过项目建设增转型之力，通过攻坚克难破转型之题，通过创新机制兴转型之业。发展的根本出路在于创新，而创新要靠科技力量。创新，要瞄准高端。“与自己比没意义，要与世界最高效率比，才叫国际竞争力。”创新，要找好着力点。“如果把实体经济比喻成一只老虎，科技创新和金融创新就像是两个翅膀，二者一齐驱动发力，发展就会如虎添翼。”创新，需要体制保证。“要围绕产业问题、转化问题、财富创造与分配问题，用市场机制、公司机制，大力推进科研机构转企改制，激发活力。”依靠谁来创新？

要突出企业主体——科技要素必须配置到企业才能发挥生产力作用，也只有企业才最懂得怎样将科技转化为现实生产力。甚至有人将创新的理论上升到文化层面："创新是发展的'上游'，创新文化是发展的'上游的上游'，没有创新文化，就没有创新活动，没有创新，就没有发展。"在种种探索中，创新之路越走越宽，越走越远。伟大出自平凡，平凡造就伟大，在平凡和伟大之间是一步一个脚印的实干，实干精神让新中国从一穷二白到国富兵强，从民生凋敝到国泰民安，从被列强觊觎到成为世界大国。

"宝剑锋从磨砺出，梅花香自苦寒来"，实干需要艰苦奋斗。无论在什么岗位上都要坚守岗位，真抓实干，迎难而上。把困难作为提升的契机，把挫折作为磨炼的良机，把问题作为成长的时机。彻夜奋战在高空，只为照亮千家万户的电力工人；风雨无阻，只为及时安全送达每一单货品的快递小哥；默默苦干，只为中国航天事业蓬勃发展的航天人……

"非淡泊无以明志，非宁静无以致远"，实干需要安心恬淡。"宁可一人臭，换来万人香"的时传祥；放弃外国高薪毅然归国的"两弹元勋"邓稼先；将自己的绝技编成教材，无偿传授给同事的竺士杰…… 新时代、新挑战、新征程，不能丢弃拳拳初心，抛下铮铮誓言，忘却殷殷嘱托。"政绩工程""面子工程""形式主义"层出不穷，最终的结果只能是人心向背，自食恶果，遭人民唾弃，被历史遗忘。而立志做群众贴心人，想人民之所想、急人民之所急、担人民之所忧，把人民服务好的信念根植于心，动之以行，真正做到"权为民所用，情为民所系，利为民所谋"的实干家会永远活在人们心中。

"苟日新，日日新，又日新"，实干需要创新进取。自古以来，中华民族是富有创造精神的民族，四大发明、丝绸、瓷器……诉说着中华民族的光辉历程。今天，创新是民族复兴的强大动力，实干是创新的源头活水。冯振波说："创新不是凭空而来的，而是我们在生产中发现问题，然后解决问题的一个过程。"他就地取材，搭起可让工人坐着作业的绝缘平台；李绍杰查阅大量资料，创新施工工法，解决了"豆腐脑"中打洞的世界难题，填补了隧道施工多项技术空白；潘从明通过仔细观察、反复试验，发明了颜色判断法，开创了铂金属精炼提纯新工艺……

"见贤思齐焉"，劳模和先进工作者的"艰苦奋斗、安心恬淡、进取创新"的实干精神让每一个共产党员谨记于心，化之于行，在实干中完成人生理想，追求人生幸福，实现人生价值。滴水成溪，溪汇成江，实干精神将继续谱写"中国梦"的新篇章。

（二）让人民生活幸福是"国之大者"

"治国有常，而利民为本"，出自汉代刘安编纂的《淮南子·氾论训》。原文为"治国有常，而利民为本；政教有经，而令行为上。苟利于民，不必法古；苟周于事，不必循旧。"大意是说，治理国家虽有常规，但必须以便利民众为根本；政令教化虽有常法，但必须以切实有效为最好。如果对民众有利，就不必非要效仿古制；如果适合实际情况，就不必一定要遵循旧法。习近平总书记在多个场合都引用过"治国有常，而利民为本"这句话。比如，2016 年 1 月 18 日，在省部级主要领导干部学习贯彻党的十八届五中全会精神专题研讨班上，习近平总书记说："'治国有常，而利民为本。'以人民为中心的发展思想，不是一个抽象的、玄奥的概念，不能只停留在口头上、止步于思想环节，而要体现在经济社会发展各个环节。"同年 11

月 19 日，在亚太经合组织工商领导人峰会上，他发表主旨演讲，又谈道：“中国古语说：‘治国有常，而利民为本。’秘鲁谚语说：‘人民的声音就是上天的声音。’顺应人民群众对美好生活的向往，就要做到发展成果由人民共享。”习近平总书记引用这句古语，就是说治理国家最根本的原则是要利民，要让老百姓得到实实在在的好处。

“治国有常，而利民为本”，从古至今是治国的基本之道，而为人民谋幸福、为民族谋复兴更是中国共产党的初心和使命。党的十八大以来，以习近平同志为核心的党中央提出以人民为中心的发展思想，把增进人民福祉、促进人的全面发展作为一切工作的出发点和落脚点。比如，在庆祝中国共产党成立 100 周年大会上，习近平总书记在发表讲话中，提及“人民”多达 83 次。他说，江山就是人民、人民就是江山，打江山、守江山，守的是人民的心。中国共产党根基在人民、血脉在人民、力量在人民。党的十九届六中全会审议通过的《中共中央关于党的百年奋斗重大成就和历史经验的决议》，将“坚持人民至上”作为我们党百年奋斗的一条重要历史经验。2022 年 4 月，习近平总书记在海南考察期间指出，要实施更多有温度的举措，落实更多暖民心的行动，用心用情用力解决好人民群众的急难愁盼问题，积极探索共同富裕的实现途径。这都是中国共产党人民观、执政观的集中表达，体现了我们党把人民放在心中最高位置的党性原则。

利民在实。所谓实就是办实事，让群众得到看得见、摸得着的实惠，并且要实事求是，力戒形式主义和官僚主义。习近平总书记在一篇文章中回忆：“15 岁来到黄土地时，我迷惘、彷徨；22 岁离开黄土地时，我已经有着坚定的人生目标，充满自信。作为一个人民公仆，陕北高原是我的根，因为这里培养出了我不变的信念：要为人民做实事！”从最基层到党和国家领导人，从黄土地走出来的习近平总书记，“让父老乡亲过上好日子”的初心始终如一。面对困难群众，习近平总书记从来都谦和可亲。2016 年，他在江西调研时来到了贫困户张成德家，察看了厨房、卧室，也看了羊圈、娃娃鱼池、水冲厕所。张成德的老伴拉着习近平总书记的手激动地说：“感谢您来看我们，您可是国家的当家人啊。”习近平总书记接过话茬说：“是人民当家作主，我们是人民的勤务员，帮你们跑事的。”为老百姓办实事必须力戒形式主义、官僚主义，不搞形式、不走过场。不解决形式主义、官僚主义问题，不坚持实事求是，“为民办实事”就容易出现“走过场”“走秀式”和“为名办事”现象，甚至出现消极应付、推诿扯皮、侵害群众利益的问题。习近平总书记说：“坚持实事求是，就要坚持为了人民利益坚持真理、修正错误。要有光明磊落、无私无畏、以事实为依据、敢于说出事实真相的勇气和正气，及时发现和纠正思想认识上的偏差、决策中的失误、工作中的缺点，及时发现和解决存在的各种矛盾和问题，使我们的思想和行动更加符合客观规律、符合时代要求、符合人民愿望。”

利民在细。落细、落小才能落实。2019 年 3 月 8 日，习近平总书记参加河南代表团审议。“‘馒头办’没有了吧？”在会上，习近平总书记这么一问，全场都笑了，纷纷回答：“没有了！”“河南人爱吃馒头，过去郑州有个‘馒头办’，买不到馒头也是个不安定因素，现在不需要成立一个专门机构了。”习近平总书记说的“馒头办”，一头连着百姓饭碗，一头连着改革课题。习近平总书记多次强调，要始终把人民安居乐业、安危冷暖放在心上，用心用情用力解决群众关心的就业、教育、社保、医疗、住房、养老、食品安全、社会治安等实际问题，一件一件抓落实，一年接着一年干，努力让群众看到变化、得到实惠。贫困的类型和原因千差万别，开对“药方子”才能拔掉“穷根子”。中国在减贫实践中，针对不同情况分类施策、对症下药，因人因地施策，因贫困原因施策，因贫困类型施策，通过实施“五个一批”实现精准扶贫。从最困难的群众入手、最突出的问题抓起、最现实的利益出发，满腔热情地解决好人民群众的操心事、烦心事、揪心事，切实增强人民群众的获得感、幸福感、安全感。基层干部心中要有农民收入之账，经常翻翻账，时时对对表，确保农民收入增长的目标。数字越细，工作越实，越需要以“钉钉子精神”来努力实现。民生工作做得好不好，需要让老百姓说话。“老百姓切实的实惠，都能感受到。”解决民生问题，离不开转变工作作风。不少地方领导都谈到树立群众观念，知民情、办实事。“话向着群众利益说，事照准群众心坎干。身上沾了多少泥土，心里就有多少真情，脑子里就有多少为老百姓办事的点子。”踏石留印、抓铁有痕，民生改善的成效，将在百姓的笑容中呈现。

利民是治国之本，民生是人民幸福之基、社会和谐之本。中国共产党坚持人民至上，顺应人民对美好生活的向往，不断实现好、维护好、发展好最广大人民根本利益，实现发展为了人民、发展依靠人民、发展成果由人民共享。民生是人民幸福之基、社会和谐之本。我们的人民热爱生活，期盼有更好的教育、更稳定的工作、更满意的收入、更可靠的社会保障、更高水平的医疗卫生服务、更舒适的居住条件、更优美的环境，期盼孩子们能成长得更好、工作得更好、生活得更好。人民对美好生活的向往，就是我们的奋斗目标。增进民生福祉是我们党坚持立党为公、执政为民的本质要求，让老百姓过上好日子是我们一切工作的出发点和落脚点。

坚持在发展中保障和改善民生。经济发展是民生改善的物质基础，离开经济发展谈改善民生是无源之水、无本之木。我们的发展是以人民为中心的发展，如果发展不能回应人民的期待，不能让人民得到实际利益，这样的发展就失去意义，也不可能持续。要坚持不懈抓发展，不断扩大经济总量，让改革发展成果更多更公平惠及广大人民。抓民生也是抓发展。民生连着内需，连着发展。做好经济社会发展工作，民生是指南针。持续不断改善民生，既能有效解决群众后顾之忧，调动人们发展生产的积极性，又可以增进社会消费预期，扩大内需，催生新的经济增长点，为经济发展、转型升级提供强大内生动力。要全面把握民生和发展相互牵动、互为条件的关系，为经济发展创造更多有效需求，使民生改善和经济发展有效对接、良性循环、相得益彰。

保障和改善民生既要尽力而为，又要量力而行。民生工作直接同老百姓见面、对账，承诺了就要兑现。绝不能开空头支票，否则就会失信于民。要坚守底线、突出重点、完善制度、引导预期，持之以恒把民生工作抓好，一件事情接着一件事情办，一年接着一年干，锲而不舍向前走，让群众看到变化、得到实惠。同时，我国仍处于并将长期处于社会主义初级阶段，改善民生不能脱离这个最大实际提出过高目标。要坚持从实际出发，根据经济发展和财力状况逐步提高人民生活水平，做那些现实条件下可以做到的事情。

（三）唯有实干方能成就“中国梦”

实现中华民族伟大复兴，寄托着几代中国人、当代十几亿中国人的梦想。中国梦是中国人的共同理想，实现中国梦，不能靠清议，不能靠空谈，只能靠实干。复兴凝聚民族心，实干成就中国梦。

实干成就中国梦，是指要实实在在地干。中华民族伟大复兴，内涵相当丰富，体现在经济、政治、文化、社会、生态、国家统一、外交国防等许多方面。实现了民族伟大复兴的中国，反映在综合国力上，不仅是经济强国，经济总量大幅提升，经济实力显著增强，而且是科技、文化强国，创新能力世界领先，“知识领土”不断扩大，国民素质极大提高，文化软实力、民族凝聚力进一步增强；反映在百姓生活上，不仅物质财富更加丰富，环境更加友好，人民生活更加舒适方便，而且法制更加健全，社会更加和谐稳定，人民群众行使当家作主权利更有保障；反映在国际地位上，能够对推动国际合作、维护世界和平发挥更多建设性作用。目前我们的发展水平，与这样的目标还有较大差距，目标也不会因为我们的殷切期盼，就自动向我们走来。实现民族复兴的宏伟目标，要啃不少硬骨头，攻克许多难关，破解许多难题，需要我们实实在在地干。

实干成就中国梦，是指要干实实在在的事。实干，作为工作态度，是指要老老实实、踏踏实实、实实在在地干，不投机取巧，不懒惰懈怠，不脱离实际，不半途而废；作为工作方法，是指干正事，干实事，干该干的事，不玩虚的，不来假的，不搞空的，不装样子，不摆架子，不回避矛盾，不胡乱折腾。实干作为人类实践活动，其方法论要求是尊重科学，按客观规律办事，根据事物的内部联系和本质规定性去推动事物的发展。实干的认识论基础，是以实事求是的科学态度正视发展中存在的问题，坚持从我国经济社会发展中存在的创新不足、生产粗放、环境破坏严重、能源资源短缺、城乡和区域发展不平衡的实际出发，查找原因，分析矛盾，聚焦难题，切实找到解决问题的办法。坚持这样做了，才能做到科学发展、和谐发展，最终成就民族伟大复兴的中国梦。

实干成就中国梦，实干靠众人，成就靠大家。中国梦是国家梦、民族梦，也是全体中国人的梦，成果众人享，梦靠众人圆，共建才能共享。中国梦作为一个大目标，由许多小目标组成；作为一项大事业，由许多小事情托起。小目标不实现，达不到大目标；小事做不好，成不了大事业。这若干小目标、小事情、具体工作，要靠我们大家来完成。中国梦能够实现，实践基础就在每个人的工作岗位上。党员干部发挥先锋模范作用，工人多出优质产品，农民多打粮食，科技人员多出科研成果，汇集起来，就是一股巨大的物质力量。人心齐，泰山移。只要全国人民都能胸怀民族复兴这个大目标，劲往一处使，释放正能量，中国梦实现的步伐就会大大加快。

实干成就中国梦，要力戒浮躁，防止急功近利，避免急于求成，必须做好长期奋斗的思想准备。改革开放以来，我国经济社会发展取得的成就前所未有，但我国仍处于并将长期处于社会主义初级阶段的基本国情没有变，我国仍是世界上最大的发展中国家的国际地位没有变，这是客观事实。特别是一个人口大国，在经济全球化、世界多极化深入发展，科技进步日新月异的时代条件下，在与世界各种力量的竞争和博弈中实现民族复兴，任重而道远。我们在坚定中国梦定能实现的同时,必须对实现中国梦可能遇到的困难、挑战和过程的长期性、复杂性有清醒认识,做好充分思想准备。实现伟大目标需要坚韧不拔的努力。只要我们始终谦虚谨慎、艰苦奋斗,始终埋头苦干、锐意进取,不动摇,不懈怠,不折腾,坚持一步一个脚印地走下去,通过一代又一代人的不懈努力,我们追求的理想目标就一定能成为现实。

第二节　勤劳实干是中华民族的美德

一、勤劳实干是中华文明得以传承的重要原因

勤劳是中华民族的传统美德。中国人的劳动精神一代代传承,离不开对中国传统劳动观念的创造性转化和创新性发展。同时,劳动的范畴和内涵也随时代变迁而不断延展,树立正确的劳动价值观,弘扬劳动精神,创造美好生活是当下国人的精神追求,也是中国人建立文化自信的一个历史基点。

(一)勤劳是中华民族倡导的传统美德和精神力量

勤劳是中华民族几千年贯彻始终的道德倡导。人类劳动发展分为奴役劳动、谋生劳动、体面劳动、自由劳动四个阶段。对人类社会劳动的认知和热爱,在中国古代经典著作中多有论及。《大戴礼·武王践祚·履屦铭》中写道:“慎之劳,劳则富。”这句话强调的是财富和劳动的关系。自古以来,对劳动的肯定和赞美都是中国传统文化的重要内容。《尚书·周官》中写道:“功崇惟志,业广惟勤。”《古今药石·续自警篇》中写道:“民生在勤,勤则不匮,是勤可以免饥寒也。”意思是人们的生计在于勤劳,勤劳就不会缺乏衣服与食物,勤劳能够让人避免饥饿与寒冷。先秦儒家关注的是一种“礼制”,而不是使用价值层面的劳动致富,也不是精神价值层面的劳动快乐,是一种自然分工的“伦理化”,为中国古人构建了一种脱离田间生产的劳动价值理论;后世儒家分离了“劳”和“思”两个概念。正如孟子所言:“劳心者治人,劳力者治于人。”荀子在《天论》中所说:“强本而节用,则天不能贫。”表达了对勤劳耕作和勤俭节约的认同。墨家是劳动者的学派,主张“兼爱、非攻、尚贤”,它是以劳动为本位的积极性劳动伦理的范式,是劳动和知识的有机结合。《墨子·非乐上》说:“民有三患:饥者不得食,寒者不得衣,劳者不得息,三者民之巨患也。”《墨子·非命下》说:“必使饥者得食,寒者得衣,劳者得息。”这是中国社会福利、劳动保障思想的萌芽。墨家思想兼容并蓄,形成了中国先进文化的必要成分,是民族振兴、国家进步的精神力量。《清仁宗味余书室全集》第35卷《故一·民生在勤论》中写道:“农夫不勤则无食;桑妇不勤则无衣;士大夫不勤则无以保家。”意思是农民不勤劳就没有吃的,采桑养蚕的妇女不勤劳就没有衣服穿,士大夫不勤劳就无法为国家做贡献。佛、道两家对于劳动和农业持消极态度,法、儒两家主张繁衍人口,认为劳动力是发展生产的根本保证,孟子曾提出“民为贵,社稷次之,君为轻”的重民思想,经过长期的文化大融合,儒、释、道、墨、法等多家思想互相渗透、互相影响,“勤于劳动”被看作“修齐治平”的根本性的道德品质,深深滋养着一代代中华儿女的精神心田。

勤劳创造了中华民族生活本身和精神意境。魏晋诗人陶渊明所作《归园田居·其三》中

写道："种豆南山下，草盛豆苗稀……衣沾不足惜，但使愿无违。"这首诗展现我国古代人民早起劳作，傍晚收工，期待有好收成的场景，表现劳动人民辛勤劳动的形象。唐代诗人李绅的诗句："锄禾日当午，汗滴禾下土。谁知盘中餐，粒粒皆辛苦？"融洽地将珍惜食物与辛勤劳动结合起来。唐代诗人王维写道："屋上春鸠鸣，村边杏花白。持斧伐远扬，荷锄觇泉脉……"这首《春中田园作》的前四句展现出了古代人们愉快劳动的情景和勇于探索的精神。可见，劳动不仅可以磨炼人的意志，还可以培养人的互助和团结精神。自强不息是古代劳动人民战胜困难的智慧之源。古代物质资源匮乏、自然条件恶劣，勤劳的中华儿女自强不息，积极探索。到了宋明时期，科技、手工业都变得发达。宋朝时发明了天文仪等多种精密仪器，明朝时期郑和七次下西洋代表了那个时代科技、造船业的世界先进水平。古代劳动人民智慧的结晶反映在各个领域：栩栩如生的兵马俑、巍峨的长城、巧夺天工的都江堰、贯通南北的大运河，素纱禅衣、榫卯结构、记里鼓车，等等，无一不是凝聚劳动者勤劳智慧的伟大成果，尽责、乐业、精益求精的工匠精神使这些遗宝成为历史的烙印和中华儿女精神的内核。

勤劳是中华民族千百年来的行为倡导和传统美德。对劳动的肯定和赞美是中国传统文化的重要内容。史前时代就有诸多歌颂勤劳的神话人物，因勤劳能干而被尧封赏土地的后稷、因解救人类于漫长黑夜而辛勤钻木取火的燧人氏等，无一不在勉励人们要勤劳勇敢、自强不息。古代经典著作中对勤劳的阐释更是多有论及。《左传》曰："俭，德之共也；侈，恶之大也。"俭是道德要求，侈是万恶之首。不少家规家训也教导子女谨记"勤劳之风"。中华民族向来重视对勤劳美德的培养，并将之看成修身、齐家和治国的重要途径。进入新时代，我们更应树立正确的劳动价值观，弘扬勤劳美德，创造美好生活。

勤劳是古代人民创造生活和文明的基本力量和重要内核。中华儿女自强不息，用劳动创造了生活、创造了灿烂文化，在劳动中培养了互助和团结精神。不少古诗词更是融洽地将珍惜食物与辛勤劳动结合起来，深深影响并塑造着中国人勤俭节约的美德。劳动人民在勤劳创造生活的同时，发挥聪明才智，创造了举世瞩目的灿烂文明，在建筑、科技、手工业、天文地理等诸多领域都取得了无可比拟的成就。万里长城、天文仪、龙门石窟、都江堰、大运河以及素纱禅衣、榫卯结构、记里鼓车等，无一不是凝聚劳动人民勤劳智慧的伟大成果。

勤劳是新时代接续奋斗的重要品格和精神力量。习近平总书记指出，"今日中国，正面临近代以来最好的发展时期，也正处于世界百年未有之大变局，仍需我们凭着勤劳、智慧、勇气，以信仰、信念、信心铸就精神的力量。"2020 年是具有里程碑意义的一年，意味着近代以来久经磨难的中华民族迎来了从站起来、富起来到强起来的伟大飞跃。有人将中国的发展奇迹称为"勤劳革命"，是中国人的勤劳与奋斗将不可能变成了可能，用几十年时间走完了发达国家几百年走过的工业化历程。

（二）勤劳美德的具体体现

一是对待事情尽心尽力，努力去做。勤的本义就是劳累，辛苦。《汉字字源》上说，勤，其左边为"堇"，表示字音，而且"堇"还有黏土的含义，这是说在黏土地上劳动很辛苦；右边为"力"，从字形上看好像农具，这里有用力之义。《说文·力部》上也说："勤，劳也。从力，堇声。"从力，也表示艰苦用力之意。《汉字源流字典》认为，凡从勤取义的字皆与劳苦等义有关。另外,在传统的典籍文献中,"勤"也基本上都用"劳"(此处指劳苦)来释义。如《诗经·周颂》上说:"文王既勤止。"毛传释为:"勤,劳也。"《尚书·召诰》上说:"我非敢勤。"孙星衍《尚书今古文注疏》引《说文》释为:"勤者,劳也",等等。在现代语境中,"勤""劳"并用,既指要勤于劳动,又蕴含着吃苦耐劳之意。曾国藩说:"勤,不必有过人之精神,竭吾力而已矣。"要做到"竭吾力",就不能偷懒,其最基本的表现就是诚实劳动、踏实劳动。比如,在劳动内容选择上不拈轻怕重,在劳动效率产出上不浑水摸鱼和滥竽充数。

二是对待事务孜孜不倦,从不懈怠。《慧琳音义》卷四"克勤"注引《考声》说:"勤,不倦。"其实,无论是"锄禾日当午,汗滴禾下土"的体力劳作,还是"吟安一个字,捻断数茎须"的脑力创作,劳动的辛苦都不言而喻。但是,对于勤劳的人而言,其对劳动的热爱执着以及对于劳动价值的深刻体会,使得他们能够克服并超越这些身心苦累,所以他们参与劳动的热情从不消退,并不因此而走向怠惰放弃。从古至今,那些广受赞誉的人,都是"习其苦""安其苦"的,并且常常以苦为乐。

三是对待劳动的尊重。勤劳作为一种劳动态度、生活态度,体现了对劳动的尊重,对劳动价值的认可和崇尚。劳动对人的产生及成长至关重要。"劳动创造了人本身",帮助人从动物界中质变出来;劳动也发展了人,促使人不断完成自我开发和超越,成为愈益完善的生命体。在物质层面上,劳动为人们提供了衣食住行所需的各式生产、生活资料,并且随着劳动对象范围的扩展和劳动工具的进步,这些资料不断地丰富和多样化,在满足人类基本生存需要的基础上,大幅提升人类的生存质量和改变人类的生活状态,为人类提供多姿多彩的生活。长期的劳动实践和劳动回报,使得人们深刻认识到劳动是"治生之本""治生之道",是创造物质财富的必要手段和途径;注意到"惰农自安,不昏作劳"的危害;总结出"民生在勤,勤则不匮"的生存道理,从而大力宣扬"一日之计在于晨,一生之计在于勤"的劳动价值观。同时,社会还积极肯定和鼓励人们追求"只可过于勤劳,不可失之怠惰"的劳动态度。这表明,勤劳作为一种劳动理念和行为,不仅具有持续性、无止境性,而且还具有不断递进、强化的可能性。这种追求,在那些令人感动的勤劳榜样身上表现得非常明显。

四是在劳动过程中感到幸福与愉悦。从精神层面上讲,劳动还能带给人们丰厚而持久的幸福感,使人们拥有愉悦向上的精神感受。这一感受来源于其个体价值、社会价值的凸显,来自人对自然关系中自身创造力的确认;当人们用自己的双手,以真诚的劳动,不断改造自然、改造自我,不断开辟和推进崭新向前的生活样态时,人们很容易体会到自我存在的意义,并因这一意义而生发出高度的自我满意和满足,在充分的自我肯定中产生强烈的自豪感、成就感。宋代农学家陈敷说:"勤劳乃逸乐之基也。"意思是说,勤劳是令人感到舒适欢乐的根基。李大钊也说:"我觉得人生求乐的方法,最好莫过于尊重劳动。一切乐境,都可由劳动得来,一切苦境,都可由劳动解脱。"

五是人们日常良好的生活习惯和生活方式。勤劳是中华民族引以为傲的优秀品格,是历代家训家风重点强调和宣扬的内容。在新时代,"爱劳动"是对社会主义建设者和接班人的基本要求,是现代公民的基本素质。要实现人民对美好生活的向往,实现中华民族伟大复兴的中国梦,一代代中国人必须辛勤劳动。

（三）培养大学生的勤劳品格

大学生勤劳品格的培养，是一个系统工程，仅靠某一个环节是难以实现的。家庭作为人一出生就面对的生活、教育环境，对人的成长至关重要，特别是家中长辈对待某些事情的看法和做法，更会深刻影响到子孙的价值观。现在，一些家长对子女溺爱，不舍得让其吃苦受累，在劳动方面凡事都想自己包办代替，这样很容易使孩子染上好吃懒做的恶习。

传统家训中对子女孙辈的劳动要求，很值得我们认真研究和借鉴。比如，南宋叶梦得在《石林治生家训要略》中认为："要勤"，则必须"每日起早，凡生理所当为者，须及时为之。如机之发，鹰之搏，顷刻不可迟也。"清代朱柏庐《治家格言》中也强调："黎明即起，洒扫庭除，要内外整洁。"曾受到朝廷嘉奖的"江南第一家"郑氏家族，对家人的勤劳要求也非常严格，规定"子孙黎明闻钟即起，监视置《夙兴簿》，令各人亲书其名，然后就所业"。平日里，家中妇女们轮流做饭，十天一轮；其他人聚集一起，进行纺纱织布等劳动，并按10%的比例给予奖励。这些规定中有一个共识，就是都把"早起"作为勤劳的重要标志，时至今日，这一观点仍然为人们所赞同和提倡。"早起"看似是小事，但却能很好地磨炼一个人的自律能力。显然，这些严格而细致的劳动要求，对于规范子孙后代的言谈举止，使他们从小就养成勤劳意识、勤劳习惯，以至于形成坚定的勤劳品格，都具有持久而深刻的影响。

在实现伟大梦想中圆青春之梦。大学生成长成才不是等来的、喊来的，而是拼出来、干出来的。习近平总书记指出，"幸福都是奋斗出来的"，要"撸起袖子加油干"。随着经济发展和物质生活丰裕，一些人的劳动观念被削弱或扭曲，比如，坐等扶贫的寄生思维、投机暴富的病态心理，好逸恶劳的"啃老"观念、享乐主义，等等。特别是有些大学生把劳动与劳累、痛苦联系起来，视之为休闲和享乐的对立面。对于这些社会问题，我们不能忽视，需要加强劳动教育，树立劳动最光荣、奋斗最幸福的劳动价值观。实现中华民族伟大复兴，要靠人们的辛勤劳动。一切有利于社会建设的诚实自觉的劳动，都是高尚的、光荣的。国家、社会、企业各界需要提供更有力的劳动保障，更好的劳动条件，严格执行各项法律法规，让每一个劳动者都能体面劳动，使劳动尊严得到维护、劳动价值得以实现，更好地营造平等劳动、勤奋做事、勤勉为人、勤劳致富的正能量的社会氛围，鼓励人们不断创造新的内生动力。只要我们守护中华劳动伦理的深厚底蕴，弘扬工匠精神和坚韧不拔、自强不息的劳动美德，一代代的劳动者就必定能创造伟大的历史，不断开创未来，为美好生活而奋斗。

二、实现强国梦更需弘扬勤劳实干之美德

中国几千年的文明史，无不印证着中华儿女勤劳智慧不断追求美好生活的奋斗轨迹。几千年来，中国在绝大部分时期都领先于世界，在伦理道德和治国理政方面也世界领先。法国思想家伏尔泰在18世纪中叶的一篇文章中写道："由于它是世界上最古老的民族，它在伦理道德和治国理政方面，堪称首屈一指。"

只是到了近代，由于封建王朝的腐败，西方列强趁机蹂躏我国，中国梦几经断送……

中华民族是奋发向上的，中国虽然一度落伍，受到屈辱，但最终找到了改变中国命运的领导力量和正确道路。中国共产党的成立使中华民族的中国梦重新燃起。在中国共产党的

正确领导下，经过艰苦卓绝的抗争和奋斗，中国人民推翻了压在自己头上的“三座大山”，赶走了帝国主义列强，结束了半封建半殖民地社会。新中国的诞生和中国共产党成为执政党，为中华民族实现中国梦提供了道路、制度保障和坚强的领导力量。中华民族正满怀信心地向着实现中国梦而奋进。

回顾新中国成立以来，革命建设和改革开放的历史，中国每前进一步，都以具备发展条件为前提。实现中华民族伟大复兴的中国梦，仍然需要以具备实现中国梦的条件为前提。

新中国成立初期，我们之所以能够在短短的时间内就完成了对农业、手工业和资本主义工商业的社会主义改造任务，实现了财政经济的基本好转，正是基于新中国的成立，确立了社会主义制度，中国共产党作为执政党的坚强领导，全国人民万众一心实现中国梦而积极投入社会主义建设热潮中。通过改革开放，在短短几十年中，我国由一个贫穷落后的农业国变成了繁荣昌盛的世界第二大经济体，实现全面建成小康社会目标，为实现中华民族伟大复兴的中国梦奠定了坚实的基础。

其一，道路保障。“道路关乎党的命脉，关乎国家前途、民族命运、人民幸福。”我们说的道路保障，指的就是中国特色社会主义道路。有了这条正确的道路，实现中华民族伟大复兴的中国梦就有了坚实的道路保障。

其二，精神支撑。我们所说的精神支撑，指的是以爱国主义为核心的民族精神，以改革创新为核心的时代精神。二者的有机结合形成了中国精神。习近平总书记指出，“这种精神是凝心聚力的兴国之魂、强国之魂”，是实现中华民族伟大复兴的中国梦的强大精神力量。

其三，力量凝聚。我们所说的力量凝聚，指的是中国各族人民大团结的力量，即中国力量，习近平总书记指出，“中国梦是民族的梦，也是每个中国人的梦。只要我们紧密团结，万众一心，为实现中国梦而奋斗，实现梦想的力量就无比强大”。当前，中国 14 亿各族人民正万众一心、紧密团结、聚精会神、一心一意搞建设，为实现更加美好的中国梦而不懈奋斗，这种不怕艰难、开拓创新、勇于实践的中国力量，正是我们实现中国梦的基本保证。

其四，特质基础。物质基础是实现中国梦的前提。改革开放以来，我们取得了一系列新的历史性成就，为全面建成小康社会、实现中国梦打下了坚实的基础。我国社会生产、经济实力、科技实力迈上一个大台阶，人民生活水平、居民收入水平、社会保障水平迈上一个大台阶，综合国力、国际竞争力、国际影响力迈上一个大台阶，国家面貌发生新的历史性变化。

马克思认为，社会再生产是“连续地并列地进行的”。对经济过程的时间连续性和空间并存性的考察，是马克思主义政治经济学的重要方法。对社会生产力格局的时间维度和空间维度及其综合性的科学把握，是经济新常态提出的重要基础。

其五，党的领导。中国共产党是中国特色社会主义事业的领导核心，也是中国各族人民实现中国梦的领导核心。自中国共产党成立之日起到现在的时间里，从带领中国人民“站起来”，到改革开放让人民“富起来”，再到全面建成小康社会让 14 亿人民“幸福起来”，这证明中国共产党有智慧、有能力，是坚强的领导核心。我们完全相信，有中国共产党的正确领导，中国梦一定能够实现。

任何目标的实现,不是靠喊出来的,而是靠干出来的。“空谈误国,实干兴邦。”这句话道出了实现中国梦的基本要求。回顾历史,面对西方列强的凌辱,中国梦没有破灭;面对新中国成立之初的一穷二白,中国梦没有破灭;面对奋斗征程中的挫折和坎坷,中国梦也没有破灭。中华民族之所以在百折千回中迎来一次次复兴的曙光,靠的就是一代又一代人的艰辛奋斗和实干。

“雄关漫道真如铁,而今迈步从头越。”时至今日,中国正处在实现梦想的关键点。人人都敢于跨越“人间正道是沧桑”的今天,更敢于向“长风破浪会有时”的明天奋进,一步一个脚印地昂首前行。

鸦片战争后,中国人民经历了战乱频仍、山河破碎、民不聊生的深重苦难。为了民族复兴,无数仁人志士不屈不挠、前仆后继,进行了可歌可泣的斗争,进行了各式各样的尝试,但终究未能改变当时中国的社会性质和中国人民的悲惨命运。实现中华民族伟大复兴是中华民族最伟大的梦想。中国共产党一经成立,就把实现共产主义作为党的最高理想和最终目标,义无反顾地肩负起实现中华民族伟大复兴的历史使命,团结带领人民进行了艰苦卓绝的斗争,谱写了气吞山河的壮丽史诗。我们党深刻认识到,实现中华民族伟大复兴,必须推翻压在中国人民头上的帝国主义、封建主义、官僚资本主义“三座大山”,实现民族独立、人民解放、国家统一、社会稳定。中国共产党团结带领人民找到了一条农村包围城市、武装夺取政权的正确革命道路,进行了28年浴血奋战,完成了新民主主义革命,1949年中华人民共和国成立,实现了中国从几千年封建专制统治向人民民主的伟大飞跃。中国共产党深刻认识到,实现中华民族伟大复兴,必须建立符合我国实际的先进社会制度。中国共产党团结带领人民完成社会主义革命,确立社会主义基本制度,推进社会主义建设,完成了中华民族有史以来最为广泛而深刻的社会变革,为当代中国一切发展进步奠定了根本政治前提和制度基础,实现了中华民族由近代不断衰落到根本扭转命运、持续走向繁荣富强的伟大飞跃。中国共产党深刻认识到,实现中华民族伟大复兴,必须合乎时代潮流、顺应人民意愿,勇于改革开放,让党和人民事业始终充满奋勇前进的强大动力。中国共产党团结带领人民进行改革开放新的伟大革命,破除阻碍国家和民族发展的一切思想和体制障碍,开辟了中国特色社会主义道路,使中国大踏步赶上时代。

中国梦,既是国家梦、民族梦,也是每个中国人自己的梦。要把中国梦变成现实,还有很长的路要走,需要付出艰辛的努力,而最根本的就是要求每一个人都要在各自岗位上实干,付出自己的智慧和劳动。中国人的命运掌握在中国人自己手里,中国各族人民美好生活的获得,归根到底是靠自己的劳动来实现的。我们要扎扎实实、脚踏实地,用勤劳的双手托起伟大的“中国梦”。

“中国梦”承载着中华民族百年来的苦难与抗争。近代以来,中华民族历经了无数苦难。面对列强的欺负凌辱、新中国成立初期的一穷二白和奋斗征程中的挫折坎坷,我们的“中国梦”没有破灭。这个梦想,凝聚着近代以来无数仁人志士的探索奋斗,蕴藏着中华民族固有的“家国天下”情怀,更包含着中国走向未来的道路自信、理论自信、制度自信、文化自信。中国共产党把亿万人民的迫切愿望和对历史规律的深刻认识融为一体,坚持开拓创新、永不停滞,成功探索出中国特色社会主义道路,使民族从贫困落后走向文明开放,使国家从积贫积弱走向繁荣富强,使人民从温饱不济走向全面小康。沿着这条中国特色社会主义道路,实现中国梦想的前景无限光明。历史告诉我们,每个人的前途命运都与国家和民族的命运紧密相连。只有国家好、民族好,大家才会好。实现中华民族伟大复兴是一项光荣而艰巨的事业,需要一代代中国人共同为之努力。

"中国梦"彰显出中国共产党人的信心与实力。当前,我国综合国力、国际竞争力、国际影响力日渐提升,国家面貌发生新的历史性的变化,天宫交会、蛟龙潜海、航母入列…… "中国故事"好戏连台,我们实现"中国梦"的信心比任何时候都更坚定。"中国号"巨轮承载着"中国梦"正乘风破浪,扬帆起航。"中国梦"凝聚着亿万人民对美好生活的期盼。期盼有更好的教育、更稳定的工作、更可靠的社会保障、更优美的环境。这些期盼,勾勒出"中国梦"的生动轮廓,描绘出"中国梦"的共同底色,凝结出党和政府的奋斗目标。个人敢做梦,国家能圆梦。要把人民的期待转化为一个个造福百姓的具体措施,落实到一件件惠及人民的好事实事中,让人民感受变迁,触摸幸福,实现理想。

"中国梦"维系着全体中国人的责任和使命。历史告诉我们,中华民族之所以迎来复兴的曙光,靠的就是一代又一代人的艰辛奋斗和埋头苦干。"千里之行,始于足下。"把一个拥有 14 亿人口的发展中大国带入现代化、实现民族复兴,迫切要求我们承先启后、继往开来,求真务实、艰苦奋斗,躬行践履、砥砺前行。"空谈误国,实干兴邦。"我们要拿出实干的精神与劲头,不负人民信赖,不负历史期待,扎扎实实,脚踏实地,用勤劳的双手托起伟大的"中国梦"!

第三节　美好人生需要奋斗

一、新时代更要加油干

习近平总书记在参加党的二十大广西代表团讨论时强调:"党的二十大报告进一步指明了党和国家事业的前进方向,是我们党团结带领全国各族人民在新时代新征程坚持和发展中国特色社会主义的政治宣言和行动纲领。""当前最重要的任务,就是撸起袖子加油干,一步一个脚印把党的二十大作出的重大决策部署付诸行动、见之于成效。"

团结才能胜利,奋斗才会成功。认真学习贯彻党的二十大精神,广大干部群众纷纷表示,新征程上,要紧密团结在以习近平同志为核心的党中央周围,高举中国特色社会主义伟大旗帜,坚定历史自信,增强历史主动,敢于斗争、敢于胜利,埋头苦干、锐意进取,为实现党的二十大确定的目标任务而团结奋斗。

习近平总书记在党的二十大闭幕会上的重要讲话中指出,百年成就无比辉煌,百年大党风华正茂。我们完全有信心有能力在新时代新征程创造令世人刮目相看的新的更大奇迹。

山东港口青岛港全自动化码头上,蓝色自动化桥吊挥舞手臂,将集装箱精准抓起、码放,自动导引车、无人集卡往来穿梭。不远处的调度室内,山东港口青岛港自动化码头信息技术部副经理陈强正与同事进行系统测试。“新时代的伟大成就是党和人民一道拼出来、干出来、奋斗出来的!”党的二十大报告中的这句话,让陈强感触尤深:“新时代是奋斗者的时代。在没有经验、资料、外援的情况下,我们‘连钢创新团队’奋力攻关,破解一道道难题,建成了目前世界上装卸速度最快的自动化码头。”展望新征程,陈强信心满怀、干劲更足:“我们有信心攻克更多港口科技领域的关键核心技术,进一步占据全国自主智慧码头建设的制高点。”

井架高耸,钻机轰鸣,在大庆油田一处钻井现场,1205 钻井队正在开展钻井作业。这里是大庆油田钻探的第一口致密气井,技术要求高、施工难度大。“党的二十大报告提出‘加大油气资源勘探开发和增储上产力度’,”1205 钻井队党支部书记段永坚说,“我们钻井队是‘铁人’王进喜带过的队伍,一定要像王进喜那样去战斗,奋力打出标杆井,为端牢能源饭碗当好探路先锋。”

福建省武夷山市星村镇燕子窠生态茶园里,科技特派员刘国英正忙着指导茶农应对旱情等。“党的二十大报告提出‘全面推进乡村振兴’,强调‘坚持农业农村优先发展’,提出‘扎实推动乡村产业、人才、文化、生态、组织振兴’等重要举措,令人振奋、催人奋进,”刘国英摘下草帽对记者说,“10 年来我国农业农村取得历史性成就、发生历史性变革。作为科技特派员,一定坚持把论文写在田野大地上,不仅要教会茶农种茶、制茶的技术,还要带着乡亲们走出一条茶产业高质量发展路子。”

在重庆市两江新区果园港国家物流枢纽的中新(重庆)多式联运示范基地,一批货物正在装箱,即将发往东南亚和中东地区。“西部陆海新通道已成为带动西部地区高质量发展、畅通国内国际双循环的强劲引擎。”重庆果园港国际物流枢纽建设发展有限公司总经理牛贤丹说:“贯彻落实党的二十大精神,我们将进一步发挥通道物流和运营组织中心的重要作用,通过通道带物流、物流带经贸,更好带动产业和经贸发展。”

习近平总书记在党的二十大报告中强调,团结奋斗是中国人民创造历史伟业的必由之路。

广大干部群众要牢牢把握团结奋斗的时代要求,在党的旗帜下团结成“一块坚硬的钢铁”,心往一处想、劲往一处使,推动中华民族伟大复兴号巨轮乘风破浪、扬帆远航。

云南省文山壮族苗族自治州西畴县龙泉村村民李华明,曾带领 15 户乡亲,用 10 余年时间在悬崖峭壁上开凿了 4 米宽的进村路,获得全国脱贫攻坚先进个人的荣誉。“好日子等不来、要不来,我们要听党话、跟党走,苦干实干往前冲,”学习领会党的二十大精神,李华明倍感振奋,“我要继续加油干,和乡亲们一起推进乡村振兴,在共同富裕路上不掉队。”

在河南省兰考县仪封镇代庄村,镇党委委员、村党支部书记代玉建正和村民们一起在地里忙活。代庄村过去是个贫困村,村党组织软弱涣散。通过选好配强村党支部书记、发挥年轻党员干部作用、深化村民自治实践等,代庄村如今成为全国乡村治理示范村,村党支部被评为全国先进基层党组织。“党的二十大报告提出,全面建设社会主义现代化国家,最艰巨最繁重的任务仍然在农村,”学习领会党的二十大精神,代玉建深感责任重大,“全面实施乡村振兴战略的深度、广度、难度都不亚于脱贫攻坚,我们党员干部必须弘扬亲民爱民、艰苦奋斗、科学求实、迎难而上、无私奉献的焦裕禄精神，想人民之所想，行人民之所嘱，不断把人民对美好生活的向往变为现实。”

地处喜马拉雅山南麓的西藏自治区山南市隆子县玉麦乡，西藏边检总站山南边境管理支队玉麦边境派出所的民警们，为独居老人次旺送来了被褥、酥油等物品。“党的二十大报告提出‘不断巩固全国各族人民大团结’‘形成同心共圆中国梦的强大合力’，”派出所党支部书记、政治教导员王微说，“我们一定深入学习贯彻习近平总书记给玉麦乡卓嘎、央宗姐妹的回信精神，与玉麦各族干部群众携手奋进，共做神圣国土的守护者、幸福家园的建设者，让民族团结之花在祖国边关绽放得更加美丽。”

“习近平总书记在党的二十大报告中勉励广大青年‘怀抱梦想又脚踏实地，敢想敢为又善作善成’，”一飞智控（天津）科技有限公司创始人齐俊桐说，作为一名工作在科技战线的共产党员，将始终关注科技前沿、服务国家需求、面向国民经济，带领团队在科技创新的道路上不断前行，让理想信念在创业奋斗中升华，让青春在创新创造中闪光。

一步一个脚印把党的二十大作出的重大决策部署付诸行动、见之于成效。习近平总书记在党的二十大报告中指出，未来五年是全面建设社会主义现代化国家开局起步的关键时期。

广大干部群众表示，开好局起好步，对于实现第二个百年奋斗目标至关重要，要埋头苦干、锐意进取，一步一个脚印把党的二十大作出的重大决策部署付诸行动、见之于成效。

2022 年 10 月，江苏省工业和信息化厅综合规划处处长余雷在南京、苏州等地调研企业高质量发展情况。“学习党的二十大报告，未来五年的主要目标任务中，第一条就是经济高质量发展取得新突破，”余雷说，江苏制造业规模多年位居全国前列，如今正在以先进制造业集群培育和产业强链为抓手，大力推动制造业高质量发展，加快推进制造强省建设。

“虚拟养老院的服务很周到，让我们老年人生活无忧，”甘肃省兰州市城关区的辛学理老人说，她有家居保洁等需求时，只要给养老院打一个电话，助老员很快就会上门服务。“党的二十大报告提出‘推动实现全体老年人享有基本养老服务’，”兰州市城关区虚拟养老院院长秦田田说，截至目前，城关区共有 13.75 万名老人享受到虚拟养老院的服务，约占全区 60 岁以上老年人口的 64%。老人们足不出户即可体验生活照料、医疗护理、精神慰藉、紧急救援等四大领域 150 多项养老服务。“今后，我们将从整合社会资源、养老服务标准化、规范运营流程等方面持续努力，将虚拟养老院升级为全区养老服务总调度台，实现养老服务全域联动智慧管理，让更多老人安享幸福晚年。”

2022 年 10 月 23 日下午，北京市石景山区文化中心剧场舞台上，由区文化馆创编的戏剧小品《春天网约车》正在排练。石景山区广泛发动各界群众文艺爱好者，创编推出了一批优秀群众文艺节目。“中国式现代化是物质文明和精神文明相协调的现代化。习近平总书记在党的二十大报告中强调，推进文化自信自强，铸就社会主义文化新辉煌，”石景山区文化和旅游局副局长黄杰表示，在今后工作中，将深入贯彻落实党的二十大精神，坚持以人民为中心的创作导向，紧密围绕北京建设全国文化中心的发展定位，传承源远流长的古都文化，弘扬丰富厚重的红色文化，发掘特色鲜明的京味文化，繁荣蓬勃兴起的创新文化，创作出更多优秀文艺作品。

2022 年 10 月 24 日上午，江西省萍乡市安源区青山镇青山村的村干部和村民，在大银杏树下围坐一圈，围绕“新矿山上新发展”主题，开启了“屋场贴心会”。青山村曾是一座典型的“煤村”，2012 年，煤矿全部关停。近些年，当地大力推进矿山修复治理，在青山村建设了中医药健康养生小镇。“党的二十大报告提出，必须牢固树立和践行绿水青山就是金山银山的理念，站在人与自然和谐共生的高度谋划发展，”青山村党委书记吴涛对大家说，这几年已把废弃矿山变成了绿水青山，下一步将把矿山修复与美丽乡村建设结合起来，在生态再造的基础上实现产业再造，把绿水青山变成金山银山。

团结奋斗是党和人民的显著精神标识，也是新时代新征程的显著精神标识。实现宏伟目标离不开团结奋斗。回望新时代奋斗路，我们党团结带领人民决战贫困、建小康，控疫情、抗大灾，应变局、化危机，实现了第一个百年奋斗目标；眺望新征程奋进路，党团结带领人民踏上新的赶考之路，我们必须紧紧依靠人民、紧密团结人民，艰苦奋斗、不懈奋斗，向着实现中华民族伟大复兴的中国梦奋勇前进。应对复杂形势更需要团结奋斗。复兴伟业不会风平浪静，前进道路必然风雨兼程。从国际看，世纪疫情影响深远，世界经济复苏乏力，世界进入新的动荡变革期。从国内看，不确定难预料因素增多，来自外部的打压遏制随时可能升级，各种“黑天鹅”“灰犀牛”事件随时可能发生。新时代新征程，我们必须准备经受风高浪急甚至惊涛骇浪的重大考验，依靠团结奋斗筑起应对风险挑战的铜墙铁壁。攻克艰巨任务必然要团结奋斗。进入新时代，党和国家面临的形势之复杂、斗争之严峻、改革发展稳定任务之艰巨世所罕见、史所罕见，正是因为“两个确立”，党团结带领人民经受住了严峻性考验、取得了历史性成就、实现了历史性变革。奋进新征程，要深刻领悟“两个确立”的决定性意义，坚定践行“两个维护”，坚持不懈用习近平新时代中国特色社会主义思想凝心铸魂，坚决做到“总书记怎么说、我们就怎么做”，进而打牢筑实团结奋斗的共同思想政治基础。

要牢牢把握团结奋斗的时代要求，努力建设堪当民族复兴重任的高素质干部队伍。党的力量来自组织。只有组织起来，形成严密组织体系，才能实现力量倍增。要统筹抓好各领域党建工作，推动各级党组织全面进步全面过硬，不断增强政治领导力、思想引领力、群众组织力和社会号召力，把党员干部组织起来、把优秀人才凝聚起来、把广大群众动员起来，在党的旗帜下团结成“一块坚硬的钢铁”，推动中华民族伟大复兴号巨轮乘风破浪、扬帆远航。坚持党管干部原则，全面贯彻新时代党的组织路线和好干部标准，突出忠诚干净担当和善谋尽责成事，注重任用敢于担当、敢于负责、敢于任事的过硬干部，坚决不用不想谋事、不愿做事、不敢扛事的混日子干部，大力推行干部能上能下、能进能出，真正让能者上、优者奖、庸者下、劣者汰，以正确选人用人导向引领团结奋斗、干事创业导向。每一代人都要走好自己的长征路，新时代新征程，还有许多“雪山”“草地”需要跨越，还有许多“娄山关”“腊子口”需要征服。要加强干部斗争精神和斗争本领养成，注重在重大斗争中磨砺干部，引导干部在稳经济、促发展中敢啃硬骨头，在抓改革、谋创新中敢蹚深水区，在强保障、惠民生中敢挑重担子，在保安全、守底线中敢接“烫山芋”，以过硬的斗争本领创造团结奋斗的历史伟业。

团结奋斗是固原赶超式发展的重要保证。习近平总书记四次视察宁夏三次踏访固原，亲手谱写了闽宁协作“山海情”，引领固原人民实现了小康梦。奋进全面建设社会主义现代化强国新征程，要沿着总书记指引的方向和二十大擘画的蓝图，弘扬“不到长城非好汉”的革命精神、“走好新时代长征路”的奋斗精神和“社会主义是干出来的”实干精神，以团结的状态、奋斗的姿态，开创固原发展新局面。宁夏固原是一片红色热土。要传承红色基因、矢志团结奋斗，一步一个脚印推动党的二十大精神落地见效。永葆团结奋斗初心使命。新时代十年，固原人民在党中央和总书记关怀下，万众一心铸就了摆脱贫困的全面小康史，绘就了绿色蝶变的生态建设史，成就了亲如一家的民族团结史。奋进新征程，要团结带领六盘儿女始终不渝感党恩、听党话、跟党走，眼中有高山、胸中有丘壑，主动在全国发展大局中提高站位、找准方位、明确定位，接续奋斗、再创辉煌。谱写团结奋斗崭新篇章。脱贫小康后的固原，仍是欠发达地区。要立足这一基本市情，对标中国式现代化的中国特色和本质要求，坚定大抓发展、抓大发展、抓高质量发展、实现赶超式发展的信心决心，大力实施产业千亿倍增、投资千亿倍增、改革创新驱动“三个计划”，加快建设宁夏副中心城市、生态文旅特色市、高质量发展先行市、乡村全面振兴样板市、铸牢中华民族共同体意识示范市，团结带领固原人民从全面小康向全体人民共同富裕的现代化阔步迈进。

未来属于青年，希望寄予青年。时代的接力棒传递到了新一代干部的手中，新时代青年干部必须担起时代责任与人民重托，在实现社会主义现代化强国的路上写下浓墨重彩的一笔。

不怕吃苦加油干。回望百年党史，不怕苦、能吃苦、能战胜苦，是中国共产党人的优秀品质。要站稳人民立场，坚持理论联系实际，养成少说多做，以做为主的习惯，用真心真情换来老百姓的开心放心安心，守住百姓的心。要放下架子，沉下身子，不怕苦不怕累，在摸爬滚打中增长才干。要经常到村里的田间地头转转，积极融入群众中。人在事上练，刀在石上磨。要认真开展调查研究，防止搞“出发一车子、开会一屋子、发言念稿子”，真正把调研成果转化为解决问题的具体行动。

为民服务解难题。守初心，就是要牢记人民对美好生活的向往就是我们的奋斗目标，永远不能脱离群众、轻视群众、漠视群众疾苦。青年干部就要多谋民生之利、多解民生之忧，着力解决群众的操心事、烦心事，聚焦人民群众最关心的就业、教育、收入、医疗、养老、居住、环境等难题，在发展中补齐民生短板，团结带领人民创造更加幸福美好的生活。

直面风险敢作为。时代是出卷人，我们是答卷人，人民是阅卷人。当前，面对推动经济高质量发展的要求，如何在基层艰巨的任务中笃实前行？这就意味着，要在疫情防控、乡村振兴、产业发展等广阔舞台上，多几次“风吹雨打”的经历，多几回“热锅上蚂蚁”的考验，练出“大心脏”，磨出“真功夫”。要牢记党和人民的重托，在敢于担当中作为、敢于斗争上作表率，勇挑最重的担子、敢啃最硬的骨头、善接最烫手的山芋，为推动经济社会全面发展作出应有贡献。同任何贪图享受、消极懈怠、回避矛盾的错误思想和行为作斗争，清除一切侵蚀党的健康肌体的病毒。

百舸争流，奋楫者先；千帆竞发，勇进者胜。大学生要听党话、跟党走，在基层舞台上有所作为，撸起袖子加油干，做最拼的赶路人、最实的奋斗者，用实实在在的业绩向广大人民群众交上一份满意的答卷。

二、新时代需要新精神

烈日炎炎，农民在田野间劳作，汗珠砸在泥土上，一株株秧苗结出沉甸甸的粮食；天寒地冻，外卖小哥骑着电瓶车在大街小巷穿梭，头盔染上了白霜，保温箱里的饭菜还是热气腾腾；冬去春来，老师始终站在三尺讲台，陪着学生们慢慢长大；花开花落，科技工作者一直守在实验室，验证一个个奇思妙想……日复一日，年复一年，在中华大地上，千千万万劳动者，耕耘着，创造着，用汗水和心血浇灌着劳动的果实，实现着人生的价值。

马克思把劳动比喻为整个社会都在围绕旋转的“太阳”，将劳动视作创造价值的唯一源泉。凭借一双勤劳的双手，人类的祖先打磨几块冷石，生起一团热火，告别茹毛饮血，迈向新的生活。凭借一双勤劳的双手，中华民族的先民们“烁金以为刃，凝土以为器，作车以行路，作舟以行水”，用汗水与智慧开启了灿烂的中华文明。凭借一双勤劳的双手，中国人民在中国共产党的领导下，自力更生、发愤图强、解放思想、锐意进取，取得了革命、建设、改革的伟大成就，全面建成了小康社会，共同创造着幸福生活。

2020 年 11 月 24 日，习近平总书记在全国劳动模范和先进工作者表彰大会上指出，在长期实践中，我们培育形成了“崇尚劳动、热爱劳动、辛勤劳动、诚实劳动的劳动精神”，劳模精神、劳动精神、工匠精神“是鼓舞全党全国各族人民风雨无阻、勇敢前进的强大精神动力”。

中华民族是勤于劳动、善于创造的民族。正是因为劳动创造，我们拥有了历史的辉煌；也正是因为劳动创造，我们拥有了今天的成就。如今，踏上新征程的我们，仍然需要大力弘扬劳动精神，继续奋斗，勇往直前，为实现第二个百年奋斗目标而不懈努力。

中华民族自古就是崇尚劳动的民族。从“晨兴理荒秽，戴月荷锄归”的耕作，到“女郎剪下鸳鸯锦，将向中流匹晚霞”的纺织，再到“六月调神曲，正朝汲美泉”的酿造……古往今来，对劳动的赞歌绵延不绝。

“青春激情绘理想，攀科学高峰为祖国争光。机器轰鸣马达响，云霓织成锦绣万里长。麦浪滚滚牛羊壮，丰收的歌声传遍四方……”庆祝中国共产党成立 100 周年文艺演出《伟大征程》中，一段戏曲表演生动再现了新中国劳动者意气风发登上历史舞台的场景，令观众久久难忘。劳动的光荣、崇高、伟大与美丽，凝聚在唱词里，也驻留在人们心间。

劳动最光荣，劳动最崇高，劳动最伟大，劳动最美丽。在中国共产党的领导下，中国人民愈发崇尚劳动。

因为崇尚劳动，我们有着“咱们工人有力量”的豪迈，有着“天不怕地不怕，风雪雷电任随它”的勇气，有着“紧摇桨来掌稳舵，双手赢得丰收年”的底气，有着“人们在明媚的阳光下生活，生活在人们的劳动中变样”的自信。

劳动，创造了财富，也砥砺着精神。人行天地间，只有不图安逸，不惧困苦，爬过高山，蹚过激流，拼搏过，奉献过，才能感受“千淘万漉虽辛苦，吹尽狂沙始到金”的喜悦与充盈，才能体会生而为人的自在与尊严。

习近平总书记指出:“无论时代条件如何变化,我们始终都要崇尚劳动、尊重劳动者。”

因为崇尚劳动,我们对每位劳动者都充满敬意。当钟南山挤进火车餐车,奔赴武汉抗疫前线;当张桂梅伸出贴满膏药的双手,鼓励她的学生……谁人不曾感动?

劳动创造财富,劳动者在劳动中所体现出的坚守与热爱,更是一笔无比珍贵的财富。他们让我们相信,有梦想,有机会,有奋斗,一切美好的东西都能够创造出来。

中国共产党历史展览馆,不少参观者在一组题为《十八颗红手印》的雕塑前停下了脚步。雕塑中的18位农民,有人蹲着思考,有人站着议论,有人挽起袖子在土地承包责任书上郑重按下手印。

这是1978年冬天的安徽凤阳小岗村,当18位农民依次按下自己的手印,改革开放的奇迹随之而来。这些农民为何敢闯敢试、敢为人先?因为他们内心,有对劳动的满腔热忱;因为他们相信,辛勤的劳动一定能换来幸福的生活。

劳动开创未来,奋斗成就梦想。劳动没有高低贵贱之分,不论身处哪个行业,只要付出足够的辛劳与智慧,干一行、爱一行、钻一行,就能够在平凡的岗位上取得不平凡的成绩。

习近平总书记有这样的期待:“在工厂车间,就要弘扬‘工匠精神’,精心打磨每一个零部件,生产优质的产品。在田间地头,就要精心耕作,努力赢得丰收。在商场店铺,就要笑迎天下客,童叟无欺,提供优质的服务。”“当老师,就要心无旁骛,甘守三尺讲台,‘春蚕到死丝方尽,蜡炬成灰泪始干’。做研究,就要甘于寂寞,或是皓首穷经,或是扎根实验室,‘板凳要坐十年冷,文章不写一句空’。搞创作,就要坚持以人民为中心的创作思想,深入实践、深入群众、深入生活,努力创作出人民群众喜爱的精品力作。”

在普普通通的百货柜台,张秉贵练就了一身绝活,卖货“一抓准”,算账“一口清”;为了掌握焊接技术,高凤林拿着筷子练,端着水杯练,举着铁块练,终于练就了为火箭焊接“心脏”的绝技;在北京人民艺术剧院排练厅,高悬着“戏比天大”四个大字,培养了一代代演员对事业的敬与爱,排演了一出出经典的话剧……他们对职业的礼敬、坚守,源自对劳动的尊崇与热爱。

如今,热爱劳动的种子已在孩子们心中播撒。热爱劳动、热爱创造,通过劳动和创造播种希望、收获果实,也通过劳动和创造磨炼意志、提高自己。在党的领导下,一代代勤于劳动、善于劳动的高素质劳动者层出不穷,一曲曲豪迈激越、铿锵有力的新时代劳动者之歌响彻云霄。

四五十年前,这个浙中小县还不富裕,义乌人拿着拨浪鼓走街串巷,鸡毛换糖,艰苦创业。后来,条件稍好,义乌人在路边支起小摊,虽然经营场所相对固定了,但依旧简陋;再后来,义乌建成了全国最大的小商品批发市场,又进军海外市场,被誉为“世界小商品之都”。有外媒戏称,“圣诞节的真正故乡其实是义乌”。因为,这个奇特的中国城市“是全球节庆饰品的主要来源地”。

“功崇惟志,业广惟勤。”三峡工程竣工、青藏铁路通车,南水北调、西气东输,“嫦娥”飞天、“蛟龙”潜水……每个“中国奇迹”的背后,都是众多劳动者经年累月的辛勤奋斗。民生在勤,勤则不匮。农民们用四季的辛勤耕耘,换来秋天的丰收喜悦;工人们用日复一日的辛勤劳作，生产出质优价廉的优质产品；老师们用年复一年的辛勤教学，获得桃李满天下的累累硕果。

当今的中国，劳动的内涵不断丰富，劳动者的主动性、创造性愈加彰显，知识型、技能型、创新型劳动者成为时代的要求，但辛勤劳动仍然不可或缺。无论是知识分子、工人还是农民，都需要以自我革新的勇气和胸怀，不断努力学习新的知识，打破既有的思维模式、劳动习惯，运用新技术、新理念改造劳动工具、劳动方法，提升劳动效率，升华劳动价值。这意味着，很多劳动者从程序化、重复性的工作中解放出来，可以将更多精力投入创新创造。这也意味着，社会需要提供更为宽松的创新环境、更加完善的分配制度、更为顺畅的晋升渠道，从制度层面保障权利公平、机会公平、规则公平，切实维护劳动者的权益，让辛勤劳动得到应有的回报。

“要在全社会营造尊重劳动、尊重知识、尊重人才、尊重创造的环境，形成崇尚科学的风尚，让更多的大学生心怀科学梦想、树立创新志向。”在中国科学院第二十次院士大会、中国工程院第十五次院士大会和中国科学技术协会第十次全国代表大会上，习近平总书记的话语掷地有声。

获得感、幸福感，无疑使“劳动”这个词更富吸引力，让辛勤劳动更有价值。而劳动者的获得感、幸福感，最终会转化成经济社会发展新的强大动力，中国共产党必将带领中国人民创造出新的“中国奇迹”。

劳动是个体实践，也是社会行为。只有每个劳动者通过诚实劳动收获财富，社会的基本秩序才能够得以维系。偷工减料、制假售假、抄袭盗版、科研作假等失信行为，通过瞒与骗的不当手段或许换来了一时的私利，但最终全社会都要为诚信缺失“买单”，没有人是受益者——地沟油的使用者或许就是毒奶粉的受害者，毒奶粉的制造者或许有一天会买到“山寨货”，“山寨货”的生产者或许有一天也将和“老赖”过招……

习近平总书记说：“人世间的美好梦想，只有通过诚实劳动才能实现；发展中的各种难题，只有通过诚实劳动才能破解；生命里的一切辉煌，只有通过诚实劳动才能铸就。”“我们要在全社会大力弘扬劳动精神，提倡通过诚实劳动来实现人生的梦想、改变自己的命运，反对一切不劳而获、投机取巧、贪图享乐的思想。”

工匠是产业发展的重要力量，工匠精神是创新创业的重要精神源泉。习近平总书记指出，要培养更多高技能人才和大国工匠，为全面建设社会主义现代化强国提供有力人才保障。“执着专注、精益求精、一丝不苟、追求卓越”，有着深厚历史沉淀的工匠精神正激励着中华儿女在新征程上创造新的辉煌。

在华菱湘钢供氧管道施工现场，“七一勋章”获得者艾爱国正在为同事们作指导。从港珠澳大桥到建设中的国家重点工程深中通道，艾爱国参与了我国多个重大项目的焊接技术攻关工作。

“刻苦学习钻研，攻克难关，攀登技术高峰。”50 多年前，艾爱国在日记本中写下的这句话，正是一代代中国工匠对职业技能执着专注、极致追求的精神写照。

要在火箭发动机喷管 0.33 毫米厚的管壁上完成 3 万多次精密操作，大国工匠高凤林能做到连焊 10 分钟不眨眼，他先后为我国 40% 的运载火箭焊接过“心脏”，助力中国航天不断向深空探索。要用比头发还细的金丝连起中国最尖端雷达设备的收发组件，中国电子科技集团公司第十四研究所的顾春燕每天用尺子反复测量手腕抬起的高度，只为键合时确保金丝拱起的弧度一致。而为了让手握焊接更稳定，中国航天科工集团有限公司的姜涛用沙袋绑住双臂，每天做至少 6 个小时的钢板焊接训练。

器物有形，匠心无界。小到一枚螺钉、一根电缆的打磨，大到运载火箭、载人飞船等大国重器的锻造，工匠精神正激励越来越多的劳动者特别是青年一代走上技能成才、技能报国之路。

时代发展需要大国工匠，工匠精神历久弥坚。如今，我国已有超过 1.7 亿的技能人才奋战在各行各业，有力支撑着“中国制造”“中国创造”不断阔步向前。

劳动模范是民族的精英、人民的楷模，是共和国的功臣。1950 年，党和国家首次表彰劳动模范。如今，各条战线英雄辈出，群星灿烂。特别是党的十八大以来，我国工人阶级和广大劳动群众在实现中国梦伟大进程中拼搏奋斗、争创一流、勇攀高峰。

习近平总书记指出：“长期以来，广大劳模以平凡的劳动创造了不平凡的业绩，铸就了‘爱岗敬业、争创一流，艰苦奋斗、勇于创新，淡泊名利、甘于奉献’的劳模精神，丰富了民族精神和时代精神的内涵，是我们极为宝贵的精神财富。”

如今，广大劳动模范和先进工作者充分发挥示范带头作用，不断丰富劳模精神的时代内涵，激励广大劳动群众争做新时代的奋斗者，推动全社会形成尊重劳动、劳动光荣的良好风尚。

习近平总书记指出，劳动模范是劳动群众的杰出代表，是最美的劳动者。劳动模范是广大劳动群众中的优秀代表。20 世纪三四十年代，中国共产党在陕甘宁边区等革命根据地发出“自己动手、丰衣足食”的号召，发起了以劳动竞赛为主要形式的大生产运动，涌现出一大批劳动模范，他们筚路蓝缕、艰苦奋斗，为生产自救、进行革命根据地建设作出了突出贡献。

1950 年 9 月 25 日至 10 月 2 日，新中国召开了全国工农兵劳动模范代表会议，毛泽东等中央领导同志出席开幕式。会上，中央人民政府授予 464 人“全国劳动模范”称号。此后，《关于全国工农兵劳动模范代表会议的总结报告》提出，要“把评选劳模形成固定的制度”。

前进帽，中山装，粗粝的脸上带着质朴的笑容——在鞍钢博物馆的英模展区，陈列着新中国第一代劳动模范孟泰的照片。新中国成立初期，孟泰组织人员进行联合攻关，先后解决了十几项技术难题，自制成功大型轧辊，填补了我国冶金史上的空白。

“宁肯少活二十年，拼命也要拿下大油田”的王进喜带领石油工人顽强拼搏，铁人精神成为激励各族人民投身社会主义建设的强大力量；“宁肯一人脏、换来万人净”的淘粪工人时传祥获得荣誉无数，仍每天背着粪桶在大街小巷穿梭……他们的事迹激发了全国人民自力更生建设社会主义的信心和热情，至今催人奋进。

改革开放，万象更新。党和国家号召尊重知识、尊重人才，充分肯定了知识分子的地位和作用，扩大了劳模队伍的外延，丰富了劳模队伍的内涵，涌现出以吴文俊、陈景润、蒋筑英等知识分子和科研工作者为代表的劳动模范。与此同时,“工人发明家”包起帆、“金牌铆工”杨建华、“专家型工人”李斌……一大批知识型产业工人的劳动模范勇立时代潮头、锐意改革创新,他们敢啃硬骨头、敢于涉险滩,在波澜壮阔的改革开放历史进程中绽放出夺目光彩。

中国特色社会主义进入新时代,更加注重弘扬劳模精神。从“铁路小巨人”巨晓林到“金牌焊工”高凤林,从“大国工匠”洪家光到“守护万家灯火的‘光明使者’”张黎明……他们把劳模精神、劳动精神和工匠精神融为一体,谱写了“中国梦·劳动美”的新篇章,让劳模精神在千千万万劳动者中赓续传承。

新中国成立以来,劳动模范始终是我国工人阶级中一个闪光的群体,见证着勇攀高峰的坚定志向和坚韧品格,也是劳模精神的生动诠释者和最美传承者。

干一行,就要爱一行,尽职尽责。三百六十行,行行出状元。工作岗位没有高低贵贱之分,只有贡献大小之别。从淘粪工人时传祥、公交车售票员李素丽,到水电工人徐虎、邮递员王顺友……无数个从平凡岗位上走出来的劳动模范,传递着鲜明的价值导向:劳动者只有立足岗位和本职工作,兢兢业业、精益求精,才会在为社会和国家作出贡献的同时,实现自己的人生价值,受到社会的广泛认可。

干一行,还要专一行,争创一流。早期的劳动模范产生于劳动竞赛,从一定意义上讲,劳动模范是“比”出来的。曾创造多项世界纪录的金牌工人许振超曾说:“咱当不了科学家,但可以练就一身‘绝活儿’,做个能工巧匠。”2003 年, 53 岁的许振超和队友们以 6 小时 27 分钟的速度,卸完 3 400 个集装箱,创造了单船效率 339 自然箱的新世界纪录,在全社会掀起了“振超效率”的旋风。

“劳模”中心词是一个“劳”字,关键是一个“模”字。“模”,既体现了一种“示范”“楷模”的价值导向,也体现了一种榜样的作用,意义就在于让广大劳动者学习和弘扬劳模身上的精神品质。在劳模精神的引领与影响下,一代代劳动者向劳模看齐、向劳模精神致敬,并以自己的实际行动践行劳模精神,汇聚起劳动托起中国梦的强大力量。

中国特色社会主义进入新时代,劳模精神不断发扬光大,并焕发出新的时代光彩。随着我国经济从高速增长阶段转向高质量发展阶段,社会需要更多知识型、技能型、创新型劳动者,这也为劳动者、奋斗者实现人生出彩提供了广阔舞台。由此带来的变化是,“老黄牛”风采仍旧,“技术精兵”谱写新曲。王进喜、时传祥、张秉贵等老一辈劳模感动了无数人,而“蓝领专家”孔祥瑞、“华夏第一炼钢工”郑久强等新一代劳模向“知识型、技术型、创新型”转变,他们身上的精神同样感召着无数人。

“我们在评选表彰中注重推荐产业工人特别是高技能人才,许多‘80 后’‘90 后’的高技能人才已经成长起来。”中华全国总工会劳动和经济工作部一级巡视员闵迎秋说,当代工人既要有力量,还要有智慧、有技术,能发明、会创新,以实际行动奏响时代主旋律。

习近平总书记指出:“我们要在全社会大力宣传劳动模范的先进事迹,号召全社会向他们学习、向他们致敬。”“劳动模范要珍惜荣誉、谦虚谨慎、再接再厉,不断在新的起点上为党和人民创造更大业绩。”

一代人有一代人的使命，一代人有一代人的担当。随着时代的发展，劳模还将被赋予更多的时代内涵，但无论是生产者还是创业者，无论是讲社会效益还是讲经济效益，劳模精神的内涵历久弥新。

在全面建设社会主义现代化强国、实现中华民族伟大复兴中国梦的新征程上，我们更需要大力弘扬劳模精神、激发奋进力量，齐心协力创造新的伟业、谱写新的辉煌。

三、新时代创造新机遇

时代育新人，新人造时代。在历史漫漫长河中，追着星光，赶着路的人无休不止，有人得名，有人隐姓，就像革命墓碑上虽然镌刻着壮士的英勇，但无法将他们的名字一一对应，他们生来平凡，但他们胸怀壮志，有梦想敢担当，他们为时代抗争的一生，注定伟大。

我们幸运地生在这个和平的时代，但这也是个充满机遇和挑战的时代。科技的发展，互联网的兴起，大数据的运用，无一不在加快追梦人脚下的步伐。

时代召唤科学进步者。新时代要建设创新型国家，只有科技自立自强，才能使国家在世界站稳脚跟。袁隆平是被时代召唤的人，他有爱国的热情和报国的鸿鹄之志，在梦想的道路上扎根于人民，勇于挑战最前沿的科学问题，他的杂交水稻梦在一步一步努力中实现。屠呦呦说："我最大的梦想就是用古老的中医药，促进人类健康，让全世界的人们都能分享到它的好处。"她一生立志为民，感观人间疾苦，青蒿素的出现拯救了无数人的生命。

他们都是时代的楷模，伟大的榜样，他们展现了这个时代科学家的伟大创新和实践创造，告诉了我们平凡中的伟大。

时代召唤人民服务者。突如其来的疫情给这个时代带来沉重的一笔。灰色的阴霾扑面而来，一夜之间人心惶惶。但总有时代的领路人在为我们指引前进的方向。在蒙蒙迷雾中，我看到了追梦人的颜色，那是解放军战士的绿色，他们冲锋在前，勇担重任，踏着坚定的步伐，走在保卫祖国、保卫人民的路上；也看到了执勤警察身着的黑色，他们是人民身后的力量，在疫情防控期间运送物资，为人民保驾护航；还有"白衣天使"的白色，他们无畏逆行，扮演新时代的前线战士。他们被时代召唤，平凡而伟大。在时代的磨砺中，无数无名战士担起重任，冲在疫情防控第一线，把国家和人民利益放在首要，将梦想融入社会实际，贯彻到实践中来，他们是伟大的英雄。蜜蜂虽小，酿得百花皆成蜜；人虽平凡，历经万难终得志。

时代召唤青年工作者。时代在进步，新鲜血液在流淌，时代需要青年力量。我们要紧跟时代的浪潮，把握国家的政策方针，坚定不移跟党走，把个人的梦想融入社会主义中国梦中，把平凡的故事转换成伟大的革命。各行各业的青年工作者都应坚守岗位，爱国敬业，心怀党和人民，把该做的、会做的、能做的做好，牢固树立创新意识，成为这个时代新的追梦人。星光不问赶路人，时光不负有心人，新时代的青年应敢想、敢做、敢担当、有奉献精神，这是这个时代对新青年的召唤。

时代造就伟人，伟人从平凡中来。他们风尘仆仆、不远万里，只为看到那繁花的盛开、繁星的璀璨。你我皆尘埃，时代照星辰，每个人虽平凡，但平凡中应有力量，愿每个追梦人眼中有星光，终为梦想而璀璨。

知识链接：从面朝黄土到智慧种田，青岛农民体面劳动惬意生活

“走马青岛乡村大地，随处可见农业插上智慧翅膀，农民过上智慧生活的喜人景象：新装备——无人驾驶拖拉机驰骋田野，无人植保机1天飞防作业300多亩（注：1亩=666.67平方米），智能新技术让1人轻松饲养8万只鸡，蓝莓新品种亩产值达到8万元。”

面朝黄土背朝天，是祖祖辈辈农民辛苦耕作的情景写照。然而，在青岛市农业农村局局长由翠玉口中，却描绘了另一种智慧农村的景象。

虽然是隆冬季节，青岛市即墨的一个智能温室大棚里却别有洞天：葫芦娃形状的西红柿、五颜六色的茄子、迷你黄瓜……这些争奇斗艳的蔬菜，正在河南、山西等地畅销。在青岛，这仅仅是推进智慧农业的一个缩影。

走进青岛西海岸新区张家楼镇的绿色硅谷智慧农业基地，满眼的圣女果娇艳欲滴。智能操作室屏幕上，室内温度、湿度、二氧化碳浓度、通风、灌溉、施肥等信息尽收眼底。据张家楼镇党委办公室王开森介绍，国际一流的种植技术，使3.5万平方米的种植生产工作只需8名农民即可完成。基地生产的优质蔬菜出口到韩国、俄罗斯等国家，年产值3 000万~4 000万元。

近年来，青岛市农业农村局把智慧农业作为实施乡村振兴战略、推动现代农业发展的新引擎，全面推进现代信息技术与农业生产、服务、经营、管理深度融合发展，形成了“政府引导、市场主体、社会参与”的智慧农业发展体系，建设各类智慧农业物联网园区140多个，创建智慧农业基地26个，提升了青岛农产品（000061，股吧）的综合竞争力。

即墨区田瑞集团智慧畜牧养殖基地借助智能信息控制系统，精准调节养殖温度、湿度，蛋鸡喂料、饮水、拾蛋、清粪、环控全部实现自动化，养殖8万只鸡仅需1 200平方米、1个工人。

在谈笑间，粮食丰收了，蔬菜卖上好价钱了，钱袋子鼓了，农忙季节没有了农民忙碌的身影。

智慧农业拉近了政府、市场和农民的距离，“数据多跑路，农民少跑腿”，让农民过上了“智慧生活”，不再为农产品滞销心急，不需为农作物打药不及时影响产量而上火。

农民要服务，本村益农信息社来照顾。青岛西海岸新区小台后村君宗梅说：“我只需点击益农APP，政策查询、村务公开、农产品市场价格、天气预警、养生知识都可以一键搞定，非常方便。”

农民买补贴农机，只需手指轻轻一点手机农机APP，就能轻松完成在线申请。农民种地，只需一个电话，无人驾驶拖拉机就赶来进行智能耕地、播种、施肥等作业。青岛平度市农民高洪云一脸兴奋：“我驾驶北斗导航拖拉机种地，机器自己跑、作业笔直，每10亩地就能多出半亩，我只需操作机器掉头！”农民卖农产品，电商来帮忙。青岛市1万多家电商实现了本地农产品卖得掉、卖得快、卖得好、卖得远，交易额达60多亿元。胶州市通过网络渠道销售本土农产品，里岔黑猪肉每斤达80元，胶州大白菜一盒2棵，每盒60元。即墨“乐泉”牌沙壤小薯，年交易额超过200万元。

连日来，青岛12316短信平台特别忙。青岛市农业农村局工作人员说，这个平台将120余万条次科技实用信息推送到10多万农户手机上；依托流转平台发布土地流转信息3 000余条，促成流转交易1 200余笔，涉及流转土地面积4万余亩。青岛市搭建智能科技服务体系，让农村土地“转起来”。目前，全市土地规模经营面积368万亩，土地规模化经营率达到62%，为农户节约生产成本2亿多元，增加财产性收益5亿多元。

在青岛，智慧农业解决了产权交易、土地流转、农产品质量安全监管、金融贷款等农村经济发展的瓶颈问题，为农村经济发展增添了新引擎。

智能产权交易体系让农村集体资产“活起来”。青岛市7个涉农区、市成立了农村产权交易平台，开展信息发布、政策咨询、资格审查、资产评估、抵押登记等产权交易服务，全市农村产权交易额累计达到27亿元，以土地为核心的农村集体资产盘活了，保值增值了。

智能农产品监管体系让青岛农品“火起来”。农产品质量安全监管、农药经营追溯、畜牧业安全监管智慧平台将1 200家种植主体、5 000家畜禽养殖主体和3 000多家农资经营主体全部纳入平台监管，实现实时掌控。青岛已成为国家农产品质量安全市。

实践1：尊重劳动成果，“光盘行动”从我做起

【实践目的】

随着人们生活水平的提高，学生生活中的浪费粮食现象越来越严重。为进一步增强学生节约粮食的意识，让每个人都知道粮食来之不易，自觉形成珍惜粮食、珍惜劳动成果的好习惯，减少餐桌浪费现象，认识到粮食生产的不易，尊重劳动者的劳动成果，形成以“光盘”为荣、以浪费为耻的良好风尚，特开展此次活动。

【实践意义】

尊重劳动、勤俭节约是中华民族的传统美德。此次活动的开展有利于保障民生、维护社会稳定和谐，养成在点滴中珍惜粮食、厉行节约、反对浪费的习惯，为实现中华民族伟大复兴的中国梦助力。

【活动时间及地点】

周末，学校食堂。

【活动流程】

1. 活动前期准备

（1）志愿者服装40套。

（2）自制的节约标语。

（3）横幅。

（4）照相机。

（5）宣传单。

（6）公益性广告词。

（7）漫画形式海报。

（8）餐盘 10 个。

2. 具体活动内容

向食堂的师傅借用 10 个餐盘，在餐盘上写上活动的口号，以此对本次活动进行宣传。志愿者们将自己制作节约标语张贴在学校食堂内餐桌上的醒目位置；在食堂醒目的地方挂勤俭节约的横幅。

在校园中发放用废纸制作的漫画形式的小宣传单，并向同学们发起节约粮食、同学之间拼餐的倡议，在活动进行的过程中拍摄良好的拼餐或节约习惯和一些浪费粮食的现象，并告诉浪费粮食的同学此次活动的主题，也让他们也成为“光盘族”。

在食堂内的广告屏上滚动播出节约粮食的公益性广告，以加深同学们对节约粮食的印象。

志愿者们以“光盘族”的身份写一些提倡节约、反对浪费的宣传词发到班级的 QQ 群里，提倡更多的人加入“光盘族”，志愿者们以“我是‘光盘族’ 今天不剩饭”为主题画一幅漫画，并张贴到各个食堂门口醒目的地方进行宣传。

3. 活动参与人员

志愿者 30 名。

4. 注意事项

在活动进行的过程中，志愿者要注意自身的行为以及与同学之间的交流方式，不能与他人起冲突；志愿者对此次活动的宣传目的要明确，内容要简要，主题要突出。

5. 活动分享

小组讨论交流，整理访谈的问答记录，写成一篇新闻稿并在小组内进行分享。

【实践感悟】

通过本次专访实践，我的感悟：____

【总结反思】

活动总结	
我的收获	
我的不足	
改进措施	

【项目评价】

评价项目	评价主体		
	自我评价	小组评价	教师评价
主动参与			
分工明确			
团结协作			
态度认真			
专业素养			
应变能力			
活动成效			

实践2:“亲”净校园——校园清洁活动

【实践目的】

(1)强化学生的主人翁意识,以自己的行动来影响同学们,让同学们自觉维护学校的公共卫生,同时展现学校师生热爱校园环境并以身作则的精神面貌。

(2)创造一个清洁文明的校园环境,建立一个温馨舒适的学习生活环境。让同学们在劳动中体会辛苦付出带来的内心喜悦,增强大家的精神获得感。

【实践意义】

培养学生敢于承担社会责任的品质,让学生在劳动中愉悦身心、强健体魄、增强意志力,促进学生的全面发展。

【活动时间及地点】

周末,学校各大主干道路。

【活动流程】

1. 活动前期准备

（1）平面宣传：制作宣传海报，张贴在食堂宣传栏。

（2）网络宣传：利用校园网、微信、微博等网络宣传平台进行活动宣传。

（3）校园广播宣传：利用早晨、午休的时间通过校园广播宣传活动。

（4）活动需要工具：扫把、小铲子若干。

2. 具体活动流程

（1）学生集合，按照事先分好的小组集合分发工具。

（2）分组清理草坪、学生生活区的垃圾，对乱扔垃圾的人进行劝导，义务阻止。

（3）清理宣传栏的小广告。

（4）活动结束后，全体志愿者集合，清点工具，当晚撰写通讯稿。

5. 活动分享

小组讨论交流，整理访谈的问答记录，写成一篇新闻稿并在小组内进行分享。

【实践感悟】

通过本次专访实践，我的感悟：________________________________

____

____

____

____

____

____

【总结反思】

活动总结	
我的收获	
我的不足	
改进措施	

【项目评价】

评价项目	评价主体		
	自我评价	小组评价	教师评价
主动参与			
分工明确			
团结协作			

续表

评价项目	评价主体		
	自我评价	小组评价	教师评价
态度认真			
专业素养			
应变能力			
活动成效			
评价项目	评价主体		
	自我评价	小组评价	教师评价
出席率			
分工明确			
团结协作			
态度认真			
教育意义			
应变能力			
活动成效			

第二章　树立正确的劳动价值观

【学习目标】

知识目标

了解劳动价值观的概念，理解新时代劳动价值观的丰富内涵；了解劳动创造价值的意义，理解劳动是培养正确劳动观念的基本途径。

能力目标

明确劳动创造物质生活、劳动丰富精神生活、劳动满足美的感受，在实践中传承与发扬崇尚劳动、热爱劳动、辛勤劳动、诚实劳动的劳动精神；理解劳动创造价值的意义，理解劳动是培养正确劳动观念的基本途径，能够做到辛勤劳动、诚实劳动、创造性劳动。

素质目标

科学认识劳动与社会生活的关系，强化劳动意识，珍惜劳动成果，树立正确的马克思主义劳动价值观；明确生活目标和肩负的责任，自觉践行劳动精神，保持认真务实、乐观向上、积极进取的态度，争做新时代的奋斗者。

【课堂导入】

案例——“老干妈”陶华碧勤勉致富的小故事

她把几块钱一瓶的辣椒酱做成与茅台齐名的品牌；她每天卖出200万瓶辣椒酱，一年销售额高达25亿元；她目不识丁，面对组成自己名字的三个字不断摇头：“这三个字，太难了，太复杂了。”她就是老干妈的创始人陶华碧。1989年，陶华碧在贵阳市南明区龙洞堡贵阳公干院的大门外侧，用捡来的碎砖碎瓦搭起了一个专卖凉粉、冷面和米豆腐的简陋“小饭摊”。因为价低量足，加之自制的辣椒酱具有独特风味，“小饭摊”深受顾客们喜爱。很多客人吃完凉粉后，还要买一点辣椒酱带回去，甚至有人专门来买她的辣椒酱。1994年，贵阳修建环城公路，途经此处的货车司机日渐增多，他们成了“小饭摊”的主要客源，陶华碧向他们赠送自家制作的辣椒酱等调味品。随着货车司机的口口相传，“龙洞堡老干妈辣椒酱”的名号在贵阳不胫而走。1996年8月，陶华碧招聘了40名工人，借用村委会的两间房子，办起了食品加工厂，专门生产辣椒酱。厂子刚开始创办时，只是原始手工操作的简陋手工作坊。陶华碧一手握一把菜刀，亲自动手切辣椒，带头做起这些苦差事。今天，有华人的地方就有“老干妈”，陶华碧的“老干妈”辣椒酱带着一股贵州妹子的热辣脾气，在国内外市场闯出了一片天地。陶华碧做任何事情都以身作则，靠着自己勤奋劳作和永不服输的拼搏精神，把“老干妈”做成了享誉世界的名牌。

通过“老干妈”陶华碧的事例，想一想，劳动创造了哪些价值？劳动创造了哪些美好生活?

什么是劳动价值观?怎样树立正确的劳动价值观?纵观我们的一生,劳动是多数,休闲是少数。人类由劳动延续,历史也由劳动者创造。劳动是有价值的,它是一种精神,既凝聚了我们艰苦奋斗、自强不息的精神,也体现了广大人民对美好生活的无限向往。当代青年大学生不仅是社会主义的建设者和接班人,而且肩负着实现中华民族伟大复兴的重任,所以拥有正确的世界观、人生观、价值观就成为实现这些的必要前提。因此,引导大学生树立正确的劳动价值观十分重要。

第一节 尊重劳动、热爱劳动、践行劳动

人民创造历史,从劳动的角度来讲,其实质就是劳动者创造历史。2013 年 4 月 28 日,习近平总书记在全国总工会机关同全国劳动模范代表座谈并发表重要讲话,要求“必须牢固树立劳动最光荣、劳动最崇高、劳动最伟大、劳动最美丽的观念”。2018 年 4 月 30 日,习近平总书记在给中国劳动关系学院劳模本科班学员的回信中再次强调了“劳动最光荣、劳动最崇高、劳动最伟大、劳动最美丽”。大学生作为党和国家未来事业发展的主力军,肩负着实现中华民族伟大复兴的时代使命,强化“四最”的劳动观念教育,做到尊重劳动、热爱劳动、践行劳动,对于促进大学生增强劳动观念、培养劳动感情、树立正确劳动价值观具有特殊的意义。

一、尊重劳动

劳动是没有高低贵贱之分的,做工是劳动,务农是劳动,教书育人是劳动,保护美化环境也是劳动。例如,当太阳还没升起的时候,那些被称为“大地美容师”的清洁工人,早已投入到清扫街道,铲除垃圾的劳动中了。当人们呼吸着新鲜空气走在清洁的马路上,心情无比舒畅时,他们已悄然隐去。我们应该意识到,正是这些“大地美容师”付出了辛勤的劳动,美化了我们的生活环境。建筑工人,冒着严寒酷暑,将一砖一瓦盖成大楼;油漆工人,自己满身油污,却给墙壁增彩生辉;雕塑家,在公园或路旁雕刻出栩栩如生的铜像,无不给人以美的享受。所有这一切不都是这些劳动者辛勤劳动的成果吗?这些用心血换来的成果受到尊重是理所当然的。

(一)尊重劳动是树立正确劳动价值观的应有之义

在新时代,实现我们的奋斗目标,要靠劳动者的实干。无数奋斗者用实际行动证明,只有尊重劳动,尊重劳动的价值,才能让劳动者有更多的获得感和成就感,创造出更多的财富。实干兴邦,一个尊重实干、尊重劳动的国家,必然会拥有充分的活力和强大的发展动力,从而在奋斗的道路上取得更多伟大的成就。

劳动是培养正确劳动观念的基本途径。通过劳动实践,才能让“劳动最光荣、劳动最崇高、劳动最伟大、劳动最美丽”劳动观念绽放出绚丽的色彩,在潜移默化中真正融入大学生的精神世界。劳动观是指人们对劳动的看法和观点,是世界观、人生观、价值观的重要组成

部分，对人们关于劳动的认知起着重要的引导作用。正确的劳动观会引导人们正确地看待劳动分工，尊重劳动人民，端正劳动态度，增强劳动热情，积极投身到劳动实践中去，为社会财富积累作出贡献；而错误的劳动观会起到相反的作用。劳动价值观是价值观不可或缺的组成部分。劳动价值观形成的过程就是我们主动且正向认同劳动的目的、价值、意义的过程，是我们在积极践行辛勤劳动、诚实劳动、创造性劳动中塑造与提升的过程。一个人只有树立了正确的劳动价值观，才能自觉强化“劳动最崇高”的意识，用双手和智慧去创造人生，实现自己的理想，并对人生观、世界观产生积极作用。

尊重劳动应当引导全社会尊重和保护一切有益于人民和社会的劳动，不论是体力劳动还是脑力劳动，不论是简单劳动还是复杂劳动，只要能够创造劳动价值，都是光荣的，都应该得到承认和尊重。习近平总书记指出：“在我们社会主义国家，一切劳动，无论是体力劳动还是脑力劳动，都值得尊重和鼓励；一切创造，无论是个人创造还是集体创造，也都值得尊重和鼓励。”尊重劳动者应当使劳动者没有身份和地位之别，只要他们从事劳动并创造了劳动价值，就应该毫无例外地得到整个社会的认同和尊重。只有劳动受尊重、劳动者受尊重，劳动教育才真实、可信、可行，才有感染力、吸引力、说服力，才能入脑、入心、入行，起到事半功倍的效果。

尊重劳动关键是要落实到实际生活中去。尊重劳动要从改变人们对劳动的片面认识开始，改善劳动者的劳动条件，保护劳动者的劳动成果，维护劳动者的权益，不断增加劳动者特别是一线劳动者的劳动报酬。在全社会切实激发劳动者在劳动中的积极性、主动性、创造性，大力弘扬劳模精神、劳动精神、工匠精神，营造平等、和谐的社会环境，实现体面劳动。此外，还要积极主动地提高劳动者技能水平，树立正确的职业道德观念，不断提升劳动者的专业素养，培养更多高学历、高技能人才。

（二）树立正确劳动价值观要从尊重劳动者做起

所谓劳动者就是劳动的人，是对从事劳动活动一类人的统称。劳动者是一个含义很广的概念，凡是具有劳动能力，以从事劳动获取的合法收入作为生活资料来源的公民都可称为劳动者。因社会分工不同，产生的劳动价值各异，但每一位辛勤付出的劳动者都值得尊重。凡劳动者，都在靠自己的本领“吃饭”，他们付出了或体力劳动或脑力劳动，或脑体结合劳动，都耗费了一定的精力，而且对社会的发展进步起到了积极推动作用。尊重劳动者，一方面强调每个人在法律上、人格上都是平等的，不分贵贱，辛勤劳动、诚实劳动、默默无闻的劳动者，都是推进社会前行的宝贵基石；另一方面要维护和保障劳动者的合法权益，为每一个劳动者营造平等、有尊严的外部环境。

我国每一次重大任务的完成和重大斗争的胜利，无不凝聚着劳动者的心血与汗水。举世瞩目的红旗渠工程，是当年 30 万林州人民在极其险恶的环境下，通过 10 年苦战，在悬崖峭壁上，用双手一锤一铲开凿出来的；在抗击新冠病毒感染疫情的过程中，依靠无数医务工作者、疫情防控人员用一往无前、舍生忘死的拼搏精神，才遏制了疫情蔓延，挽救了成千上万人的生命。在这些劳动者中，有蜚声海外的专家，有攻坚克难的军人，还有任劳任怨的干部职工和社区工作者，是他们在人手紧缺、物资告急、人民需要的时候，用责任担当和辛勤劳动筑起了一道道守护生命的坚实屏障。正是每一个劳动者在各行各业的岗位上尽心尽责、辛勤劳动,整个社会才能物质充裕、运转有序、共享幸福。

我国工人阶级和广大劳动群众是劳动者主体,是国家的主人,是中国特色社会主义事业的依靠,他们应该而且必须受到尊重。但是在一段时间内出现了社会财富观、劳动观的扭曲,一些人把追求财富与权力作为人生目标,钱权交易、投机取巧、拜金主义、享乐主义、消费主义等盛行,这些都是不尊重劳动、不尊重劳动者的表现。任何财富的创造,任何技术的发展,都离不开人和人的劳动,所以习近平总书记强调,“在当代中国,工人阶级和广大劳动群众始终是推动我国经济社会发展、维护社会安定团结的根本力量。那种无视我国工人阶级成长进步的观点,那种无视我国工人阶级主力军作用的观点,那种以为科技进步条件下工人阶级越来越无足轻重的观点,都是错误的、有害的”,并提出要“要坚持社会公平正义,排除阻碍劳动者参与发展、分享发展成果的障碍,努力让劳动者实现体面劳动、全面发展”。工人阶级的作用是其他任何力量都无法取代的,社会必须尊重工人阶级,尊重劳动成果,都要以辛勤劳动为荣、以好逸恶劳为耻,这既是一种美德,也是作为人的基本要求。

尊重劳动者就要尊重每一种劳动形式。劳动者,在创造幸福的同时,也带给他人幸福。我们应常怀感恩之心,尊重我们身边的每一个劳动者,尊重每一份平凡普通的劳动。尊重劳动者要引导全社会尊重和保护一切有益于人民和社会的劳动,不论是体力劳动还是脑力劳动,不论是简单劳动还是复杂劳动,只要能够创造劳动价值,都是光荣的,都应该得到承认和尊重;尊重劳动者应当使劳动者没有身份和地位之别,只要他们从事劳动并创造了劳动价值,就应该毫无例外地得到整个社会的认同和尊重。只有劳动受尊重、劳动者受尊重,劳动教育才真实、可信、可行,才有感染力、吸引力、说服力,才能入脑、入心、入行,才能起到事半功倍的效果。

尊重劳动者要强调一切劳动活动的公平性和协调性。无论是体力劳动者还是脑力劳动者,都是社会主义的建设者,都是国家的主人,都应当被同等尊重。过去的中国曾有过轻贱体力劳动者的思想误区,改革开放后,从邓小平提出“科学技术是第一生产力”,到党的十六大提出“尊重劳动、尊重知识、尊重人才、尊重创造”,社会对创新型劳动、知识型人才的重视程度日益提高。尊重劳动者,就要树立正确科学的劳动观,摒弃错误思想倾向,对劳动者一视同仁,让体力劳动者和脑力劳动者都能受到同样的推崇与尊重。

尊重劳动者就是要坚持劳动者共建共享的价值理念。新时代,我们不仅要尊重劳动者的劳动过程、尊重劳动的成果,也要尊重劳动者对劳动成果的共享,让劳动者共享社会发展成果。尊重劳动、尊重劳动者关键是要落实到实际生活中去。尊重劳动要从改变人们对劳动的片面认识开始,改善劳动者的劳动条件,保护劳动者的劳动成果,维护劳动者的权益,不断增加劳动者特别是一线劳动者的劳动报酬。在全社会切实激发劳动者在劳动中的积极性、主动性、创造性,大力弘扬劳模精神、劳动精神、工匠精神,营造平等、和谐的社会环境,实现体面劳动。此外,还要积极主动地提高劳动者技能水平,树立正确的职业道德观念,不断提升劳动者专业素养,培养更多高学历、高技能人才。

二、热爱劳动

常言道,能者多劳。其实不是能者就一定多劳,而是在多劳中成就了能者。新时代期待我们用劳动创造美好幸福生活,号召我们焕发出劳动热情,积极投身于社会主义劳动中。我们要积极投身劳动活动中,践行热爱劳动、辛勤劳动、诚实劳动,创新劳动,通过劳动充分满足自我物质和精神的需要。同时,对于国家而言,时代也同样呼唤我们用劳动来实现中华民族伟大复兴的中国梦。从我做起践行“热爱劳动,辛勤劳动、诚实劳动、创新劳动”的价值规范,积极接受劳动教育,开展劳动实践,促成知行合一,促进正确的世界观、人生观、价值观的完善。

(一)热爱劳动是中华民族的优良传统

劳动,是全人类共同遵循的准则,从茹毛饮血的原始社会到如今辉煌的现代文明,是劳动推动历史车轮前进。热爱劳动,自古以来是中华民族的优良传统。几千年来,中华民族在田地中精耕细作,创造了绵亘不绝的文明古国奇迹,开拓了祖国的大好河山,创造了不可胜数的精神财富,“耕读传家”的传统绵延了千载,“民生在勤,勤则不匮”的祖训萦绕耳畔,热爱劳动已是中国人血液中流淌着的基因。

劳动恰如时代洪流中的一叶小舟,载着青年人逆波而上,到达理想彼岸。劳动创造了历史,劳动也成就了现在,劳动也必将书写未来。热爱劳动不仅是对劳动本身的热爱,更是体现在劳动过程中我们即使意识到了劳动的辛劳、过程的艰难还能保持对劳动的热忱,珍惜每一份劳动成果。节物风光不相待,桑田沧海须臾改。“昼出耘田夜绩麻,村庄儿女各当家”,这是范成大笔下的劳动图景;“夙兴夜寐,洒扫庭内”,这是绵延至今的热爱劳动的传统。我们流传至今的诗词歌赋,总有劳动的旋律回响其中。改革开放的巨幅画卷中更是少不了劳动者的身影,是辛勤的劳动让他们闪耀出时代光芒,照亮个人理想与国家梦想。贵州遵义的黄大发身体力行,用艰辛劳动开凿出天渠,为百姓创造福祉;工程师林鸣十年筑海,用创新劳动连通港珠澳,奏响梦想华章。

(二)热爱劳动要保持积极向上的态度

幸福不是免费的午餐,幸福不会从天而降。劳动的意义在于帮助我们满足生存的物质需要,更重要的是,劳动能帮助我们完善内心、完成自我实现。劳动,不仅为我们实现幸福提供了物质条件,而且劳动过程本身就是一种幸福的体验。

同时,我们也要认识到:对于劳动,如果乐而为之,则心中的直接体验是愉快的;如果强迫自己干,则心中的直接体验就是不愉快的。什么样的劳动能产生积极的愉快的体验呢?“仁者乐山,智者乐水”,你乐什么呢?什么样的劳动能让你产生愉悦感呢,这需要我们结合自己的情感和需要去探索、去发现。如果你找到了让你感到愉快的事情,那就坚持做下去。此外,劳动不仅能为个人创造美好生活,也能给社会创造更多价值。身处新时代,我们应该热爱劳动,让劳动成为我们的人生幸福据点,同时实现自己的时代担当。热爱劳动就是要在劳动中始终保持积极态度,肯定劳动和以足够的热情投入劳动,不仅懂得劳动成果的珍贵,也享受劳动后身心的愉悦与满足。我们要在劳动实践中体会快乐,感受价值,找到自我,产生发自内心的热爱之情,把个人梦融入中国梦,贡献青春力量。

一个把工作界限定得格外清楚的人，每天只专注于“分内事”会让自己活得越来越孤立。热爱劳动的人不仅专注有劳动报酬的“分内事”，也关注不计回报的“分外事”。分外事看起来既耗费时间和精力，又没有任何报酬，但做力所能及的分外事，不仅能提高自己的能力，还能构建良好的职场关系，甚至成为我们人生的契机，让更多的人看到你的“溢价”。我们永远都不知道自己能力的边界在哪里，如果只是日复一日地重复做分内事，其实是拒绝了成长的机会，而那些看起来不熟悉的、麻烦的，可能不该自己管的分外事，往往让我们一步步走向成熟。

中国嫦娥系列月球探测器研制团队的“大专家”叶培建，是无数航天人心中的“主心骨”，从“资源二号”到“嫦娥一号”，从圆梦月球到逐梦火星，有他在，“发射不紧张、队员吃得香”。他为中国航天事业尤其是空间事业兢兢业业奉献50余年，矢志“为人民服务、做人民的科学家”。多年来，叶培建获得了许多殊荣，他最珍视的是2019年9月29日在人民大会堂被授予“人民科学家”国家荣誉称号。这份沉甸甸的荣誉，让他在工作中更加充满热情与动力。在叶培建的办公室里有两张他爱不释手的照片——“天问一号”探测器和“祝融号”火星车在月球上的“互拍照”。叶培建称：“这个综合平台是圆的，这个巡视器是方的，这是我们的设计理念，中国人设计的理念，天圆地方。你看看走起路来四平八稳，再加上很好记的名字，祝融探火，所以说照片的帅气反映了我们的科学成就。”2022年北京冬季奥运会77岁的叶培建作为火炬手，称“航天事业要像火炬接力薪火相传”。因为对航天事业的热爱与责任，叶培建将继续走在路上，永不止步，让生活与工作饱满下去。

三、践行劳动

劳动是培养正确劳动观念的基本途径，通过劳动实践，才能让“劳动最光荣、劳动最崇高、劳动最伟大、劳动最美丽”的劳动观念绽放出绚丽的色彩，在潜移默化中真正融入大学生的精神世界。大学生是劳动教育的特殊对象。大学生处于劳动价值观定型的关键时期，在即将走向社会、走上劳动岗位的时间节点，树立正确的劳动价值观能够为大学生提供丰厚的道德滋养、巨大的精神力量，也能够为其树立正确的就业观和创新创业观，提高抗挫能力，培育社会责任感打下坚实的基础。

“劳动创造幸福，实干成就伟业，”习近平总书记强调，“希望广大劳动群众大力弘扬劳模精神、劳动精神、工匠精神，勤于创造、勇于奋斗，更好发挥主力军作用，满怀信心投身全面建设社会主义现代化强国、实现中华民族伟大复兴中国梦的伟大事业。”我们沐浴着改革开放的春风，伴随着祖国强盛的步伐成长起来，在和平的环境下接受了优良的教育，享受着幸福的生活。我们不能忘记这样的好生活是如何得来的，要明白社会主义是干出来的，新时代也是干出来的，明白“空谈误国，实干兴邦”的道理，更要自觉培养自己的实干精神，学习榜样，躬身行动，传承劳动精神。

（一）践行劳动要重视弘扬劳动精神

马克思说过：“如果我们选择了最能为人类而工作的职业，那么，重担就不能把我们压倒，因为这是为大家作出的牺牲；那时我们所享受的就不是可怜的、有限的、自私的乐趣，我们的幸福将属于千百万人，我们的事业将悄然无声地存在下去，但是它会永远发挥作用，而面对我们的骨灰，高尚的人们将洒下热泪。”作为伟大的革命家、思想家，马克思立志为人类的幸福而斗争，强调劳动改变人生，劳动改变世界，赋予了马克思主义以通过劳动观察时代、解释时代、引领时代的哲学智慧。

2018 年习近平总书记在“五一”国际劳动节前夕，给中国劳动关系学院劳模本科班的同志们回信，站在坚持和发展新时代中国特色社会主义的战略高度，勉励全国劳动模范“珍惜荣誉、努力学习”“用你们的干劲、闯劲、钻劲鼓舞更多的人，激励广大劳动群众争做新时代的奋斗者”，强调“社会主义是干出来的，新时代也是干出来的”，重申“劳动最光荣、劳动最崇高、劳动最伟大、劳动最美丽”。习近平总书记在回信中，把劳动与人生、荣誉联系起来，提出“希望你们珍惜荣誉、努力学习，在各自岗位上继续拼搏、再创佳绩，用你们的干劲、闯劲、钻劲鼓舞更多的人，激励广大劳动群众争做新时代的奋斗者”，这就给劳动赋予了高尚的人生追求和特殊时代意蕴，实现了普通劳动者的人生价值与开辟中国特色社会主义新时代的高度统一。

如果说“解释世界”是为了“改变世界”，那么在中国特色社会主义新时代，唯有通过劳动，实践马克思主义劳动观，在统筹推进“五位一体”总体布局、协调推进“四个全面”战略布局中，突出劳动的历史地位，我们才能更有定力、更有自信、更有智慧地坚持和发展新时代中国特色社会主义，确保中华民族伟大复兴的巨轮始终沿着正确航向破浪前行，才能在劳动中展现中国共产党人的人生境界，从而始终同广大劳动人民在一起，用干劲、闯劲、钻劲共同谱写新时代中国特色社会主义新篇章。

劳动是人类的本质活动，劳动光荣、创造伟大是对人类文明进步规律的重要诠释。“民生在勤，勤则不匮。”中华民族是勤于劳动、善于创造的民族，中国人民是具有伟大创造精神、伟大奋斗精神、伟大团结精神、伟大梦想精神的人民。在几千年历史长河中，中国人民始终辛勤劳作、发明创造，今天，中国人民的创造精神正在前所未有地迸发出来，推动我国日新月异向前发展，大踏步走在世界前列；始终革故鼎新、自强不息，今天，中国人民拥有的一切，凝聚着中国人的聪明才智，浸透着中国人的辛勤汗水，蕴涵着中国人的巨大牺牲；始终团结一心、同舟共济，今天，中国取得的令世人瞩目的发展成就，更是全国各族人民同心同德、同心同向努力的结果；始终心怀梦想、不懈追求，今天，中国人民比历史上任何时期都更接近、更有信心和能力实现中华民族伟大复兴。正是靠劳动创造，我们拥有了历史的辉煌；也正是因为劳动创造，我们拥有了今天的成就。

今天，我们所处的时代是催人奋进的伟大时代，我们进行的事业是前无古人的伟大事业，我们正在从事的中国特色社会主义事业是全体人民的共同事业。全面建设社会主义现代化强国，实现中华民族伟大复兴的中国梦，根本上靠劳动、靠劳动者创造。伟大的事业需要伟大的精神，我们要在全社会大力弘扬劳动精神，贯彻尊重劳动、尊重知识、尊重人才、尊重创造的重大方针，树立辛勤劳动、诚实劳动、创造性劳动的理念，让劳动光荣、创造伟大成为铿锵的时代强音，让劳动最光荣、劳动最崇高、劳动最伟大、劳动最美丽蔚然成风。各级党委和政府要坚持以人民为中心的发展思想，充分调动广大劳动群众积极性、主动性、创造性，切实保障广大劳动群众合法权益，解决好就业、教育、社保、医疗、住房、养老、食品安全、生产安全、生态环境、社会治安等问题，不断提升广大劳动群众的获得感、幸福感、安全感，支持和激励广大劳动群众在新时代更好建功立业。

现在，党和国家事业空间很大，只要有志气有闯劲，每一个劳动者都可以在宽广舞台上展示自己的人生价值。面对这样一个千帆竞发、百舸争流、有机会干事业、能干成事业的时代，广大劳动群众一定要倍加珍惜、倍加努力。梦想属于每一个人，广大劳动群众要敢想敢干、敢于追梦。任何一个劳动者，无论从事的劳动技术含量如何，只要勤于学习、善于实践，在工作上兢兢业业、精益求精，就一定能够造就闪光的人生。全社会都要以辛勤劳动为荣、以好逸恶劳为耻，倡导通过诚实劳动来实现人生的梦想、改变自己的命运，任何时候任何人都不能看不起普通劳动者，都不能贪图不劳而获的生活。

（二）践行劳动要重视加强劳动教育

劳动教育是中国特色社会主义教育制度的重要内容，直接决定社会主义建设者的精神面貌、价值取向和技能水平。近年来，党和政府对劳动教育高度重视。习近平总书记指出，劳动是财富的源泉，也是幸福的源泉。人世间的美好梦想，只有通过诚实劳动才能实现；发展中的难题，只有通过诚实劳动才能破解；生命里的一切辉煌，只有通过诚实劳动才能铸就。劳动没有高低贵贱之分，任何一份职业都很光荣。2020 年 3 月，中共中央、国务院发布了《关于全面加强新时代大中小学劳动教育的意见》；同年 7 月，教育部印发了《大中小学劳动教育指导纲要（试行）》，这些政策文件的施行必将使劳动教育向更高质量和水平发展。

通过汲取经典马克思主义对于劳动及其劳动价值观的阐述，并进一步明确劳动教育的本质在于培养正确的劳动价值观，对于构建中国特色社会主义教育体系有着非常特殊的意义。无论是强调劳动的社会历史意义，还是尊重作为财富创造主体的劳动人民，抑或追求按劳分配的正义原则以及反对资本主义性质的劳动剥削，这些经典马克思主义所认可的劳动价值观都体现了社会主义性质的价值观。而在具体的学校教育实践中，能否如实贯彻这些劳动价值观甚至成为区别于社会主义教育和资本主义教育的标志性特征。所以，如果我们要建设中国特色社会主义，要办真正的社会主义教育，重温经典马克思主义有关劳动、劳动教育的论述就显得极为重要。总而言之，依托经典马克思主义对劳动及其劳动价值观的理论阐述，并将其作为当前学校劳动教育的理论依据，明确劳动教育的核心在于培养学生形成正确的劳动价值观，继而培育出热爱劳动、尊重劳动者、积极投身于社会主义建设事业的合格公民，应当是我国开展劳动教育的根本出发点和核心教育目标。

劳动教育实践课旨在培养德智体美劳全面发展的时代新人，让参加劳动课的学生深刻认识党中央关于巩固拓展脱贫攻坚成果同乡村振兴有效衔接的决策部署；在助力乡村振兴战略实施，促进乡村经济提升和文化发展过程中，通过劳动教育实践，培养学生良好的动手能力及劳动品质、劳动素养、劳动习惯，让学生们体验真实的生产劳动和感悟劳动教育真谛，为以后走进社会、适应社会、融入社会打下良好的基础。要真正实现教育育人，必须在增强育人的可持续性上发力，即在开展大学生劳动教育过程中，坚持以生为本，充分发挥大学生主体意识，真正实现劳动教育由被动转为主动、由利己转为利他。新时代的劳动者，需要锐意进取，争做奋斗者、奋进者。全面建成小康社会，实现中华民族伟大复兴的中国梦，必须依靠知识、依靠劳动。当代大学生要努力紧跟时代、肩负使命、锐意进取，做到勤于学习、善于实践，勤勉踏实，在工作上兢兢业业、精益求精，努力在平凡的岗位上干出不平凡的业绩，把自身的前途命运同国家和民族的前途命运紧密联系在一起，为共同理想和目标而团结奋斗。

在长期实践中，我们培育形成的崇尚劳动、热爱劳动、辛勤劳动、诚实劳动的劳动精神，丰富了民族精神和时代精神的内涵，成为中国共产党人精神谱系的重要组成部分。在神州大地上，人们深刻体会到，劳动没有高低贵贱之分，任何一份职业都很光荣；社会主义是干出来的，新时代是奋斗出来的，人民的幸福生活是靠一点一滴创造得来的；只要踏实劳动、勤勉劳动，在平凡岗位上也能干出不平凡的业绩。前进道路上，无论时代条件如何变化，我们始终都要崇尚劳动、尊重劳动者，都要发扬劳动精神。越是美好的未来，越需要我们付出艰辛的努力。在新征程上，更加紧密地团结在以习近平同志为核心的党中央周围，大力弘扬劳动精神，爱岗敬业、勤奋工作，锐意进取、勇于创造，不断谱写新时代的劳动者之歌，我们就一定能以劳动托起中国梦，以奋斗成就新光荣。

第二节　在劳动中实现自身价值

劳动是人有意识地、自觉地改变环境、改变世界的活动，是人类社会赖以生存和发展的前提。劳动不仅创造了世界，创造了历史，创造了人本身，还是改变世界的根本力量。人类的劳动是有意识、有思想的，不仅创造了绚丽多彩的服饰、风味各异的美食、雄伟壮丽的建筑、智能优质的交通交流工具等物质产品，还创造了思想深邃的图书、震撼人心的影视作品、婉转动听的音乐等精神文化产品。人类靠劳动养育着自己、完善着自己、成就着自己，同时在劳动中体会到了快乐和成就感，体验到了自身存在的价值。

一、让劳动丰富物质生活

劳动是人类基本的实践活动和存在方式，是人类创造物质财富和精神财富的基本途径，也是人类生存和发展的最基本条件。在实现中华民族伟大复兴中国梦的征程中，当代大学生可谓生逢其时、适得其势，他们精力充沛、朝气蓬勃，是最富创新创业精神的群体，他们的"成才梦""创业梦""报国梦"必将为实现中华民族伟大复兴的中国梦不断注入活力。

生活离不开一定的物质，而物质财富来源于劳动，资本主义经济学家正是看中了这点，直言不讳地说"劳动是一切财富的源泉"，因为他们看到的是劳动创造资本，劳动使资本增值。如果没有劳动的对象，自然劳动就成了无本之木、无源之水。因此，恩格斯直截了当地说："劳动和自然界在一起才是一切财富的源泉，自然界为劳动提供材料，劳动把材料转变为财富。"动物并没有这种意识，它们只有生存，没有生活；资本家通过最大限度地榨取工人的剩余劳动价值，从而积蓄了大量财富，享受着所谓的"美好生活"。这种"美好生活"以私有制为基础，工人及其劳动皆成为工具，是虚假的、资本家的美好生活，劳动只是工人维持自身以及资本维持后备劳动力的途径，只是"增殖已经积累起来的劳动的一种手段"。

劳动创造物质财富。美好生活离不开物质财富，而拥有丰富的物质财富需要劳动。古往今来，人们从刀耕火种到机械化再到信息化、智能化，从原始的狩猎、采摘、耕作、纺织、造屋，到如今不愁吃、不愁穿，义务教育、基本医疗、住房安全有保障的小康生活。在漫长的劳动实践中，中华民族创造了丰厚的物质财富，不断地满足人们对物质生活的需要，夯实人民对美好生活向往的基础。人民在获得感、幸福感和安全感不断增强的过程中，其归属需求、自尊需求和自我价值需求也得到体现。随着物质财富的增长，人们对劳动的理解、对奋斗的解读也更加深刻。

劳动使物质生活越来越丰裕。回望改革开放40多年历程，中国经济持续发展，人民生活水平显著提高。创造今天美好生活的，正是亿万人民勤劳智慧的双手，是上上下下苦干实干的精神。没有亿万人民的胼手胝足、日耕夜作，就不会有今日中国的巨变。从造出第一颗卫星到实现第一次载人航天，从"解锁"深层页岩气田到科学开发城市地下空间，从开通第一条高速公路到港珠澳大桥飞架三地……正是千千万万在平凡岗位上默默无闻、无私奉献的劳动者，用勤劳的双手、晶莹的汗水在中华大地上创造出了举世瞩目的人间奇迹。

二、让劳动愉悦精神生活

人无精神不立，国无精神不强。"精神"是人脑在实践活动中产生的思想和观念的集合，可以给人巨大的力量。精神上越富有的人，越能战胜困难，越能成就自我。劳动实践是劳动精神产生的实践基础，劳动精神是劳动实践在人脑中的深化与发展，是国家繁荣、民族强盛、人民幸福的强大精神动力。

人类通过劳动获得自身的解放，劳动的过程应该是劳动者在劳动中既有付出也有收获的过程，是双向创造价值的过程，也是舒心和愉悦的自我满足的过程。劳动过程是劳动者自我实现的过程，要始终坚持劳动者的主体地位。以劳动者为本，就是要协调好劳动者自我价值与集体价值的关系。首先，我们要具备奉献精神，自觉抵制精致的利己主义。我们通过合理合法诚实劳动，获得满足自身生活需求与发展需求的物质利益，同时也要具备利他的社会价值与精神追求，崇尚人与人互助向善的关系，促进自身社会价值实现与社会关系的良性建构。其次，社会需要保障劳动者能够在平等、自由，保证安全和个人尊严的前提下劳动，让诚实辛苦的劳动能够得到应有的发展机会、保障条件和公正回报，让劳动者能够共享发展成果，从而更有获得感与主人翁意识。

劳动不仅创造了物质财富，还创造了人类文明。人们在劳动中丰富了思想，收获了快乐，劳动是精神财富取之不尽、用之不竭的源泉。从木器鼻祖鲁班、解牛庖丁，到新中国成立以来涌现出的大批劳动模范，从淘粪工人时传祥、"铁人"王进喜，到誉满全球的数学家陈景润、"杂交水稻之父"袁隆平，再到新时期技术型工人包起帆、许振超等等，他们不仅在岗位上创造了自己的人生价值，也通过劳动创造了鼓舞一代代中国人奋发有为的精神财富，不管是劳模精神、工匠精神，还是愚公移山精神、钉钉子精神，最终都汇聚成民族精神和时代精神，转化为推动社会发展，实现人民群众对美好生活向往的奋斗动力。

三、让劳动满足美的享受

劳动与“美”紧密联系、不可分割。美是纯洁道德、丰富精神的重要源泉。没有美的滋养的人生，必然是单调干涸的人生。在劳动教育中，应努力发现与利用劳动实践的美育因素来培养大学生的审美能力，引导他们在劳动实践中发现美、欣赏美、创造美、体验美。在求知中领略美感，在实践中追求创新，让学生通过对劳动美的感知、体验与追求，接受美的滋润和熏陶，成为具有一定审美创造能力的人，是当今素质教育的目标。

劳动发现美。马克思在《1844 年经济学哲学手稿》中多次谈道：“美就是在劳动、实践的基础上，人本质的对象化的产物和结果。”美表现在劳动上，劳动发现美。新时代开展劳动教育就是要引导大学生在劳动中形成发现美、鉴赏美的能力，从而提高审美能力和人文素养，培养健康的审美态度和加强审美的正能量，这既是当今素质教育的重要任务，也是培育和践行社会主义核心价值观的有效途径。我们要通过劳动教育强化美育，以劳育美、以美育人。

劳动提供美的来源。劳动创造美好的人生和生活，提供了美的来源。仔细想一想，幸福美满的家、干净美丽的街道、和谐有序的城市生活，哪一样不是靠劳动创造出来的？当代大学生只有投身劳动实践，才能在劳动中感受美的各种形式，感受冷盘热炒的色香味俱全，感受手工艺品的款式各异，感受科技发明的精巧匠心，也让其明白“劳动不仅创造美，劳动本身就是美”，明白辛勤耕耘、皮肤黝黑的农民最美，明白寂寂无闻、日晒雨淋的工人最美，明白坚守岗位、默默奉献的劳动者最美。在劳动中发现美、欣赏美，有利于提高审美情趣，净化心灵。在劳动的同时，领略到“采菊东篱下，悠然见南山”之美，审美经验丰富了，人文素养提高了，生活情趣也就自然而然地随之高雅起来。

知识链接 1：权威声音

习近平总书记谈劳动

党的十九大描绘了建设社会主义现代化强国的美好蓝图，成果人人有份，责任也人人有份。广大企业职工要增强新时代工人阶级的自豪感和使命感，爱岗敬业、拼搏奉献，大力弘扬劳模精神和工匠精神，在为实现中国梦的奋斗中争取人人出彩。

——2017 年 12 月 12 日至 13 日，在江苏徐州市考察时的讲话

大力弘扬劳模精神、劳动精神、工匠精神。“不惰者，众善之师也。”在长期实践中，我们培育形成了爱岗敬业、争创一流、艰苦奋斗、勇于创新、淡泊名利、甘于奉献的劳模精神，崇尚劳动、热爱劳动、辛勤劳动、诚实劳动的劳动精神，执着专注、精益求精、一丝不苟、追求卓越的工匠精神。劳模精神、劳动精神、工匠精神是以爱国主义为核心的民族精神和以改革创新为核心的时代精神的生动体现，是鼓舞全党全国各族人民风雨无阻、勇敢前进的强大精神动力。

——2020 年 11 月 24 日，在全国劳动模范和先进工作者表彰大会上的讲话

全社会都要贯彻尊重劳动、尊重知识、尊重人才、尊重创造的重大方针，维护和发展劳动

者的利益，保障劳动者的权利。要坚持社会公平正义，排除阻碍劳动者参与发展、分享发展成果的障碍，努力让劳动者实现体面劳动、全面发展。全社会都要热爱劳动，以辛勤劳动为荣，以好逸恶劳为耻。

——2013 年 4 月 28 日，在同全国劳动模范代表座谈时的讲话

我们要在全社会大力弘扬劳动光荣、知识崇高、人才宝贵、创造伟大的时代新风，促使全体社会成员弘扬劳动精神，推动全社会热爱劳动、投身劳动、爱岗敬业，为改革开放和社会主义现代化建设贡献智慧和力量。劳动模范和先进工作者、先进人物不仅自己要做好工作，而且要身体力行向全社会传播劳动精神和劳动观念，让勤奋做事、勤勉为人、勤劳致富在全社会蔚然成风。

——2014 年 4 月 30 日，在乌鲁木齐接见劳动模范和先进工作者、先进人物代表时的讲话

我们所处的时代是催人奋进的伟大时代，我们进行的事业是前无古人的伟大事业，我们正在从事的中国特色社会主义事业是全体人民的共同事业。全面建成小康社会，进而建成富强民主文明和谐的社会主义现代化国家，根本上靠劳动、靠劳动者创造。因此，无论时代条件如何变化，我们始终都要崇尚劳动、尊重劳动者，始终重视发挥工人阶级和广大劳动群众的主力军作用。这就是我们今天纪念“五一”国际劳动节的重大意义。

——2015 年 4 月 28 日，在庆祝“五一”国际劳动节暨表彰全国劳动模范和先进工作者大会上的讲话

人类是劳动创造的，社会是劳动创造的。劳动没有高低贵贱之分，任何一份职业都很光荣。广大劳动群众要立足本职岗位诚实劳动。无论从事什么劳动，都要干一行、爱一行、钻一行。在工厂车间，就要弘扬“工匠精神”，精心打磨每一个零部件，生产优质的产品。在田间地头，就要精心耕作，努力赢得丰收。在商场店铺，就要笑迎天下客，童叟无欺，提供优质的服务。只要踏实劳动、勤勉劳动，在平凡岗位上也能干出不平凡的业绩。

——2016 年 4 月 26 日，在知识分子、劳动模范、青年代表座谈会上的讲话

要弘扬中华民族传统美德，勤劳致富，勤俭持家。要发扬中华民族孝亲敬老的传统美德，引导人们自觉承担家庭责任、树立良好家风，强化家庭成员赡养、抚养老年人的责任意识，促进家庭老少和顺。一个健康向上的民族，就应该鼓励劳动、鼓励就业、鼓励靠自己的努力养活家庭，服务社会，贡献国家。

——2017 年 6 月 23 日，在深度贫困地区脱贫攻坚座谈会上的讲话

要在学生中弘扬劳动精神，教育引导学生崇尚劳动、尊重劳动，懂得劳动最光荣、劳动最崇高、劳动最伟大、劳动最美丽的道理，长大后能够辛勤劳动、诚实劳动、创造性劳动。

——2018 年 9 月 10 日，在全国教育大会上的讲话

各级党委和政府以及各级领导干部要认真贯彻党中央关于科技创新的决策部署，落实好创新驱动发展战略，尊重劳动、尊重知识、尊重人才、尊重创造，遵循科学发展规律，推动科技创新成果不断涌现，并转化为现实生产力。

——2020 年 9 月 11 日，在科学家座谈会上的讲话

各级党委和政府要尊重劳模、关爱劳模，贯彻好尊重劳动、尊重知识、尊重人才、尊重创造方针，完善劳模政策，提升劳模地位，落实劳模待遇，推动更多劳动模范和先进工作者竞相涌现。

——2020 年 11 月 24 日，在全国劳动模范和先进工作者表彰大会上的讲话

特别是要通过各种措施和方式，教育引导广大青少年牢固树立热爱劳动的思想、牢固养成热爱劳动的习惯，为祖国发展培养一代又一代勤于劳动、善于劳动的高素质劳动者。

——2014 年 4 月 30 日，在乌鲁木齐接见劳动模范和先进工作者、先进人物代表时的讲话

在前进道路上，我们要始终高度重视提高劳动者素质，培养宏大的高素质劳动者大军。劳动者素质对一个国家、一个民族发展至关重要。劳动者的知识和才能积累越多，创造能力就越大。提高包括广大劳动者在内的全民族文明素质，是民族发展的长远大计。面对日趋激烈的国际竞争，一个国家发展能否抢占先机、赢得主动，越来越取决于国民素质特别是广大劳动者素质。要实施职工素质建设工程，推动建设宏大的知识型、技术型、创新型劳动者大军。

——2015 年 4 月 28 日，在庆祝"五一"国际劳动节暨表彰全国劳动模范和先进工作者大会上的讲话

素质是立身之基，技能是立业之本。广大劳动群众要勤于学习，学文化、学科学、学技能、学各方面知识，不断提高综合素质，练就过硬本领。要立足岗位学，向师傅学，向同事学，向书本学，向实践学。三百六十行，行行出状元。任何一名劳动者，无论从事的劳动技术含量如何，只要勤于学习、善于实践，在工作上兢兢业业、精益求精，就一定能够造就闪光的人生。

——2016 年 4 月 26 日，在知识分子、劳动模范、青年代表座谈会上的讲话

建设知识型、技能型、创新型劳动者大军，弘扬劳模精神和工匠精神，营造劳动光荣的社会风尚和精益求精的敬业风气。

——2017 年 10 月 18 日，在中国共产党第十九次全国代表大会上的报告

劳动者素质对一个国家、一个民族发展至关重要。技术工人队伍是支撑中国制造、中国创造的重要基础，对推动经济高质量发展具有重要作用。要健全技能人才培养、使用、评价、激励制度，大力发展技工教育，大规模开展职业技能培训，加快培养大批高素质劳动者和技术技能人才。要在全社会弘扬精益求精的工匠精神，激励广大青年走技能成才、技能报国之路。

——2019 年 9 月，对我国技能选手在第 45 届世界技能大赛上取得佳绩作出的重要指示

要大力发展职业教育和培训，有效提升劳动者技能和收入水平，通过实现更加充分、更高质量的就业扩大中等收入群体，释放内需潜力。

——2020 年 9 月 22 日，在教育文化卫生体育领域专家代表座谈会上的讲话

要努力建设高素质劳动大军。劳动者素质对一个国家、一个民族发展至关重要。当今世界，综合国力的竞争归根到底是人才的竞争、劳动者素质的竞争。我国工人阶级和广大劳

动群众要树立终身学习的理念,养成善于学习、勤于思考的习惯,实现学以养德、学以增智、学以致用。要适应新一轮科技革命和产业变革的需要,密切关注行业、产业前沿知识和技术进展,勤学苦练、深入钻研,不断提高技术技能水平。要完善现代职业教育制度,创新各层次各类型职业教育模式,为劳动者成长创造良好条件。技术工人是支撑中国制造、中国创造的重要基础。要完善和落实技术工人培养、使用、评价、考核机制,提高技能人才待遇水平,畅通技能人才职业发展通道,完善技能人才激励政策,激励更多劳动者特别是青年人走技能成才、技能报国之路,培养更多高技能人才和大国工匠。要增强创新意识、培养创新思维,展示锐意创新的勇气、敢为人先的锐气、蓬勃向上的朝气。要推进产业工人队伍建设改革,落实产业工人思想引领、建功立业、素质提升、地位提高、队伍壮大等改革措施,造就一支有理想守信念、懂技术会创新、敢担当讲奉献的宏大产业工人队伍。

——2020 年 11 月 24 日,在全国劳动模范和先进工作者表彰大会上的讲话

各级党委和政府要高度重视技能人才工作,大力弘扬劳模精神、劳动精神、工匠精神,激励更多劳动者特别是青年一代走技能成才、技能报国之路,培养更多高技能人才和大国工匠,为全面建设社会主义现代化国家提供有力人才保障。

——2020 年 12 月 10 日,致首届全国职业技能大赛的贺信

知识链接 2:观点

一、顺德职业技术学院马克思主义学院副教授吴浩然:浅谈当代大学生劳动价值观与思政教育研究

社会主义建设是在广大人民群众劳动的基础上进行的,自新时代以来,劳动作为培育高素质人才的作用日益凸显。培育出受教育者的劳动价值观是劳动教育的重要任务,因为劳动价值观是否正确在很大程度上影响着劳动教育的成败。大学生是未来社会发展的中坚力量,让他们形成科学的劳动价值观,是高校教育的重要任务。思政教育能够引导学生形成科学的价值体系,在对学生们进行劳动价值观教育时,可以通过思政教育进行。

价值观是一种价值认知形式,具有评价性的功能,是个体在社会实践中对具体行为或客观事物形成的认识。个体价值观蕴含着一定的目标追求,以特定的原则和标准来指导人们作出行为选择。在马克思主义价值体系中,劳动价值观是重要组成部分,反映了劳动对人主体需要的满足程度和属性。也可以理解为劳动价值观是人在社会实践中结合社会和自己的实际需要,而形成的一种理性认识和思想体系。大学生劳动价值观是大学生在家庭、学校和社会的影响下,在择业和劳动过程中表现出来的价值取向,包含了自身对劳动的看法、评价,以及劳动对自身发展的重要价值,表现在大学生的劳动态度、劳动意愿、劳动追求和劳动选择等多个方面。(摘自 2022 年 12 月 13 日光明网)

二、浙江师范大学马克思主义学院张啸尘:劳动价值论的基本内涵和当代启示

劳动价值论旨在揭示资本主义商品经济的基本矛盾,即私人劳动和社会劳动的矛盾,为从物与物的关系背后揭示人与人的关系提供理论依据。劳动价值论运思精妙,逻辑层层推

进，意义不断深化，充分体现了马克思对黑格尔辩证法“合理内核”的深刻把握和灵活运用，闪烁着辩证唯物主义的思想光芒。

劳动价值论的科学内涵：可以将马克思劳动价值论看作一个理论集群，其重要论述包括商品的二因素和生产商品的劳动二重性及其相互关系、价值质和量的规定性及其变化规律、价值形式的发展和货币的起源、商品经济的基本矛盾和基本规律及其作用等。

商品是劳动价值论运思路线的起点，马克思指出：“资本主义生产方式占统治地位的社会的财富，表现为‘庞大的商品堆积’，单个的商品表现为这种财富的元素形式。因此，我们的研究就从分析商品开始。”商品是用来交换、能满足人的某种需要的劳动产品，具有使用价值和价值两种属性，是使用价值和价值的矛盾统一体。使用价值即商品能满足人的某种需要的有用性，反映的是人与自然的物质关系，既是商品的自然属性，也是所有劳动产品的共通性。一个物品如果根本无用，或虽然有用但并非劳动产品，或虽是劳动产品但并不用来交换，那么该物就不是商品。商品生产者的根本关切不在使用价值而在使用价值所承担的交换价值，即使用价值之间互相交换的比例或量的关系。

三、广州大学马克思主义学院副教授詹明鹏：劳动成就美好生活

美好生活是人类孜孜以求的理想，从柏拉图的“理想国”，到马克思的“自由人的联合体”，反映的都是人类对美好生活的追求。新时代，中国特色社会主义社会主要矛盾“已经转化为人民日益增长的美好生活需要和不平衡不充分的发展之间的矛盾”，人民希望过上“幼有所育、学有所教、劳有所得、病有所医、老有所养、住有所居、弱有所扶”的美好生活，希冀生活有更多的获得感、幸福感、安全感。党始终把满足人民对美好生活的需要作为治国理政的奋斗目标，不断解决发展的不平衡、不充分问题，为人民创造条件实现美好生活。对于每个人而言，美好生活不是等来的，不是靠来的，更不是别人恩赐施舍的，而是奋斗出来的，靠辛勤劳动才能实现，正如习近平总书记所讲：“人世间的一切幸福都是要靠辛勤的劳动来创造的。”美好生活不是缥缈的空中楼阁，而是实实在在的生活，也是人在现实社会中的获得感和幸福感的满足。人离不开劳动，只有劳动才能成就美好生活。

实践1：劳动者最光荣

【实践目的】

（1）让学生了解劳动创造美好生活的道理。

（2）分享身边普通劳动者的故事，让学生了解并树立正确的劳动价值观。

【实践意义】

通过举办“劳动最光荣”主题活动，选择不同行业的普通劳动者来分享他们的故事，旨在鼓励全校同学积极向上，坚持学习，找到榜样和动力，感受我们身边平凡的人所诠释的不平凡的精神，推动学校精神文明建设的科学发展。

【活动时间及地点】

周末,学校多媒体教室。

【活动流程】

1. 活动前期准备

（1）以 8~10 人为单位进行分组,确定小组代表和小组所要分享的主题故事人物。

（2）与学生提前讨论,确定主题故事的分享形式和小组分享顺序。

（3）确定活动主持人,申请一间大的多媒体教室并准备好话筒,做好活动的前期安排。

（4）用短视频形式记录此次实践活动。安排相关人员负责活动过程的拍摄及视频的剪辑制作。

2. 具体活动流程

（1）主持人上场,介绍本次活动主题,邀请小组代表上场进行一一介绍。

（2）全体人员就座,活动开始。

（3）按照确定顺序开始分享故事。

（4）主持人围绕“劳动最光荣”这一主题,对小组（全体组员）进行提问。

3. 活动后期

（1）整理收集到的资料。

（2）整理活动过程中的发言稿和问答记录。

4. 注意事项

（1）应围绕“劳动最光荣”这一主题设置基本问题,若准备前已知晓相关问题,则可略过,可即兴追问问题。

（2）注意提问方式,应得当、有技巧、有取舍。

（3）本次活动应依照策划好的流程进行,如遇不可预知等特殊情况,可另行修改或随机应变。

5. 活动总结

小组讨论交流,撰写实践感悟。

【实践感悟】

通过本次专访实践,我的感悟:______________________________

____

____

____

____

____

____

【总结反思】

活动总结	
我的收获	
我的不足	
改进措施	

【结果评价】

评价项目	评价主体		
	自我评价	小组评价	教师评价
出席率			
分工明确			
团结协作			
态度认真			
教育意义			
应变能力			
活动成效			

实践2:从我做起、从现在做起、从身边做起

【实践目的】

(1)培养学生的劳动价值观,注重发挥学生的主体作用,引导学生理解劳动的意义和价值。使学生树立正确的劳动意识,养成良好的劳动习惯,提升劳动的社会价值和实用价值。

(2)家庭生活能力是一个人最基本的生存能力,可以在家庭生活中培养学生的劳动观念和习惯。通过做家务让学生了解家庭生活的技能和技巧,养成自理、自立的生活习惯,让学生了解每个成员对家庭的责任和义务,使学生学会自己的事情自己做,培养学生热爱劳动、尊敬长辈、自立自强的品质。

【实践意义】

此次活动主要通过引导学生在日常生活劳动中发掘劳动的价值与意义,使学生了解日常生活劳动是每个人最基本的劳动方式,需要日常养成,并自觉参与、主动尝试、坚持不懈地进行。在日常生活劳动中,学生应自觉学习生活技能,提高自立自强的劳动意识和能力,积极践行绿色低碳的生活理念,懂生活、会生活、爱生活,从而获得持续创造美好生活的能力。

【活动时间及地点】

寒暑假,家里。

【活动流程】

1. 活动前期准备

(1)开展“家务劳动”调查活动,从而调动学生的积极性,让他们体会父母的辛苦,下决心为父母分担家务劳动。

(2)调查学生做家务劳动的情况,了解学生喜欢做的家务劳动种类,并商量确定家庭劳动角色,制订家务劳动计划。

2. 具体活动流程

(1)通过调查制订适合自己的家务劳动计划。

(2)每天设置家务劳动作业。

(3)开展“家务劳动汇报展示”活动。

(4)让学生根据自己制订的家务劳动计划,每天在家做家务劳动,并把当天所做的家务记录下来,每一到两个星期让家长对其在家的劳动情况进行评价。每个月结束时学生要进行小结,写出自己的收获。

3. 活动后期

(1)整理收集的资料。

(2)整理活动后的心得体会。

4. 活动分享

开展“家务劳动汇报展示”的活动,邀请家长参与,通过各种形式检测学生的家务劳动技能,并结合平时在家的家务劳动表现评出“家务劳动小能手”。小组讨论交流,整理汇报展示记录。

【实践感悟】

通过本次专访实践,我的感悟:____

____

____

____

____

____

____

【总结反思】

活动总结	
我的收获	
我的不足	
改进措施	

【项目评价】

评价标准	评分细则	分值	分数小计	教师评价
计划切实可行	劳动时间安排合理	10		
	劳动内容翔实	10		
	家长指导过程	10		
	达到预期效果	10		
计划有层次,目标有阶梯	物品归纳	10		
	房屋清洁	10		
	衣物清洗	10		
	烹饪	10		
积极主动,能够按照计划做家务劳动	做家务认真细致	10		
	家务完成出色	5		
	心得	5		

技能素养篇

第三章　上好校园劳动必修课

【学习目标】

知识目标

深刻理解劳动的本质、价值和方式，从内心深处产生对劳动的认同与尊重，最终形成正确的新时代劳动价值观。

能力目标

劳动教育是学生成长的必要途径，加强新时代劳动教育事关长远、责任重大。

素质目标

理解和形成马克思主义劳动观，牢固树立“劳动最光荣、劳动最崇高、劳动最伟大、劳动最美丽的”的劳动价值观。

【课堂导入】

劳动为文明奠基，文明因劳动而兴。中华民族是一个热爱劳动、崇尚劳动的伟大民族。在当代中国，劳动的政治意义已经超出劳动实践本身。劳动垒砌社会主义巍峨大厦，构建个体与国家的命运共同体，塑造中国青年的现代性人格，孕育中国特色劳动文化。

“社会主义是干出来的。”中华民族伟大复兴，归根到底要靠全体人民的辛勤劳动、诚实劳动、创造性劳动来实现，正是在这个意义上，党中央、国务院专门出台《关于全面加强新时代大中小学劳动教育的意见》，为做好新时代劳动教育作出顶层设计，指明行动方向，向全社会发出上好新时代劳动教育“必修课”的总动员令。

劳动的观点是马克思主义的基本观点。马克思主义劳动在中国社会情境中的现实展开，是由中国共产党完成的。首先，确立了“劳动最光荣、劳动最崇高、劳动最伟大、劳动最美丽”的劳动价值观，劳动者是最美丽的人；其次，构建了以劳动竞赛、创新创业、志愿服务、公益劳动、生产实训等为内容的社会化劳动组织体系和运行机制，为每一个人获得劳动机会、创造劳动价值搭建舞台；最后，形成了中国特色劳动教育体系，学校劳动教育是中国特色劳动教育体系的中轴，是培育和弘扬马克思主义劳动价值观的主阵地，在当代中国劳动教育体系中具有基础性、战略性意义。

中国共产党历来都把劳动教育作为制定教育政策、谋划教育事业、推动教育改革的重要内容。早在中央苏区时期，毛泽东同志就提出“教育与生产劳动联系起来”的文化教育总方针。中华人民共和国成立后，中央人民政府将劳动教育作为国民教育的重要内容，逐步提高专业实习、技术教育、生产劳动在学校教育中的比重。改革开放后，我国劳动教育进入拨乱反正、有序推进、开拓创新的新时期。1978 年，邓小平同志在全国教育大会上指出：“从事体力劳动的，从事脑力劳动的，都是社会主义社会的劳动者。”这为劳动与教育深度结合奠定了思想政治基础。此后，党和国家围绕劳动与教育如何结合、选择什么样的结合方式、结合的侧重点是什么等问题进行积极探索，在实践中总结出“必须与生产劳动和社会实践相结合”的社会主义教育原则，这条原则被载入2015年修正的《中华人民共和国教育法》。

党的十八大以来，以习近平同志为核心的党中央高度重视劳动教育，强调全社会要大力弘扬劳动精神、劳模精神、工匠精神；在2018年全国教育大会上，习近平总书记明确提出将劳动教育纳入社会主义建设者和接班人的总体要求。此次《关于全面加强新时代大中小学劳动教育的意见》的出台，标志着劳动教育作为国家制度体系的重要组成部分被确定下来，是中国特色社会主义劳动教育发展的重大突破。

劳动教育是一个动态演进的政策体系、组织体系和育人体系，因势而为、因时而变是劳动教育的鲜明特征。新时代，我们要聚焦时代发展的中心命题、国家改革的重点任务、人才培养的核心使命，在守正与创新、思想与行动、整体与部分相统一中上好新时代劳动教育“必修课”。

守正与创新相统一。既要坚守马克思主义劳动观的基本立场、基本观点、基本方法，也要理论联系实际，创新马克思主义劳动观教育的理念、方法、载体和内容。既要坚守中国共产党推进劳动教育的历史经验、优良传统和成功做法，也要结合时代发展和实践需要，坚持问题导向，着力解决劳动教育重形式、轻内容等问题，切实扭转劳动教育理念淡化、课程体系建设弱化、公众理解片面化等问题，努力创新劳动教育的组织形态、课程形态、制度形态，使劳动教育面貌得到整体改观、劳动教育质量实现跨越发展。

思想与行动相统一。新时代的劳动教育，不是计划经济时期工厂劳动、农业劳动、义务劳动的“复制版”，也不是用劳动教育取代课堂知识教育、思想政治教育、心理健康教育的“替代版”，更不是对西方国家劳动教育体制机制的“模仿版”，它是扎根中国大地、汲取中华优秀劳动文化、与社会主义现代化强国战略相适应、与时代新人培养目标相贯通的“升级版”。作为“升级版”的劳动教育，其最大特点就是坚持思想与行动相统一。

第一节　做美丽校园的践行者

人间万事出艰辛，劳动是一切幸福的源泉。崇尚劳动、热爱劳动、辛勤劳动、诚实劳动，是人生出彩的金钥匙，也是创造美好生活的必经之路。

2016年，习近平总书记在知识分子、劳动模范、青年代表座谈会上深刻指出：“人类是劳动创造的，社会是劳动创造的。劳动没有高低贵贱之分，任何一份职业都很光荣。”人世间的美好梦想，只有通过诚实劳动才能实现；发展中的各种难题，只有通过诚实劳动才能破解；生命里的一切辉煌，只有通过诚实劳动才能铸就。

习近平总书记强调：“要在学生中弘扬劳动精神，教育引导学生崇尚劳动、尊重劳动，懂得劳动最光荣、劳动最崇高、劳动最伟大、劳动最美丽的道理，长大后能够辛勤劳动、诚实劳动、创造性劳动。”这一重要论述，突出了劳动教育对于新时代立德树人的重要意义，成为我们开展劳动教育的重要遵循。

落实落细相关课程标准,学校肩负重任。如何创新机制、优化模式,让劳动教育真正落到实处,如何做美丽校园的践行者,这是一道现实考题。一方面,学校管理者和教师应真正认识到劳动的重要性,像对待其他课程一样对待劳动课。另一方面,要因地制宜编制课程内容,统筹好短期的劳动技能培训和长远的劳动精神培养,在循序渐进中真正激发学生们对劳动的热爱。多措并举、春风化雨,才能把劳动的种子深植在学生们的心中。

劳动是成长成才的必修课。“伟大的精神导致伟大的劳动,强有力的劳作培养强有力的精神,正如钻石研磨钻石。”从某种意义上说,一个人只有树立正确的劳动观,才能真正理解劳动的本质和价值,准确掌握历史前进、社会运转的内在机理。劳动是光荣而高尚的,热爱劳动、不懈奋斗,一切美好的东西都能创造出来。所以身处校园的我们既要努力掌握劳动的意义,也要认真去做美丽校园的践行者。

一、绿色环保在行动

(一)绿色环保的概念

绿色环保是指人类为了保护大自然而采取的一种行为。国际绿色环保标志,由 3 个部分构成,即下方的绿色环保,左右的叶片和中心的蓓蕾,象征自然生态。颜色为绿色,象征着生命、农业、环保。图形为正圆形,意为保护。

(二)绿色环保是时代发展的必然

马斯洛的心理需求论告诉我们,人类的需求是分层次的,从最低级的生存需求到最高级的自我价值实现需求,都需要与外界事物进行关联。因此,人类一方面享受着自己创造的文明成果,另一方面又不断地品尝着自己亲手酿造的苦果:毫无节制地滥用自然资源,破坏着生态平衡。人们因生产生活的需要对水、大气和土壤等人类生存环境造成了污染及破坏,导致可供利用的稀有物质资源越来越少,居住、饮食及生命健康已受到严重威胁,每年有数千种地球生物消失……据世界卫生组织的估计,目前世界上 25% 的疾病与死亡是环境问题造成的,全世界每年死亡的 4 900 万人中有 3/4 是环境恶化导致的,其中儿童是最大的受害者。事实上,片面追求物质财富所导致的生态环境问题,不单是一个地区、一个国家的问题,而是需要全人类共同面对,共同解决的重大问题。

我国是世界上人口最多的国家,经过多年的努力,我国经济得到了快速发展,但与经济快速发展同时出现的还有日益严峻的环境问题。早在 2004 年中国环境科学研究院生态所王君英教授,就从宏观环境角度出发,在《中国教育报》中引用大量实地数据,分析了当时我国环境面临的 11 个方面的问题:水资源匮乏、水污染严重、用水严重浪费;大气污染严重;耕地数量日益减少且土地沙化、土壤酸化盐渍化严重;湿地减少且生态功能退化;森林与草地的数量和质量都在下降,水土流失严重;海洋污染加剧,海洋环境不容乐观;生物多样性受到破坏,物种减少;自然灾害频繁;农业、农村面塬污染严重,食品安全问题突出;等等。面对如此艰巨的环境污染和生态失衡问题,党和国家高度重视环境污染问题潜在的巨大危害,在党的十九大、二十大报告中多次提及环境保护问题,号召全民进行节能减排,树立环保意识,倡导低碳生活，建设节约型社会等。特别是党的十八大以来，习近平总书记更是强调：“绿水青山就是金山银山。”当代大学生肩负着中华民族伟大复兴的历史重任，应当首先树立环保意识，保持改善和保护环境必须“从现在做起，从身边做起”的紧迫感。从而推动整个社会进行环境保护、维护生态和谐。

而环保教育内容可以毫不隐讳地表露出来，让大学生直接从中受到影响。劳动教育就是要使大学生充分认识到环境教育是素质教育不可缺少的一部分，是德育的重要组成部分，爱护环境就是热爱祖国的具体表现。要充分认识到开展环境教育，对于增强全民环保意识，加强环保工作，有着极其重要的意义。目前，不少学校已把环境教育工作作为增强全民环保意识的一项奠基工程抓紧抓实。

（三）增强绿色环保意识

1. 绿色意识落实在课堂上

增强环保意识，需要反映在现实生活中。当代大学生应该多参加有兴趣、有吸引力的有关环境教育的课外活动，充分发挥自身的积极主动性，自觉接受教育。同时，大学生通过参加有关环境教育的课外活动，能不断地开阔视野，获得生态与环境保护的基本知识，提高运用已获得知识、智力技能、动作技能解决实际问题的能力，树立良好的环境伦理与环境道德观，培养关心、爱护和参与环境行动的意识，从而提高自身素质。因此，大学生必须重视通过开展课外活动实施环境教育。

2. 绿色意识落实在行动中

应当重视“在环境中进行教育”，强调学生与环境之间的关系。要重视在环境中进行学习，使学生在环境中真正感受到环境及环境问题与他们自身息息相关。要适当地组织学生参加社会实践活动，尤其是要参加与解决当地环境与发展问题相关的活动，从而使学生增强参与保护环境的积极性与责任感。今后，高校应当继续加强对大学生的环保教育，让环保教育更好地发挥资源、信息的作用，不断深化环境教育活动，全面推进素质教育，从而让绿色环保在行动的观念深入学生的心中，让大家都能积极地去参与绿色环保行动，形成一个良好的氛围。

（四）绿色环保教育的意义和价值

一个人的人生观、价值观的形成，除了家庭教育以外，还依赖于长期在高校的耳濡目染与环境熏陶。自然和生态环境是一个人成长成才的土壤，在校园推广并实行绿色教育，势必会全面提升全社会公民的整体素质。

第一，学生通过参与校园环境保护活动，养成积极健康的生活习惯，树立勤俭节约、节能环保、资源共享等先进的人文理念。

第二，学生通过掌握基本的自然科学与环境保护知识，懂得人与自然相互依存、和谐相处的朴素自然唯物史观，深刻理解自然资源的不可再生性、节能环保的主要手段，以及可持续发展的文化内涵。

第三，学生通过参与活动，产生关爱他人、关心社会、关注民生的自我觉悟，从而由内而外散发出青春的蓬勃朝气，以积极健康的发展劲头，走好人生的第一步。

第四,学生在参与校园环境治理和接受环境保护教育的过程中,对环境保护的认知水平得到提升,通过家庭成员之间的日常活动交流,示范和带动全体家庭成员广泛地参与到保护环境的行为当中。

二、低碳校园我前行

(一)校园低碳教育的目的

2008年,联合国环境规划署确定2008年“世界环境日”的主题为“转变传统观念,推行低碳经济”。这是国际上第一次将“低碳”作为环境保护日主题,以促进低碳更广泛、更深层次的传播。低碳教育开展的目的是使人们更好地理解低碳理念,并且将低碳思想与生活相结合,最终达到减少碳排放的目的。低碳教育实质上响应了全球进行环境教育的发展趋势,不仅是对人们低碳意识的一种教育,而且是对人们环保意识的一种教育。低碳教育具有广泛的学科交流性、社会普及性及现实意义性,需要全社会的共同努力,推动其快速发展。

(二)校园中非低碳的现实

“低碳”一词已在校园中出现,且在学生群体中引起了较大反响,越来越多的学生投入宣传低碳的活动当中。但是,低碳生活理念还未在校园内完全普及,校园中仍存在较多非低碳行为。以下就是我们所见的一些非低碳行为。首先是校园中的空调使用问题。教室里的空调为公有物品,学生可以自行开启,且开启时间与设置的温度没有明确规定,因此室内温度经常过低。同时,在开空调的同时开窗的现象也时常发生。这样的行为明显增加了能源的使用量,与现今推行的低碳理念不符。其次,学生在宿舍中的用电情况也不容乐观,尤以电脑的使用问题最为突出。在平时上课离开宿舍过程中,仍有相当一部分电脑处于开机状态,没有关闭。在夜晚关闭电脑后,很多同学仍未养成拔掉插头的习惯。另外,宿舍内电灯长时间不关的情况也时有发生。

(三)校园低碳教育的现状与不足

目前,高等综合性院校普遍设有环境保护类专业,提供环境保护方面的专业知识教学。同时,一些相关学科教育也穿插有环境保护知识,使这些专业的学生具有一定的环境保护知识。但当前低碳教育仍存在诸多不足。一方面,绝大部分学生通过环境保护方面的选修课来了解低碳知识,但课堂中学生学习积极性不高,影响了课堂教育的效果。另一方面,高校开展环保宣传知识力度不足。一些高校并未引导学生积极开展环保宣传活动,学生社团开展的环保活动较少,使得环保知识在校园传播相对不足。

(四)如何推行低碳教育

1. 加强政策引导,努力营造低碳教育的环境和氛围

高校政策与高校文化对学生有重大影响。一是校园内的主流文化潜移默化地影响学生的日常学习、生活行为;二是校园内的规章制度能够迅速让学生接受。这两条途径能够使学生快速且有效地树立低碳生活的理念。因此,学校制定与低碳有关的规章制度对在校园内推广低碳经济有重大意义,且在当前形势下,已刻不容缓。

(1)高校可以投入一定量专项资金用于低碳方面的研究,鼓励学生积极开展低碳的研

究，促进低碳的快速发展。

（2）高校可组织开展各类研讨会，促进低碳文化交流研讨，充分了解当前先进的低碳研究，从而加快自身的低碳建设，推广低碳生活。

2. 充分发挥课堂教学的育人功能，寓低碳教育于学科教学之中

课堂是学生获得知识的最佳途径，课堂中所传授的知识往往会被学生着重记忆、理解。因此，在课堂中对低碳知识进行讲解，对于低碳生活理念在校园内的推广起着极其重要的作用。真正做到对低碳生活理念的介绍与推广，大学生应做到以下几点。第一，要认清低碳生活、低碳经济对未来经济发展的重要性，在思想上将低碳理念放在重要位置。第二，要努力接触并获取与低碳有关的知识，加深对低碳的理解。第三，在课堂学习过程中将低碳相关知识与所学学科知识有机结合，尝试对低碳进行深层次思考。第四，在低碳领域积极探索，激发在学科基础上对于低碳领域事物的创造性。

3. 以社会热点和实际问题为切入点，大力开展社会实践活动

学生群体是校园真正落实低碳生活的主体，学生的行动对于校园低碳生活的开展起决定性作用。学生可以从多方面了解低碳经济。首先，可以通过网络、电台、报纸等新闻传播媒介了解低碳经济。现如今，传媒工具正越来越多地被大众接受，学生也越来越习惯从中获得自己所需信息。低碳作为近期的热点话题，媒体对此有大量报道，学生可以从中获得所需的低碳知识。其次，可以通过课堂了解低碳经济。因环境、化学、能源等课程与低碳息息相关性，学生可以有目的地选择这些课程学习低碳知识，并将其推广应用。最后，可以通过学生团体了解低碳经济。学生团体中存在与环境保护等有关的社团，这些社团可以通过各种形式在校园内开展低碳知识宣传活动。其形式包括图片展览、宣传板报等。

低碳经济在当今与将来会一直成为国际关注的热点，在全球日益变暖、环境不断恶化、化石能源接近枯竭的今天，低碳已不仅是一种口号，更是我们迫切需要实行的发展模式。低碳理念在全社会的普及传播，需要一个切入点，而校园正是这个切入点，在校园推广低碳生活理念，有利于低碳生活、低碳经济在整个社会的推广。虽然低碳生活正在校园内发展，但我们仍面临诸多机遇与挑战，面对复杂的环境条件，低碳之路任重而道远，需要社会、学生和关心低碳事业的人共同为之努力。当代大学生要扛起低碳校园的大旗，从自身做起，努力做到低碳校园我前行。

（五）校园低碳教育的价值反思

1. 低碳教育是响应国家号召的必然要求

在校园内推广低碳生活理念是对国家政策的响应。国务院常务会议上提出紧密结合扩大内需、促进经济增长的决策部署，培育以低碳排放为特征的新的经济增长点，加快建设以低碳排放为特征的工业、建筑、交通体系，单位国内生产总值能耗降低 20% 左右、可再生能源比重提高到 10% 左右、森林覆盖率达到 20% 等目标。2009 年 12 月，在哥本哈根世界气候大会上，中国政府承诺延缓二氧化碳的排放，即到 2020 年中国单位国内生产总值（GDP）二氧化碳排放比 2005 年下降 40%~45%。这些承诺与目标的实现，不仅要政府、企业出力，在能源开发、产业结构等方面不断调整与创新，而且要社会中的普通人积极参与，为此承诺

作出贡献。在校园内推广低碳生活理念，能使学生群体充分了解低碳生活、低碳经济，并在生活中践行低碳理念。

2. 低碳教育丰富了校园文化建设的内涵，为和谐校园建设注入了新的活力

学生是学校的主体，学生的行为在很大程度上决定学校的行为并展示学校文化。低碳生活在校园中的推广，有以下意义。首先，从浅层意义上说，如果低碳生活理念能够深入学生日常行为，使学生在学习、生活中做到节水、节电等，将大大节省学校在能源方面的支出，使学校将更多精力投入其他发展方向。其次，在学校中推行低碳生活理念，能够树立起一种新的校园文化，甚至上升为一种学校精神。这样的学校培养出来的学生，必定有节约、环保的意识，在将来的社会中，他们也能够引领新的社会风气。最后，学生作为创造力最为出众的群体，能在学习低碳理念的同时，结合自己的所学，在开发新能源、研究新产品、改造旧物品等方面，提出自己的创新思维与方法，为节能减排提供新的思路，这也是在校园内推广低碳生活、低碳经济的重要原因。

3. 低碳教育丰富了学校德育的内容，为学生的全面发展提出了更高的要求

在校园推广低碳生活理念对个人有重要影响。首先，低碳生活的推广能提升个人品质。勤俭节约历来是中华民族传统美德，低碳生活的实践正是对勤俭节约的最好诠释。其次，低碳生活为人们的生活提供了范本，低碳生活的推行不仅为个人经济方面提供了帮助，而且其推行的健康生活方式对人们的身体健康也有显著的帮助。最后，低碳生活理念在校园的推广有更广阔的教育意义。学生作为低碳教育的落脚点，通过对其的教育，可以带动更多的人，包括学生的家庭成员、周边的社区民众，践行低碳生活达到以点带面、教育大众的目的，从而完成低碳生活理念在整个社会的普及。因此对学生群体的低碳教育，不仅对其个人有重要意义，而且是在学校、社会推广低碳生活理念的重要途径。

第二节　做垃圾分类的倡导者

垃圾分类，对我们来说并不陌生。早在 2000 年，原建设部就在北京、上海、广州、深圳、杭州、南京、厦门和桂林 8 个城市率先实行居民生活垃圾分类，进行试点工作。垃圾分类，就是大致根据垃圾的成分、产生量，结合本地垃圾的资源利用和处理方式来进行分类，以降低处理成本。各国的垃圾分类方法都不尽相同，如德国的垃圾一般分为纸、玻璃、金属、塑料等；澳大利亚的垃圾一般分为可堆肥垃圾、可回收垃圾、不可回收垃圾；日本的垃圾一般分为可燃垃圾、不可燃垃圾等等。中国的生活垃圾普遍分为四大类：可回收垃圾、厨余垃圾、有害垃圾和其他垃圾。如今垃圾分类在中国开展已经实行二十几年了，走在大街上、公园中不难看到分类垃圾桶。小区中的生活垃圾也是由分类垃圾桶收集的。

我们为什么要对生活垃圾进行分类呢？据统计，目前中国 1/3 以上的城市面临“垃圾围城”困局。中国每年产生上亿吨垃圾，城市人均垃圾年产量达 440 千克，全国 600 多座城市堆放 80 亿吨垃圾。这 600 多座城市中，有 2/3 的城市处于垃圾包围之中。近年来，中国的高速工业化和城镇化进程带来了生活垃圾的迅猛增长，这使得现有的以填埋、焚烧为主的垃

圾处理体系显得捉襟见肘,仅仅使用填埋的方法使“城内干干净净、城外垃圾成堆”成为许多地方见怪不怪的现实,而焚烧则更会产生大量的有害物质。全国城市垃圾堆存累计侵占土地超过5亿平方米,每年的经济损失高达300亿元。这些垃圾使土壤遭受破坏,无法耕种。一些地方的稻田土壤因渗入垃圾中的有毒物质被污染,致使稻米无法食用。实际上对城市而言,少建填埋场,唯一的出路就是减少垃圾产生。而可以减少垃圾产生的比较有效的方法就是垃圾分类。垃圾,被称为放错了位置的资源。一个保守估计的数字,我国城市每年丢弃的可回收垃圾价值在300亿元左右。分类收集不仅可以大幅度减少垃圾给环境带来的污染、节约垃圾无害化处理费用,而且可以使宝贵的自然资源得到重复利用。在这方面,很多发达国家都有例可循。日本,一个土地资源稀缺的国家,它不可能像中国一样为大量的垃圾提供大面积的土地用以填埋,减少垃圾产生对于他们更加急切。当年日本也经历过垃圾围城之痛,后来他们建立了系统的垃圾分类、收集、处理体系,在垃圾后期处理环节投入巨额资金并进行技术创新,顺利带动了前期分类。而随着垃圾回收产业链逐步成熟,短短几年时间,日本垃圾产量就减少了一半。

大学生在学校要提醒身边的人注意垃圾分类,把垃圾分类的观念深入心中,从自身做起,做垃圾分类的倡导者。

一、垃圾是放错了位置的资源

(一)为什么说垃圾是放错了位置的资源

“垃圾是放错了地方的资源。”这是联合国环境规划署首席专家拉斯基的著名论断。从国内部分城市来看,垃圾“放错”地方,不仅会给当地生态环境造成一定程度的影响,也会制约城市“两型”社会建设。

20世纪以前,在垃圾问题还没有像今天这么严重时,人们并没有像今天这样关注垃圾。虽然早在春秋时代,我国就开始兴建了厕所用来积肥,对垃圾加以利用。但是伴随着工业文明“拼命生产拼命消费”导致的环境急剧恶化,在以19世纪80年代垃圾焚烧法诞生为节点的人类与垃圾战斗的近代历史中,垃圾的经济效益才逐渐得以大规模发掘。

20世纪三四十年代,英美开始采用有控制的生活垃圾填埋技术,将产生的沼气作为能源回收。20世纪60年代,电子工业变革带动垃圾焚烧技术快速发展和垃圾发电技术不断变革。80年代初,垃圾家族的电子垃圾开始逐年暴增并呈现愈发泛滥之势,由此带动了从旧电器翻新到拆解出有色金属、稀有金属的各种电子回收产业。

根据生态学的循环再生原理,世间一切产品最终都要变成废物,任何“废物”必然是对生物圈中某一组生态过程有用的“原料”或缓冲剂。可回收垃圾的概念正是来自可循环利用,时至今日,科技的进步将人类对物质的改造带入纳米层面,使得物质循环在更广泛的领域内成为可能,每一项垃圾回收处理技术的发展和推广都无一例外地带动了一批财富的原始积累。

作为萌芽于20世纪五六十年代循环经济的重要组成部分,垃圾经济目前在全球范围内还在从初始阶段向逐渐成熟方向发展,在这方面德国、美国、日本等发达国家走在了前列。

早在1976年,美国联邦政府就制定了专门的《固体垃圾处理法案》,目前近一半的州对固体废弃物的循环处理率超过了30%。日本于2000年6月出台的《促进循环型社会形成基本法》,以法律的形式规定企业在产品设计阶段就要考虑产品将来易于循环利用,并明确了企业和国民在回收与生产再生品方面的权利与义务。2012年,德国在慕尼黑召开国际环保博览会,展示环保与废弃物处理回收再利用等先进技术。

(二)垃圾放错了位置,如何提升综合利用

1. 加快建立绿色低碳循环发展体系

一方面企业加快推进绿色产品设计、传统行业绿色化改造,实现工业固废源头减量、过程控制和末端高效治理相结合,形成系统的减污降碳和循环利用模式。另一方面地方政府加大统筹力度,支持大型工业企业,与掌握垃圾资源的市政部门建立废塑料供货关系,与快递、外卖、化妆品、食品、家电、汽车等塑料制品用户建立产业供需联盟,形成完整产业链,规范废塑料化学循环市场。

2. 强化绿色低碳循环发展科技支撑

开展工业固废综合利用技术产学研攻关,推广利用水泥、电力、化工、钢铁工艺装置协同处置工业固废;鼓励使用易回收、易再生塑料,降低废塑料化学循环难度及成本,并根据产品碳减排情况,对废塑料化学循环技术予以碳税优惠。

3. 加速综合利用示范项目建设

建议围绕国家发展战略,提升重点区域、流域和重点类别工业固废的资源利用效率,鼓励大型集团企业参与示范工程建设,推动我国工业固废规模化、集中化、高值化利用。

4. 完善引导监管政策和标准体系

出台引导资源转换、全产业链疏通、财税扶持、市场调控、鼓励废塑料化学循环等方面的政策,制定相关技术规范、产品标准,保障固废综合利用渠道和产品销路。同时,加快制定与废塑料化学循环生产过程安全环保及产品质量相关的标准、认证及法律法规。

二、垃圾分类的标准与实施

(一)什么是垃圾分类

垃圾分类,一般指按一定规定或标准将垃圾分类储存、投放和搬运,从而转变成公共资源的一系列活动的总称。

垃圾分类的目的是提高垃圾的资源价值和经济价值,减少垃圾处理量和处理设备的使用,降低处理成本,减少土地资源的消耗,具有社会、经济、生态等方面的效益。垃圾在分类储存阶段属于公众的私有品,垃圾经公众分类投放后成为公众所在小区或社区的区域性公共资源,垃圾被分类搬运到垃圾集中点或转运站后成为没有排除性的公共资源。从国内外各城市对生活垃圾分类的方法来看,大多是根据垃圾的成分、产生量,结合本地垃圾的资源利用和处理方式等来进行分类的。

(二)垃圾分类的标准

(1)现在中国将垃圾分为可回收垃圾、厨余垃圾、餐厨垃圾、有害垃圾和其他垃圾。

①可回收垃圾主要包括废纸、塑料、玻璃、金属和布料五大类。

废纸:主要包括报纸、期刊、图书、各种包装纸、办公用纸、广告纸、纸盒等,但是要注意纸巾和厕所纸由于水溶性太强不可回收。

塑料:主要包括各种塑料袋、塑料包装物、一次性塑料餐盒和餐具、牙刷、杯子、矿泉水瓶、牙膏皮等。

玻璃:主要包括各种玻璃瓶、碎玻璃片、镜子、灯泡、暖瓶等。

金属:主要包括易拉罐、罐头盒等。

布料:主要包括废弃衣服、桌布、洗脸巾、书包、鞋等。

综合处理回收利用垃圾,可以减少污染,节省资源。如每回收 1 吨废纸可造 850 千克好纸,节省 300 千克木材,比等量生产减少 74% 的污染;每回收 1 吨塑料瓶可获得 0.7 吨二级原料;每回收 1 吨废钢铁可炼 0.9 吨好钢,比用矿石冶炼节约 47% 的成本,减少 75% 的空气污染,减少 97% 的水污染和固体废物。

②厨余垃圾包括剩菜剩饭、骨头、菜根菜叶、果皮等食品类废物,经生物技术就地处理堆肥,每吨可生产 0.3 吨有机肥料。

③餐厨垃圾是指从事餐饮经营活动的企业和机关、部队、学校、企事业等单位集体食堂在食品加工、饮食服务、单位供餐等活动中产生的食物残渣、食品加工废料和废弃食用油脂。其中,废弃食用油脂是指不可再食用的动植物油脂和油水混合物。

④有害垃圾包括废电池、废日光灯管、废水银温度计、过期药品等,这些垃圾需要经过特殊处理。

⑤其他垃圾包括除上述几类垃圾之外的砖瓦陶瓷、渣土、卫生间废纸、纸巾等难以回收的废弃物,采取卫生填埋可有效减少对地下水、地表水、土壤及空气的污染。

(2)根据实际产生物资种类、数量设置资源回收桶并进行标示,具体分类标准如下。

①再生纸类。废旧报纸、书刊、快递纸袋、纸盒、一次性纸杯(冲洗干净)、卫生纸纸芯、完整的废弃纸张(平整放置、不可揉团或撕碎)、瓦楞纸、牛皮纸类包装物,放置时不可乱扔乱丢,打捆后,整齐放置,避免雨淋。

②瓶罐类。盛装化妆品、饮料、茶叶、糖果、洗涤剂、食用油、调味料、无污染试剂、溶剂的塑料、铁、铝、合金等材质的瓶、杯、盒、盆及暖瓶皮、水桶、牙刷等,使用后必须清洗干净。

③塑料包装袋类。各种无污染的塑料布、编织袋(将内、外袋分别平铺、打捆处理)、塑料网、塑料方便袋、鞋套、塑料薄膜、聚乙烯气泡膜等。

④布类。废弃的衣服、鞋袜、被褥、窗帘、床单、毛巾、枕头、桌布、毛毡、拖把头等无污染布类物资。

⑤餐厨果皮类。剩菜剩饭、菜根菜叶、土豆皮、蔬菜烂果烂叶等食品类废弃物及西瓜皮、香蕉皮等鲜果果皮,西瓜皮可就地掩埋处理,投放时不可将塑料袋、饮料瓶盒、一次性筷子等杂物一起放入。

⑥泡沫类。聚苯乙烯泡沫(白色颗粒)、聚乙烯泡沫(软白色)。

⑦玻璃类。各种玻璃瓶、杯、灯泡、破碎的玻璃实验器材(必须将盛装介质倒净,腐蚀性

玻璃容器要进行清洗)、碎玻璃(报废灯管等造成的碎玻璃必须装入小纸箱或袋内封好并进行标示)。

⑧生活燃料类包括污染的食品纸袋、食品塑料包装袋、豆浆杯、污染的纸类、干果果壳果皮、方便面桶、袋等所有因生活、办公生产的污染的不可再生的可燃性固体物资。

⑨其他类。以上分类不包含资源,根据资源种类、数量情况再进行细分。

(三)垃圾分类的实施

1. 宣传垃圾分类知识,培养环境保护意识

校园垃圾混装堆放,极易滋生蚊蝇、细菌等,是疾病的传播源。校园垃圾的处理方法是将混杂着各种有害物质的垃圾运去填埋,既侵占土地,又使垃圾中的多种污染成分长期存在。污染成分就会通过水、空气、土壤、食物链等途径污染环境,危害人体健康。而人类将垃圾分类处理并加以回收利用,不仅节省了大量的填埋占地,避免污染,还能按类别回收资源、保护资源和环境,同时培养了大家的环保意识。

2. 增强环保意识,树立分类观念

有人预计,在不久的将来,城市之间的间隔可能不再是绿色的田野,而是恶臭的垃圾。垃圾问题是世界性的。高校应该利用一切可利用的渠道,对学生进行垃圾分类知识的宣传,通过校园广播、橱窗校园网络等形式,广泛开展垃圾分类的宣传、教育和倡导工作,阐明垃圾对社会生活造成的严重危害,宣传垃圾分类的重要意义,呼吁学生积极参与;同时教授垃圾分类的知识,使垃圾分类逐渐成为学生自觉和习惯性行为。

3. 制定措施,落实到位

班级设置分类垃圾桶,垃圾筒上贴有“可回收”和“不可回收”标志,并且通过广播宣传,告诉学生在扔垃圾的时候分类投进不同的桶里,值日生在清理垃圾的时候,再分别进行处置。鼓励班级设置可回收垃圾袋或垃圾箱,将本班的可回收物品分类存放,比如学生每天喝完奶后把奶盒按扁,然后放进指定的桶内,不能乱扔。

4. 开展垃圾分类实践活动,培养环境行为习惯

良好习惯的养成需要一个漫长的过程,光靠纸上谈兵恐怕很难见效。学校要根据学生实际,开展各类垃圾分类实践活动。例如:举行“伸伸手,弯弯腰,把垃圾送回家”实践活动比赛,并将活动延伸至家庭,调查自家生活垃圾构成情况,并做合理分类;将垃圾分类活动与综合实践活动相结合,合作办手抄报等。形式多样的活动既促进垃圾分类知识在学生心中内化,又潜移默化地影响着他们的行为。

“垃圾分类,举手之劳,功在当代,利在千秋。”校园垃圾分类可大幅度地减少垃圾增加带来的污染、节约垃圾无害化处理费用,有利于资源再利用。在校园中开展垃圾分类回收利用活动,不但可以使资源循环再利用、节省资源,还可以培养学生的环境保护意识,普及垃圾分类知识,提高全民环保意识,全面推广和落实完善的垃圾分类处理政策,建设一个绿色、和谐、美丽、节约型的校园。

(四)垃圾分类的价值及其意义

1. 减少环境污染

由于我国以前垃圾没有进行分类处理,有的垃圾内含有的化学物质,会导致人们发病率提升。如果通过填埋或者堆放处理垃圾,即使远离生活场所对垃圾进行填埋,并且采用了相应的隔离技术,也难以杜绝有害物质渗透。这些有害物质会随着地球的循环而进入到整个生态圈中,污染水源和土地,并通过植物或者动物,最终影响到人们的身体健康。

2. 节省土地资源

我国目前垃圾的处理方式有两种:一是垃圾填埋,二是垃圾堆放。无论是哪一种,其实质都是将垃圾从一个地方运到另一个地方,仍然占用土地资源。就目前而言,垃圾填埋是最简单也是最方便的处理方式,但是对于未来的发展而言却是极为不利的。一个国家的土地资源是固定的,中国人均土地特别是人均耕地土地处于世界平均水平之下。填埋场属于不可复制场所,即填埋场不能够重新作为生活小区。如果将土地资源变成垃圾的处理地,那么就相当于慢性自杀,未来进行土地修复的费用会很昂贵。

3. 再生资源的利用

垃圾的产生源于人们没有利用好资源,将自己不用的资源当成垃圾抛弃,这种废弃资源的方式对整个生态系统的破坏是不可以估计的。垃圾一旦通过填埋或者焚烧的方式处理,想要重新利用是极为困难的。垃圾分类回收,可以将垃圾变废为宝,例如:回收纸张能够保护森林,减少森林资源的浪费;回收的果皮蔬菜等生物垃圾,可以作为绿色肥料,让土地能够更加肥沃。

4. 提高民众价值观念

垃圾分类是处理垃圾公害的最佳解决方法和最佳路径。垃圾分类已经成为一个国家发展的必然路径。垃圾分类能够使民众学会节约资源、利用资源,养成良好的生活习惯,提高个人素质。如果一个人能够养成良好的垃圾分类习惯,那么他也会关注环境保护问题,在生活中养成节约资源的习惯。

垃圾分类是一项功在当代,利在千秋的工程,能够保护珍贵的土地资源,减少环境污染问题,构建绿色环保的社会环境。人们只有养成了垃圾分类的习惯,在生活意识到节约资源的重要性,才能够不断地提升自我修养,从自身出发,为环境保护作出贡献。此外,垃圾分类还能够促进经济的增长,通过不断地研究垃圾回收利用技术,实现“变废为宝”。

第三节　做文明寝室的推动者

一、文明寝室好氛围

大学生寝室是一个具有生活、学习、休息、交往等功能的重要活动场所,是学生学习、生活方面的信息汇聚和传播的主要通路,是新时期高等学校管理的重要组成部分,是影响大学生发展的重要环境因素,对大学生的培养教育起着积极和重要的作用。据统计,大学生平均每天有近 14 个小时是在寝室度过的。大家的政治观点、道德品质、生活习惯,在这个小环境中,都会受到很大的影响和感染。因此,寝室风气、环境,直接影响到班风、系风、校风、学风建设。重视和加强大学生寝室的建设是极其重要的。

高校的学生寝室被称为高校大学生成长成才的“第一社会、第二家庭、第三课堂”。高校寝室是大学校园最基本的集体组织之一,是大学生日常生活、学习等活动的主要场所。教育部也下发了关于促进高校文明寝室建设的相关文件,要求全国各大高校积极行动起来抓紧抓实高校建设文明寝室。高校也积极响应、主动承担、认真贯彻执行教育工作委员会下发的关于建设文明寝室的要求,践行高校文明寝室建设活动。高校文明寝室的建设直接影响着高校发展质量和发展走向,关乎大学生的成长成才。

(一)文明寝室建设的内涵及本质

文明是指人类创造的财富的总和,特指精神财富,如文学、艺术、教育、科学等,也指社会发展到较高阶段表现出来的状态。文明涵盖了人与人、人与社会、人与自然之间的关系。它的主要作用,一是追求个人道德完善,二是维护公众利益、公共秩序。学生管理工作中经常用到的“公寓”“寝室”等概念,它们既有区别又有联系。公寓是集合式住宅的一种,中国内地称为单元楼或居民楼,中国港澳地区称为单位,指的是一种生活设施齐备,但只占建筑一部分的居住形态。寝室,即卧室,多指集体宿舍中的卧室,一般设有床、书桌等物品,主要指供人睡觉用的房间。对于学生来说,寝室即供学生群体或个人睡觉用,通常指住很多人的大房间。

寝室是大学生学习、生活、人际交往和兴趣培养的重要场所,对大学生的成长成才起着举足轻重的作用。文明寝室包含寝室文化的内容,是把文明和寝室两个概念结合起来。文明寝室的内涵基本表述为寝室成员所创造的财富总和,特指精神财富,表现为成员间的关系、成员与社会的关系、成员与自然的关系,共同追求个人道德完善、维护公共利益和公共秩序。文明寝室建设,是促进学生健康成长、提高办学水平和维护校园和谐稳定的重要措施,是深化学生工作体系改革,着力提高工作针对性与有效性的创新举措,是当前学生中心工作之一。因此,文明寝室建设的本质是营造积极向上、和谐温馨的育人环境,着力开展有利于学生成长成才的各类实践。

(二)创建文明寝室的标准

高校文明寝室建设应该以理想信念教育为核心,以培养学生文明生活意识和自立精神为重点,以创建安全、文明、和谐、整洁的寝室文化氛围为目标,充分发挥寝室文化的育人功能,努力营造健康文明的育人环境。通过树立“安全文明寝室”先进典型,举行各种寝室评比竞赛,建立完善的评价体系,以各种教育形式对“脏、乱、差”寝室进行指导及整改,实现发奋学习、安全文明、和谐友好、卫生整洁的目标。在推进安全文明寝室建设过程中,注重思想政治教育进寝室,党团建设进寝室,努力将学生寝室建设成为融“思想教育、生活服务、行为指导、文化熏陶”于一体的“第二课堂”。

以加强高校学生寝室卫生管理为抓手,积极营造健康、和谐、整洁的寝室环境。以提升学生“自我管理、自我服务、自我教育”能力为重点,完善寝室管理服务体系,努力建设寝室卫生环境整洁、寝室文化氛围浓郁、寝室服务体系健全、寝室管理职责明晰的创新型学生寝室。以文明寝室为平台，培养大学生良好的品格、操守、信仰，从而促使大学生全面提高思想道德素质。

（三）创建文明寝室的重要意义

习近平总书记指出，把思想政治工作贯穿教育教学全过程，实现全程育人、全方位育人，努力开创我国高等教育事业发展新局面。党建工作是思想政治工作的重要组成部分。大学生的主要活动场所是寝室、教室、食堂、运动场馆，而寝室是学生所处时间最长的地方。随着互联网技术的快速发展和广泛应用，学生思想政治工作重心势必要和学生工作一起从课堂扩大到寝室。

寝室是大学生除了教学场所以外的主要生活场所，也是大家互相沟通交流、增进了解、提升自身综合素质的重要阵地。当代大学生至少三分之二的大学时间是在寝室里度过的，寝室是培育学生的重要的“第二课堂”，也是第一课堂重要的延伸阵地。温馨和谐、积极向上的寝室环境会对大学生产生润物细无声的影响，如同春风化雨般浸润到每个学生每一天的学习和生活当中，帮助大学生养成良好的习惯，培养优秀的道德品格。良好的寝室环境对大学生的情绪起到稳定作用，对大学生学习社会知识有一定的促进作用，对大学生的专业知识学习起到推动作用，对培养大学生高尚的道德品质和提高大学生的道德境界具有砥砺作用，对大学生的成长起到导向作用。因此，以自主活动为主要特征、以寝室为主要活动场所的寝室生活，是学生学习生涯的重要组成部分，对其世界观、人生观、价值观的形成和个性心理品质的发展、素质素养的提升都有重要影响。寝室环境状况直接体现着学生的精神面貌和个人素质，直接关系到学生的身心健康，直接反映了学校人才培养和校园管理水平，直接影响着学校改革发展稳定的大局。

创建文明寝室有助于营造良好的学习氛围。“古之欲明明德于天下者，先治其国；欲治其国者，先齐其家；欲齐其家者，先修其身。”高校对学生寝室进行规范，并要求学生坚持执行的目的是要让学生养成好的生活习惯，提高自身修养，改善学生的精神状态，增强学生的进取精神，促进学生的学习积极性和主动性的提高。寝室是学生大学生活的“第二教室”。如今，高校教室已不能满足一室一班的教学需求，“走班制”成为大学学习方式的一种新常态。现在学生在寝室随时可以通过电脑或者智能手机终端访问感兴趣的网络资源，这有助于在大学生寝室内营造积极向上的学习氛围，引导学生做好学习规划，学会自主学习。

创建文明寝室有助于提高大学生的思想政治素质。大学生开展思想政治教育的主要途径是通过各种形式的教育活动，培养其集体主义精神、爱国主义情怀以及民族主义精神等。文明寝室的创建为大学生思想政治教育提供了主阵地。高校依托创建文明寝室培养大学生集体主义精神，依托寝室这一自由温馨的平台，激发学生在自由发表自己思想见解的同时，碰撞出思维的火花，从而启迪学生创新思维，提升他们区分真伪、辨明真伪、认识真理的能力。

创建文明寝室有助于大学生养成良好的文明素养。大学生文明素养的养成是高校教育改革永恒的主题，也是提高人才培养质量和衡量高校办学成果的重要指标。在大学校园里，部分大学生社会责任感缺失，不文明上网、破坏公物等不文明现象依然存在，这说明大学生对自身要求不够严格，文明修养有待提升，大学生的文明修养教育有待完善。美国心理学家詹姆士说过：播下一个行动，收获一种习惯；播下一种习惯，收获一种性格；播下一种性格，收获一种命运。寝室是大学生在校生活期间的主要场所，据相关部门统计，高校学生平均每天在寝室时间为 10 到 16 小时。因此，寝室的生活环境直接影响大学生文明素养的形成。高校文明寝室建设，可以促进大学生树立正确的世界观、人生观和价值观，帮助大学生增强凝聚力、约束力和自我管理能力，进而做好自己的人生规划。

创建文明寝室有助于大学生形成良好的沟通能力。寝室是大学生的“第一社会”。寝室成员来自全国各地，由于学生生活、成长的环境存在差异，导致大学生的人生观、价值观各不相同，若寝室人际关系处理不好，则会出现一些矛盾纠纷。高校文明寝室建设工作的深入开展能够促进寝室成员之间和睦相处、互帮互助，大家为一个共同的目标而努力，也有助于打造温馨和谐的寝室人际关系，增加彼此之间的了解，缩短心理距离，提高学生的社会交往能力。

创建文明寝室有益于大学生的心理健康。现代心理学研究表明，客观环境与主观认识相互发生作用，将影响人的情感、工作和学习效率。为此，文明寝室的创建将成为大学生心理健康发展的重要物质载体。寝室环境的美观、成员之间的交往互动、互动行为关系在很大程度上将影响成员的心理发展状况。积极向上的文明寝室创建活动，不仅可以激发成员的生命活力，而且有利于寝室成员心理的成熟发展，为加强大学生心理健康教育起到积极的推动作用。

二、集体奋进好帮手

寝室是学生在校生活、学习及休息的重要场所，建设文明寝室的意义不仅在于保持良好的个人环境，也在于保持良好的共同环境。

（一）加强文明寝室建设

培育责任担当，确立干净目标。“干净”，就是要从大学生文明习惯养成着手，实现大学生卫生习惯从“他律”回归“自律”，寝室卫生建设从“组织需要”回归“个人自觉”，让寝室内外干干净净成为文明校园的常态。客观实践中的阶段性的寝室卫生运动战，只能带来学生突发性的“洁癖”，运动过后，寝室依旧脏乱。大学生寝室难以维持干净，大学生难在生活习惯上作出改变。所以当代大学生要养成良好的卫生习惯，在主观上重视良好习惯的培养。习惯能够摧毁一个人，也能够成就一个人，物质的享受容易使人堕落，精神的陶冶才会使人升华。学生应该多参加以培养卫生习惯为主题的教育活动，从观念上改变对寝室卫生的认知，认真思考生活与人生，崇尚物质简朴、精神丰盈的“简单生活”。要改变以往寝室卫生建设运动式的“吹吹风、挠挠痒”，让每一个学生都养成良好的卫生习惯。

倡导“比学赶超”，明确竞争目标。“竞争”，就是要重视组织育人的价值，发挥团队的力量，鼓励寝室与寝室之间、班级与班级之间开展“比学赶超”，努力营造在寝室中竞争的学习氛围。大学生寝室中少有团队“竞争”的存在，这是因为大学生难以将自我价值的实现与团队的目标相统一。倡导价值理性,明确进步目标。大学要进步,人才要进步,"进步"就是要牢记社会主义大学的使命与担当,为党和国家培养合格的建设者和接班人。

大学生应该把个人的担当、理想的实现融入团队的竞争中去。当个人对集体有希望,并且由衷地希望团队能够蒸蒸日上时,这样的情感会成为一种热情,感染到身边的每一个人。"千帆竞渡,百舸争流",可以通过开展星级寝室大比拼、文明寝室大评选、最佳设计寝室评比、学霸寝室大比拼和最佳进步寝室评比等竞争性活动,开展寝室文化建设。将"幸福都是奋斗出来的"思想,深深根植于当代大学生的心中,不要被"丧文化""佛系文化"影响,激发"比学赶超"热情。

培育理性平和,树立安静目标。"安静",就是要在寝室环境卫生干净的基础上,培育学生理性平和的性格特质,让寝室内人与人彼此信任、人与环境和谐共处,营造大学生寝室内安安静静的成长氛围。大学生要学会处理寝室习性差异与集体生活之间的矛盾,每一个寝室成员都要加强自我教育、自我管理、自我服务,可以成立以学生党员为骨干的寝室文化建设工作小组,创建"社会主义核心价值观""优秀中华传统文化""干净、安静"等文化长廊,争做"文明示范寝室",定期排查寝室安全隐患,自觉遵守文明寝室承诺,确保学生寝室"安安静静"。

充分发挥学生党团员的主体作用,培育示范寝室。大学生是文明寝室建设的主体,通过参与寝室的管理,能够增强学生主人翁意识,培养学生自我管理和参与管理的能力,有利于学生养成良好的道德认知和行为习惯。另外,每个寝室都可以安排一个学生党员或班干部任寝室长,每层楼有一个层长,每幢寝室楼有一个楼长负责管理寝室事务,增加楼长在学生中的影响力和号召力。成立学生权益委员会,满足学生合理诉求。学生权益委员会成员由学生选举产生,在学生中具有代表性和一定的群众基础。根据实际情况制定《学生寝室权益委员会章程》,加强学生寝室权益委员会的建设。此外,以寝室为单位主动申请"文明示范寝室"荣誉牌,承诺保持寝室干净、整洁,随时接受检查。

开展文明寝室促建活动。为了养成良好的卫生习惯,可以定期开展以创建文明寝室为主题的文化活动,如演讲比赛、辩论赛、文明寝室展示大赛、生活艺术展,在活动中深刻理解社会主义核心价值观的内涵。例如,组织生活艺术展,将作品划分为爱国、敬业、诚信、友善四个主题,深刻展示每个主题的意义。由学生个人或群体创作作品,内容要来自生活,也要具有艺术气息,作品形式可以是风景照、艺术照、生活照、绘画、歌唱、舞蹈、演奏、手工、行为艺术等等。

加强寝室文化建设。寝室文化是以学生为主体,以寝室为主要活动空间,以课余活动为主要内容,以校园精神为主要特征的一种群体文化。这种文化可以营造出具有时代气息的生活,使寝室成为学生美化生活、优化环境、培养独立人格、保持健康身心的成长与成才摇篮。积极健康的寝室文化对学生成长成才有着举足轻重的作用,伴随着同学之间思想、性格、追求的不断碰撞交流,寝室区和寝室区之间以及寝室与寝室之间会形成各具特色的文化氛围。寝室文化具有相融、和谐的特点。寝室文化主要有学习型、信息型、娱乐型、艺术型、驿站型。寝室文化的建设包括两方面。一是该寝室内的成员通过自身努力,共同建设好所在寝室的寝室文化。为了寝室的群体能融洽、和谐,各个成员必须调整自己的某些习惯、行为和个性,以便遵守整个寝室的共同规范,避免与集体发生冲突、造成不协调的气氛。二是外部力量(主要指学校)的促进作用和对学生寝室的管理。对有利于学生身心愉快发展且寝室成员自制能力强的寝室,应加以表彰,并推广经验;对不利于学生成长的寝室,应严格加强管理,促使其形成良好的文化氛围。

创出寝室特色。积极开展特色寝室创建工作。寝室成员在某些方面存在共同的特长和兴趣爱好,经过寝室全体成员的共同努力和寝室导师的具体指导,这些寝室成员共同的兴趣和特长可以得到进一步提炼和深化,形成鲜明的特色。适时推出一批学习型、文明型、服务型、文艺型、环保型、节约型、考研型、运动型等有特色的寝室,在每学年开始时进行统一的申报,学年末统一进行特色寝室展示和考核,考核通过则给予正式挂牌和奖励。寝室小家可以通过创建特色寝室来提升寝室的凝聚力和向心力。

(二)寝室清洁与美化

建设文明寝室可以进一步优化育人环境,加强学生的行为规范教育,培养学生良好的生活习惯,增强宿舍的集体观念,促使学生学会生活、健康成长。文明寝室的建设要求主要表现在以下 5 个方面。

(1)内务。床上被褥叠放整齐、床下鞋子摆放整齐、桌椅摆放整齐、毛巾挂放整齐、书籍摆放整齐,其他用具置放整齐。

(2)卫生。地面干净、墙面干净、门窗干净、桌椅干净、衣柜干净,其他物品整洁干净。

(3)安全。不使用违规电器,不存放危险物品,不留宿外来人员,不进出异性宿舍,不跳窗越墙。

(4)纪律。服从宿管员的管理;杜绝不文明行为,不养宠物,不在寝室抽烟、打牌、喝酒;未经允许,不得夜不归宿;按时值日,打扫寝室卫生。

(5)爱护公物。不损坏公共设施,寝室内的设施、公物要由专人负责管理;不乱扔垃圾,不往洗漱池内乱扔残羹及杂物,以免发生堵塞。

特色寝室宣扬的是一种文化,是一种相互影响、彼此照应、和谐共进的良好氛围,对大学生的文化修养、综合素质等各方面的提高有着很大的促进作用。建设特色寝室,首先要考虑寝室大部分人的个性、喜好、价值观等,再以此为基础营造出别具一格的特色文化。如果寝室大多数人喜欢学习,就可以考虑建设学习型寝室;如果寝室大多数人喜欢运动,就可以考虑建设运动型寝室;如果寝室大多数人对环保感兴趣,就可以考虑建设环保型寝室。以此类推,还可以建设书香型寝室、动漫型寝室、音乐型寝室、友爱型寝室等。我们在建设特色寝室时,可参考以下标准和原则。

(1)全体寝室成员共同参与特色寝室建设,共同商议并确定特色寝室建设方向。

(2)按照主题特色布置寝室,呈现出的效果要符合指定特色,传递寝室文化,简洁、大方、美观且别具匠心、新颖独特,让人眼前一亮。

(3)制订与寝室文化相对应的“行为习惯养成计划”和“寝室团建活动安排”等。

(4)寝室通常面积不大,没有必要摆放过多装饰品,否则会显得杂乱,简单、舒适即可。

（5）美化寝室时，要考虑烘托一种温馨、舒适的氛围，让寝室充满家的温暖气息，让寝室温馨、舒适。

（6）营造良好的学习氛围。寝室除了是放松休憩的地方，还是学习的场所，在美化时，要从色彩、风格上考虑这个因素，营造一个安静、适宜学习的空间。

善于创建寝室特色。特色寝室的创建，可以集中展现思想政治工作进寝室的工作成果。所以，学生党员要带动普通同学参加特色寝室创建活动，构建党员模范寝室、学习标兵寝室、创新标兵寝室、创业标兵寝室、社会实践标兵寝室、志愿服务标兵寝室等，通过特色寝室创建活动，让普通同学有追求、有理想、有信仰，能够把更多的注意力集中到自身的成长上，围绕目标更加笃定前行。特色寝室创意要点如下。

（1）彰显寝室文化。每个寝室都有不同的文化，在美化时要充分考虑寝室文化，作出别出心裁的美化设计。

（2）用材节约，变废为宝。低碳、绿色环保不仅是当下流行的概念，更应是大学生践行的生活方式。在美化寝室时充分利用易拉罐、雪糕棍、牛奶盒、饮料瓶、废纸箱等被忽略的生活垃圾和旧物，做成各种实用的生活用品，不仅创意十足，而且能向周围的人传达一种绿色的生活态度。

（3）彰显个性。寝室由多个小空间组成，每个小空间都是使用者的“家”。在美化时，每个人应在兼顾整体风格统一的基础上，充分考虑自己的使用需求和审美偏好，打造属于个人的“私密空间”，彰显个性。

第四节　做公共环境的维护者

一、呵护校园之家

学校处处是教育，学校处处有教育，校园环境具有非常重要的育人功能。学校教育总是在一定的环境内进行的，可分为自然环境与社会环境。校园内的花草树木、空气、光线、色彩、校舍建筑、场地设备、室内布置等可称作自然环境，其实也是“人工”的自然环境；校园内的政治、道德、文化和人际关系可视为社会环境。自然环境也可以理解为物质环境，社会环境也可以理解为精神环境。校园由物质环境和精神环境构成，不仅为我们提供了舒适的学习环境，还是校园文化的重要表现形式，需要大家合力维护。

校园物质环境主要是指经过人们组织、改造而形成的校容、校貌和校园学习环境，具体包括校容、校貌、自然物、建筑物及各种设施等。保持校园物质环境的干净、整洁，不仅能为全校师生营造一个舒适的工作、学习环境，还有利于学生形成良好的卫生习惯。校园精神环境是校园的灵魂，是学校师生认同的价值观和个性的反映，具体体现在师生的精神面貌、校风、学风、校园精神、学校形象等方面。积极参与校园精神环境建设有助于改善校园学习风气，并形成一种积极向上的精神文化，影响身处其中的每个人。

（一）维护校园环境的意义

马克思曾经说过："人创造环境，同时环境也创造人。"令人赏心悦目的校园物质文化景观，营造出一种美的氛围，会产生出如磁场般美的吸引力，形成审美力。这是物质形态的校园文化产生的隐性教育力，其教育魅力于无形中统摄着学生的灵魂，熏陶和感染着学生，深刻地影响着学生的思想品德、行为方式与生活方式。因此，一所好的大学，应深入挖掘校园建筑的文化内涵，营造出一种凸显人文精神的校园物质环境，从而提高大学生的人文道德素养，拓宽大学生的视野，培养出有道德、有修养的高素质人才。苏霍姆林斯基说过："对周围世界的美感能陶冶学生的情操，使他们变得高尚文雅。"确实如此，优秀学校的教育作用不是通过词语、说教来体现的，而是通过立体的、多彩的、无声的环境来时时处处、无时不在地熏陶、渗透和影响师生的思想、情操、行为、习惯。

校园环境的熏陶对学生个性发展具有重要作用：一方面能促进学生感性的自我发展；另一方面能促进个性生存与发展的协调平衡，促进创造性的发展。校园环境不仅是一种人工的自然环境，更是一种人为的精神环境。校园环境美的意义不只停留在学校成员从环境这面"镜子"中看到了自己的"本质力量"，还在于其强大的美的熏陶和同化力。它就像"润物细无声"的春雨，潜移默化地滋润着人们的心灵，丰富着学生的审美能力和情趣，使学生的个性得到不断完善和丰富。在学校的教育活动过程中，校园环境对学生心灵的陶冶、情趣的激发、和谐人际关系的营造、精神境界的提高以及校园气氛的活跃等都发挥着独特的功能与作用。

校园自然环境是校园的物质环境，包括校园的布局、绿化、建筑物、教室、宿舍、图书馆、运动场等。校园自然环境整洁、美丽、优雅、宽敞，能使人感受到舒适、轻松、愉快，给人舒畅感、美感、安全感，让人充满生机和活力，提高大脑激活水平并可以减轻直到消除疲劳。但如果校园自然环境不整洁、肮脏、狭窄，则会使人感到压抑、烦躁、沉闷、不愉快，既影响学生学习活动的兴趣、效率，也影响学生的身心健康。学校创设良好的自然环境就是为大学生创设良好的学习生活环境。

教室是学生学习的主要场所。教室的采光、通风、温度等直接影响学生的学习效率。教室的照明应光线充足、均匀以减少学生的疲劳感提高学生的注意力，缓解学生的紧张、焦虑等情绪。室内的温度湿度要适中，如果温度过高或过低，湿度过大或过小，就会让人产生不适感，严重者会导致情绪不稳定，或烦躁不安，或情绪低落。教室的色彩适中可以创造恰当的气氛，调节情绪。如墙壁以浅蓝色、浅绿色、米黄色等颜色巧妙的搭配，创设舒适、宜人的色觉环境有利于身心健康。宿舍是学生在学校的家，一个清洁、明亮、卫生、整洁的宿舍环境，既使人心情舒畅、轻松愉快，也使宿舍成员有较强的向心力，能够增加生活的乐趣和提高学习的效率，有利于身心健康。如果宿舍环境恶劣，如通风不畅、生活用品杂乱、阴暗、潮湿、拥挤，会让人感到恶心、疲劳、烦躁、压抑，易诱发学生出现异常的心理、行为。目前，高校增强了办学的自主权，每年不断增加招生人数。随着学校办学规模的扩大，学校应进一步加强学校的自然环境的建设，为大学生的学习、生活创造良好的环境。盲目地扩大生源、物质环境建设不完善，会造成校园、教室、宿舍、图书馆的拥挤，实验室、计算机机房的超负荷运转。

如果教学设施、生活条件不能满足大学生的学习、生活需要，就会给一些大学生带来学习、生活的烦恼，使他们产生焦虑、不安的情绪，难以适应环境而失去平衡，不利于学生的成长、成才。

高校自身的优越条件能为学生提供良好的文化环境。高校是科学文化知识的传播源，是科学技术的辐射源，是人才培养和社会主义精神文明建设的基地，为育人提供了良好的文化环境。高校人才聚集，雄厚的科研条件、严谨的教学环节、丰富多彩的文体活动、多样的社会实践，营造了良好的文化环境。校园文化给予学生艺术的熏陶，人文精神的塑造，对加速大学生的社会化、人生观和价值观的完善以及发挥大学生积极性、创造性起着激活的作用。

校园文化环境主要包括心理文化环境和活动文化环境。心理文化环境集中体现于校风，是学校成员共同具有的、富有特色的、相对稳定的行为倾向，是一种群体心理现象，是精神风貌的集中表现。校风包括教风、学风、领导作风，这三个方面相互制约、相互影响。活动文化环境表现为教学活动、科研活动、管理活动、服务活动、实践活动、丰富多彩的课外活动、社团活动，如读书报告会、学术报告会、辩论会、艺术节、科普节、书画展等。良好的校风对大学生起到潜移默化的影响，使大学生形成一种凝聚力、约束力，产生归属感、认同感、荣誉感、自豪感，树立正确的目标、远大的理想，培养积极的态度和构建和谐的人际关系，为学生健康人格的发展起到推动作用和提供最佳条件。一所学校的校风如何，直接影响到人才培养质量。国内外一些著名的大学在长期的办学过程中，都形成了各具特色的优良校风，培养了大批高质量的人才。形式丰富多彩、内容新颖活泼的文化活动可以满足大学生的求知欲望和完善知识结构。培养学生综合能力，如表达能力、协作能力、交往能力、操作能力，增进友谊和交往，加强沟通，调节精神生活，有助于学生良好个性品质的形成。如果没有严谨的教风、勤奋的学风、民主科学的管理作风、和谐的人际关系等，学生之间难以形成较强的凝聚力，学生易缺乏安全感、归属感、自信感、成功感。特别是在以班级为单位的小环境中，如果学生之间消极不振、猜疑戒备、互不配合，有的学生就会感到孤独无助、紧张压抑、烦躁不安，从而影响学习生活，阻碍个体的发展，甚至产生心理障碍。高等院校具有良好的教学秩序，团结、紧张、严肃、活泼的工作和生活作风，优美整洁的校园环境，严谨刻苦的学习风气，丰富多彩的文化生活和社会实践，有助于学生的身心和谐发展。

因此，大学校园环境既是实现教育目标的物质载体，也是大学精神的载体。一个良好的校园环境有利于学生的学习和发展，有利于学生素质的培养和提高。从感知的角度讲，其教育意义更深刻持久。创建一种良好的校园文化氛围，能使学生在有限的空间中尽享美的熏陶，有利于培养学生的创新精神和实践能力，促进学生全面发展。

（二）校园文明行为规范

为了优化育人环境，加强高等学校校园管理，维护教学、科研、生活秩序和安定团结的局面，建立有利于培养社会主义现代化建设专门人才的校园秩序，国家教育委员会特制定了《高等学校校园秩序管理若干规定》。为维护校园环境，学生应当遵守以下校园文明行为规范。

（1）讲究卫生。自觉打扫教室及包干区公共卫生；不随地吐痰，不乱扔废弃物，不乱倒污水，不在教学区饮食；适时理发、经常梳洗、勤剪指甲、勤换衣物，搞好个人卫生。

（2）语言文明。讲普通话，使用礼貌用语，不说脏话、粗话，不侮辱他人；和同学、老师交往时应使用“校园十大文明用语”尊敬师长、尊重他人，不给老师和同学起绰号；说话和气，待人有礼。

（3）仪表端庄。服饰整洁，衣着得体，严禁穿背心、短裤、拖鞋进入教学楼、图书馆、食堂等公共场所。

（4）举止得体。男女同学之间交往，举止要文明，不得做出有碍观瞻的行为；举止端庄大方，时刻注意走姿、站姿、坐姿，保持良好的个人形象；遇到教职工要主动点头问候或鞠躬。

（5）爱护公物。不破坏公用设施，不践踏草坪，不攀折花木；不在桌椅、墙壁、黑板等公物上乱写、乱画、乱刻；借用公物或他人物品要及时归还，损坏东西要赔偿。

（6）勤俭节约。生活节俭，不互相攀比，不乱花钱；注意饮食卫生，爱惜粮食，不乱倒饭菜；随手关灯、关水，杜绝长明灯、长流水现象。

（7）诚实守信。不说谎，不骗人，不传播虚假信息；不做违反道德、纪律或法律的事，和同学交往要团结互助。

（8）遵规守纪。遵守作息制度，在教学楼、图书馆、食堂、学生宿舍等公共场所，不打闹、不喧哗、不起哄，不影响他人学习和休息；就餐时要尊重炊管人员，遵守食堂秩序，依次排队购买饭菜；参加集会要排队进场，退场要服从指挥，做到有序不拥挤；文明上网，不沉迷于网络游戏；培养健康的审美情趣，严禁传播、复制、观看、购买反动、淫秽书刊和音像制品。

二、共建环保校园

勤俭节约，是中华民族的传统美德，是五千年文明古国的优良传统。建设节约型社会，是现实的要求，时代的呼唤。节约型社会呼唤节约型校园。建设节约型校园，是落实科学发展观、建设和谐校园的客观要求，是关系到学校当前和今后长远发展的一项十分重要的工作。建设节约型校园，不仅是学校自身发展的需要，也是高校应尽的社会责任，还是每一名师生的责任和义务。

（一）节约用电

高校学生应从自身做起，增强自己的节电意识，培养自己的良好习惯，同时努力营造集体节约用电的氛围。杜绝教室、寝室的长明灯现象。我们可以算一笔账，以每根灯管功率30瓦，每天照明8小时计算，一间教室10根灯管就要耗电2.4千瓦时，一年下来就是876千瓦时。若以寝室计算，每天6：00至23：00供电17小时，一年下来耗电上万千瓦时。这种用电方式容易产生浪费，大有节约潜力可挖。图书馆、教室等装有空调的地方，不宜将中央空调的温度调得太低，应保持适度，既节约用电也避免了得“空调病”。小家电节约用电也不容忽视。大学宿舍里电脑、手机、电视机、影碟机、音响、电扇、电熨斗、电吹风、微波炉等电器多得令人咋舌，甚至有的同学还带来了冰箱，安装了空调。在约10平方米的寝室里，电源接线像蜘蛛网一般纵横交错。虽然同学们可以享受到这类电器带来的方便，但是有些电器是很费电的，而且在寝室里使用，存在安全隐患。大学生不但自己要做节约用电模范，还应该肩负起社会责任，把所学的知识和节约用电的道理、方法向身边的人、向广大市民做宣传，倡导“节约用电，从我做起”。大学生可以在校园内开展多样宣传活动，如制作DV（数字视频）、展板、横幅等。

（二）节约用水

加强教学、科研、生活日常用水设施的日常检查和维护管理。公共卫生间、学生宿舍盥洗室、实验室等用水设备较集中的地方，要安排专人检查和维护，及时处理跑、冒、滴、漏水，杜绝长流水现象。自觉养成节约用水、随手关闭水龙头的习惯。洗漱、洗涤衣物尽可能少用水，用容器盛水刷洗拖把等尽量避免用水龙头直接冲洗。提高和增强学生的节约创新能力和意识。对于节水的能力和意识的培养，可以组织学生参观节水节能成果展览或到节水节能先进单位实地参观，开展节水节能学习交流活动。对有对外派遣学生开展交流学习任务的高校，也可对其所选派的学生提出附带的学习要求，了解所到国家或地区的节水节能情况，学习它们的先进技术和管理经验，增强节约创新能力。

校园绿化和景观环境用水尽量采用喷灌、滴灌、微灌等节水方式。积极采用节能型供水系统和用水设备，加快对全校地下水主管网的老化管道进行更新改造，安装和更换节水型水龙头和洁具。开展雨水收集与污水深度处理与回用示范工程的试验研究，尽快建设再生水回用系统和雨水收集系统。校园内部绿化和景观用水尽量采用再生水，逐步减少自来水的使用。浇洒道路、冲厕尽量采用中水。对节水工作成绩突出的单位和个人给予奖励，对违反节水规定、浪费水的行为，视情节轻重给予通报批评，并予以处罚。

（三）节约粮食

习近平总书记一直高度重视粮食安全，提倡厉行节约、反对浪费。他指出，餐饮浪费现象，触目惊心、令人痛心！要在全社会提倡节俭，防止奢靡之风，远离铺张浪费的陋习。目前国内的部分学校还存在食物浪费的现象和学生节俭意识缺乏的情况，值得我们高度重视。增强节约粮食的意识，从“光盘行动”开始。学生要做节约粮食的实践者、宣传者和捍卫者。高校可通过学生向家人、亲戚、朋友宣传节约粮食、反对浪费的重要性。因为学生的背后联系的是千家万户，学生作为每个家庭的一分子，可以带动家庭中的每一个成员。学生在学校里通过“光盘行动”，养成节约粮食的良好习惯，回到家后，也要大力宣传和提倡“光盘行动”。

“锄禾日当午，汗滴禾下土，谁知盘中餐，粒粒皆辛苦。”我们吃的、用的都是劳动人民用劳动辛勤创造出来的，我们要珍惜粮食，不要随便糟蹋粮食。当代大学生要发扬勤俭节约、互帮互助的优良传统，养成爱惜粮食的习惯，杜绝浪费。古人云：“俭，德之先也；奢，恶之大也。”我们要发扬节约粮食的优秀传统，因为这既是践行环保理念，也是一种美德。

（四）节约和合理利用资源

禁用或少用一次性餐具。减少一次性杯子和塑料袋的使用。拒绝一次性餐盒，提倡学生就餐自带餐具，或在食堂就餐。一次性饭盒、筷子、塑料袋等不仅浪费资源，又污染环境，我们完全可以拒绝使用，提倡使用可循环使用的餐具、环保购物袋。防止资源被浪费，也避免白色污染，为可持续发展创造良好环境。节约文具用品，尽量不用或少用一次性笔芯，提倡使用钢笔。少用中性笔,使用后的中性笔芯应尽量回收。教材、教辅提倡重复利用,鼓励二手使用教材。充分利用校内资源回收利用系统和交易平台。通过网上交易、图书馆回收、学生社团回收、个人交易等方式,提高教材和教辅的利用率,节约和合理利用资源。

(五)校园劳动实践保洁的内容及要求

劳动实践一般首先在校园内进行。大学生应该了解室内保洁的工作内容以及保洁质量标准,了解休闲空间保洁的工作内容以及保洁质量标准,了解人行路、机动车道保洁的工作内容以及保洁质量标准,了解广场、台阶、水沟等保洁的工作内容以及保洁质量标准,了解公共卫生间保洁的工作内容以及保洁质量标准,了解绿化地、生态林保洁的工作内容以及保洁质量标准。

高校校园室内空间一般指教室、实训实验室、办公室、会议室、接待室、资料室、档案室、图书馆、机房、仓库等。保洁内容主要有天花板、墙面、黑板、门窗、玻璃、桌椅、柜子、讲台、地面。室内保洁工作流程:进入室内,先查看是否有异常现象、有无损坏的物品,如果发现异常,应先向有关部门报告后再进行保洁作业;除尘要按照先里后外、先上后下、先窗后门、先桌面后地面的顺序,先清扫天花板、墙角上的蜘蛛网和灰尘,接着擦窗户以及门上的灰尘,实验器材等设备挪动后要原位摆好;从门口开始,由左至右或由右至左,依次擦拭室内桌椅、柜子、讲台和墙壁等。抹布应拧干,擦拭每一件物品都应按由高到低、先里后外的顺序进行。擦墙壁时,重点擦拭门窗、窗台等。操作时,首先将湿润干净的涂水毛头装在伸缩杆顶部,沿顶部平行湿润玻璃,其次以垂直上落法湿润其他部分的玻璃,再次用干净的抹布擦干净窗框及窗台,最后用干燥无毛的棉布擦干净玻璃四周和中间的水珠。大幅墙面、天花板等要定期清洁;讲台、桌面、实验台上的主要用品,如粉笔盒、粉笔擦、实验器具等擦净后,按照原位摆放整齐;清倒室内的纸篓、垃圾桶;收集垃圾并更换垃圾袋。清洁结束后,保洁人员退至门口,环视室内,确认清扫质量,然后关窗、关电、锁门。保洁质量标准包括室内整体干净无灰尘、桌椅设备摆放整齐、桌面无乱涂乱画痕迹、地面没有污迹和垃圾、墙面无张贴张挂乱象、窗户明亮空气更清新。

室内学习休闲的空间一般有室内敞开式休息间、走廊过道、楼梯平台、报告厅、礼堂、门厅等。保洁内容主要有天花板、墙面、窗户、玻璃、桌椅、柜子、墙面、地面、门面等。休闲空间保洁工作流程:进入各种休闲空间后,先查看是否有异常现象、有无已损坏的物品,如发现异常,应先向有关部门报告后再进行保洁作业;用扫把对地面进行清洁,扫去烟头、纸屑、灰尘等;从门口开始,由左至右或由右至左,依次擦拭室内桌椅、柜子、讲台和墙壁等。抹布应拧干,擦拭每一件物品都应按由高到低,先里后外的顺序进行。擦墙壁时,重点擦拭门窗、窗台等。大幅墙面、天花板等要定期清洁,如可每周清理一次;桌椅、柜子等抹净后,按照原位摆放整齐;收集垃圾并更换垃圾袋;用拖把清洁地面,按照先里后外,先边角、桌下,后地面的顺序进行推尘作业。清洁结束后把桌椅、柜子等设备恢复原位摆好。保洁质量标准包括地面干净无污迹、墙面干净无灰尘、桌椅干净摆放整齐、门窗干净很明亮。

人行路指校内道路两侧的人行路和供师生上下课、上下班和休闲行走的小路。校园道路指可提供各类机动车辆和行人行驶、行走的道路。人行路和校园道路保洁的内容:清扫各种垃圾、树叶，清捡树枝和废弃物，清捡路沿石缝杂草，清除人行道边上绿化带的树叶、杂草，清扫人行道和道路上的灰尘等。人行路保洁工作流程：根据劳动课安排，分组、分路段、分区域；明确清扫范围，合理安排清理树叶等垃圾任务；每天分时段收集沿路垃圾，做到定时清扫、及时堆放、及时运送，不慢收、漏收；保洁人员对校园道路进行全面清扫，要做到“六不三净”，即不花扫、漏扫，不见积水（无法排除的积水除外），不见树叶、纸屑烟头，不漏收，不乱倒垃圾，不随便焚烧垃圾，路面净、路尾干净、人行道净；进行路面清扫保洁时，应将收集的垃圾及时送往中转站，严禁将垃圾随便乱倒，严禁焚烧垃圾；校园路面清扫保洁要做到晴天与雨天一个样，主干道与人行道一个样，检查与不检查一个样；严禁串岗、脱岗、坐岗；等等。保洁质量标准包括道路平整干净无垃圾、道路无枯叶枝和物品、道路灯杆干净无张贴、绿化绿地平整无缺、校园整体漂亮人人夸。

校园露天广场、停车场、台阶和房屋周边的水沟的保洁内容：清扫各类垃圾、树叶，清除各种杂草、树枝，清扫或者清洗灰尘，清理明水沟内各种垃圾和杂草。保洁工作流程：对广场、停车场、台阶和楼房周边的水沟进行检查，先用扫把或垃圾夹清理表面上的垃圾、树枝、树叶等；对广场、台阶周边的杂草进行清除；用小扫把对广场、停车场、台阶地面进行清理灰尘处理；清理垃圾，将垃圾运送到垃圾中转站；不得把垃圾和树叶倒在道路两边的绿化带内，更不能就地焚烧。保洁质量标准包括广场地面干净、无灰尘、无垃圾、无枯叶残枝，运动场内桌椅摆放整齐，桌椅面干净、无垃圾，广场内无堆放物品、无张贴张挂。

公共卫生间保洁内容有天花板、墙面、隔墙面、窗户、门面、镜面、蹲位、地面、拖把池、洗手盆（台）等。保洁工作流程：用长柄扫把清扫天花板、墙面、墙角等的蜘蛛网和灰尘；用湿抹布清洁玻璃、镜面和墙面上的污迹；蹲便池、小便池清理，先用夹子夹出大、小便器里的纸屑等杂物，然后冲水，倒入洁厕剂，浸泡一会儿，洗完面盆后再用便池刷刷洗；蹲便池、小便池内四周表面及外部表面均要清洗，检查冲水是否正常，是否存在堵塞现象；用清洁剂和百洁布擦洗洗手盆；从左到右抹干净台面，用不掉毛的毛巾从上到下擦拭干净镜子；水龙头也要清洗干净，保持光亮；收集垃圾并更换垃圾袋。需要注意的是，每周擦拭墙面、天花板、排气扇、卫生间门及门框 3 次以上，清洁较脏的地面时要使用清洁剂。保洁质量标准包括天花板面无蛛网、墙壁墙角无灰尘、镜面玻璃干净明亮、地面台面无水迹、厕所内外无臭味。

在校内科学合理地规划一些绿化地、生态林和绿篱带是建设美丽校园不可缺少的项目，更是建设生态学校、保护校园环境的重要一环。保洁维护的主要内容：清捡绿化地和绿篱内的各种垃圾，清捡各种树枝和废弃物，清拔绿化地和绿篱带内杂草，清捡生态树上的干枯树枝并进行修剪，科学艺术地整修绿篱带和花草苗木等。保洁工作流程：用耙子把生态林、绿化地、绿篱带地面上的树叶、树枝耙成一堆；用夹子把绿化地、绿篱带里的塑料袋、快餐盒、烟头等夹走；用大竹扫把对生态林、绿化地、绿篱带地面进行清扫，并把它们送到垃圾中转站，不得随意乱倒或焚烧；安排人员进行文明督察，对乱丢垃圾等具有不文明行为的师生进行劝阻。保洁标准包括：绿化带和生态林内应保持干净、整齐，无各种垃圾、无枯叶残枝；绿化带干净，无垃圾；无各种废弃物堆放堆积。

知识链接1:寝室使用哪些电器会有危险?

1. 电热器类

电热毯、电熨斗、电热水壶等,一般具有功率大、温度高、热得快等特点,如果出现以下状况可能引起火灾:在使用后忘记切断电源;使用中突然停电忘记将电源切断,来电后无人看管;电器中的定时器、定温控制器、温度指示器失灵;加热容器内液体被烧干;电热器具紧贴可燃物品;开关、电源、触点等接触不良;使用不当或修理不当;等等。

错误地使用“热得快”或电炉是非常危险的,可能酿成火灾或触电事故,造成严重后果。因此,学校明文规定,学生寝室内严禁使用“热得快”和电炉等大功率用电器。

2. 电线、插线板

电线的安装与敷设是一项需要专业知识和技能的工作,国家明文规定,安装电线和电气设备必须由专业电工操作。有的同学为了使用方便,私自拉接电线,有的同学将电线缠绕在床架上……因学生寝室大多采用易导电的铁制床架,而电线表面绝缘体是胶质的,容易老化破损,在使用中发生摩擦后,极易引起电线的短路或漏电,造成火灾和触电事故。有些同学还将几个插线板接在一起,并且同时使用多种电器,这样超负荷地使用插线板,容易造成短路甚至引起火灾。因此,为了自己和他人的安全,坚决不要私自拉线、接线,使用符合国家标准的插线板,不要改装或改线,不要插接过多插线板,不要使用废旧或损坏的插线板。

3. 各类充电灯、劣质充电器和充电电源

当前,各种电子产品为同学们的生活和学习带来了极大的便利,是同学们在寝室里经常使用的物品。这类电子产品大都使用充电器和充电电源。但一些不法之徒为利所驱,生产和销售劣质充电器、充电灯或充电电源。一些同学,受自身的辨别能力和经济能力所限,购买和使用了这些劣质的充电器、充电灯或充电电源。这些劣质产品像一颗颗“定时炸弹”埋藏在学生身边,时刻威胁着学生的生命和财产的安全。

4. 床头灯

灯泡是寝室中常见的照明用具,其功率越大,表面的温度越高。过高功率的灯泡变成了一种危险的火源,所以学生寝室严禁使用床头灯。蚊帐是易燃物品,其燃点为200 ℃,而灯泡表面的温度都比较高,如果将灯泡式照明工具装在蚊帐内,不但灯泡表面热量不易散发,而且灯具靠近蚊帐后,极易引燃蚊帐。

知识链接2:生活垃圾处理方法及扔垃圾流程

1. 对生活垃圾常用的处理方法

1)综合处理

综合处理是指根据垃圾成分或特性,结合当地产业经济、科技、地理和人文条件,综合多种垃圾处理方式回收物质和能量,以废治废,减少污染,节省资源,实现垃圾处理资源化和无害化。

2)卫生填埋

填埋是大量消纳城市生活垃圾的有效方法,也是所有垃圾处理工艺剩余物的最终处理方法。我国普遍采用直接填埋法。直接填埋法,就是将垃圾填入已预备好的坑中盖土压实,使其发生物理、化学变化,不断分解或降解,达到减量化和无害化的目的。

3)焚烧

焚烧法是将垃圾置于高温炉中,使其中可燃成分充分氧化的一种方法,产生的热量用于发电和供暖。焚烧处理的优点是减量效果好(垃圾经焚烧后体积减小 90% 以上,质量减少 80% 以上)、节省用地、可消灭各种病原体,以及将有毒有害物质转化为无害物。垃圾焚烧炉应配有良好的烟尘净化装置,以减轻对大气的污染。

4)堆肥

垃圾堆肥是处理与利用垃圾的一种方法,是利用垃圾或土壤中存在的细菌、酵母菌、真菌和放线菌等微生物,使垃圾中的有机物发生生物化学反应而降解、消化并形成一种类似腐殖质土壤的物质,用作肥料和用来改良土壤。

2. 垃圾的分类贮存或投放的注意事项

1)垃圾收集

收集垃圾时,应做到密闭收集、分类收集,防止二次污染环境。收集后应及时清理作业现场,清洁收集容器和分类垃圾桶。若采用非垃圾压缩车直接收集的方式,应在垃圾收集容器内放置垃圾袋,由保洁员密闭收集。

2)投放前

纸类应尽量叠放整齐,避免揉团。瓶罐类物品应尽可能将容器内产品用尽,清理干净后投放。厨余垃圾应做到袋装、密闭投放。

3)投放时

投放时应按垃圾分类标识的提示,将垃圾分别投放到指定的地点和容器中。玻璃类物品应小心轻放,以免破损。

4)投放后

投放后应注意盖好垃圾桶盖,以免垃圾污染周围环境,滋生蚊蝇。

实践 1:整理寝室内务比赛

【实践目的】

(1)宣传“宿舍为家”的理念,让全校学生拥有一个干净整洁、温馨舒适的休息环境。

(2)督促学生养成自觉维护、打扫宿舍卫生的习惯,树立宿舍主人翁意识。

(3)培养学生合作、团结的意识。

【实践意义】

寝室是大学生日常生活的地方。开展整理寝室内务比赛，让学生养成日常的寝室劳动习惯。学生将生活区域管理得干净整洁，既可营造一个舒适的生活环境，又可以增强自己的劳动意识。

【活动时间及地点】

周日，寝室。

【活动流程】

1. 活动前期准备

（1）修改并完善宿舍卫生标准方案，确定卫生清洁日期。

（2）下发通知，召开舍长会议，布置卫生打扫任务，对卫生检查标准进行详细讲解。

（3）舍长为舍员分配宿舍打扫任务。

（4）准备相关清洁工具。

2. 具体活动流程

（1）由舍长带领宿舍成员领取清扫工具，按照宿舍卫生标准方案打扫宿舍及宿舍楼公共区域。

（2）舍长及宿舍成员共同检查宿舍是否存在安全隐患。

（3）打扫结束后，由各舍长带领指导教师、宿舍管理员、学生会成员代表进行审核检查。

3. 活动总结

（1）每个宿舍完成一份打扫记录及劳动体会。

（2）由指导教师或宿舍管理员召开舍长会议进行整体总结，呼吁全体同学保持干净整洁、美好温馨的宿舍环境。

4. 注意事项

在活动过程中保证整理上铺、擦玻璃等危险活动人员的人身安全；打扫卫生前电气设备全部断电。

【找一找】

通过整理寝室内务比赛，我感觉主要存在以下问题______________________________

____

____

____

【总结反思】

活动总结	
我的收获	
我的不足	
改进措施	

【评一评】

要公平公正，提前确定宿舍卫生考核小组，人员组成应包括学院考核评价领导、宿舍管理员、学生会成员、普通学生等，对床铺、书桌、地面、卫生间、阳台等整洁情况进行打分并统计，取总成绩的平均值。分数最高的宿舍可以获“优秀宿舍”荣誉称号，相应人员可获得“劳动优等”评价。

实践2:校园大清洁

【实践目的】

（1）宣传人文校园活动理念，为全校师生提供一个干净整洁、温馨美好的教学和学习环境。

（2）激发学生自觉维护教学楼卫生的热情，培养学生公共卫生意识，使学生承担共同建设、保护美丽教学楼的责任。

（3）在清扫活动中，体验劳动的光荣，提高大家的团结精神和奉献精神，增强学生服务他人、服务校园的意识。

【实践意义】

通过积极开展各种形式的劳动教育，增强大学生的劳动意识，培养大学生良好的卫生行为习惯，创设洁、净、美的学习和生活环境，努力提高大学生的身体素质。

【活动时间及地点】

周末，学校教学楼。

【活动流程】

1. 活动前期准备

（1）线上宣传。利用微信公众号、线上通知等进行宣传，全面部署、广泛动员，充分调动在校学生的积极性。

（2）海报宣传。设计主题宣传海报，并张贴于教学楼、宿舍楼等地，呼吁在校学生积极参加。

（3）线下宣传。召开相关主题班会，在餐厅门口张贴条幅进行报名宣传。

2. 具体活动流程

（1）学生自行组队并选出队长，在规定时间内上交报名表。队伍人数为 5 至 7 人。

（2）相关部门统计报名人数，并划分相关队伍负责区域及选择工作人员；将结果进行公示，公示期为 1 天，无异议后开始活动。

注：每支队伍的负责区域应根据人数及负责地点做到相对公正划分；工作人员需公正且每支队伍只选 1 人。

（3）队伍内部自行选择时间，在早上第一节课前、午休、晚饭时间或晚自习下课后进行工作，每天至少打扫卫生两次且需工作人员陪同。

（4）若工作期间有人请假则需向工作人员说明并做好记录。

（5）每次工作后，工作人员进行打分（1 到 10 分）并记录扣分原因。

3. 总结阶段

（1）小组内成员每人写一份工作记录及劳动体会。

（2）工作人员将本次活动请假记录及打分记录向组内成员公示且双方需达成一致意见。若双方存在无法协调的问题，则请求活动主办方相关人员进行公证。

（3）各学院组织队长为小组活动进行展示，通过 PPT 答辩形式进行相互学习，达到共同促进的目的。

4. 注意事项

（1）人身安全保护。劳动过程中禁止团队成员用器具打闹，以免误伤自己及他人；在进行擦窗户等危险劳动时应有人员陪同并注意自身安全。

（2）器具安全保护。如有人员故意损坏器具，应照价赔偿并取消优秀个人评选资格；若器具因老旧等其他原因而损坏，应及时报备更换。

【找一找】

通过参与劳动实践活动，我发现存在的问题：______________________________

____

____

____

【总结反思】

活动总结	
我的收获	
我的不足	
改进措施	

【评一评】

（1）优秀个人评选。活动中无不良记录的人员可参加优秀个人评选。优秀个人由组内成员投票并根据工作人员活动期间的相关记录选出。

（2）优秀团队评选。在学院 PPT 答辩时进行小组间投票，并结合相关工作人员记录的工作时长及打分选出院优秀团队；院优秀团队进行 PPT 活动展示，由所有团队及教师进行投票，选出最终的优秀团队并进行公示，1 天后无异议即为本次活动优秀团队。

第四章　增强职业技能本领

【学习目标】

知识目标

认识职业劳动是最基本的劳动，了解职业分类，掌握提升职业技能的要点。

能力目标

结合自身特点，增强综合考虑职业类别、发展方向等各方面因素后进行职业选择与确定的能力。

素质目标

培养干一行、爱一行的职业情操，自觉树立职业责任意识，建立正确的职业规则认知，进而提升职业道德意识。

【课堂导入】

屠呦呦：首位获得科学类诺贝尔奖的中国人！

2015 年 10 月 5 日，瑞典卡罗琳医学院宣布将诺贝尔生理学或医学奖授予屠呦呦以及另外两名科学家，以表彰他们在寄生虫疾病治疗研究方面取得的成就。这是中国医学界迄今为止获得的最高奖项，也是中医药成果获得的最高奖项，85 岁的屠呦呦也成为首位获得科学类诺贝尔奖的中国人。

20 世纪 60 年代，人类还在饱受疟疾之害。1969 年，在中医研究院中药研究所，研究实习员屠呦呦接受了国家疟疾防治项目“523”办公室艰巨的抗疟研究任务，从此与中药抗疟结下了不解之缘。作为该项目中药抗疟组组长，屠呦呦没有向当时陈旧的科研设备低头，也没有因为周围的质疑声而止步不前，她坚定地说：“没有行不行，只有肯不肯坚持。”

通过整理中医药典籍、走访著名老中医，她汇集了 640 余种治疗疟疾的中药神秘验方，并从中不断寻找新的灵感。通过改用低沸点溶剂的提取方法，富集了青蒿的抗疟组分，屠呦呦团队最终于 1972 年发现了青蒿素。据世界卫生组织不完全统计，在过去的 20 年里，青蒿素作为一线抗疟药物，在全世界已挽救数百万人生命，每年治疗患者数亿人。

每当谈起青蒿素的研究成果，屠呦呦总是会说：“研究成功是当年团队集体攻关的结果。”鲜为人知的是，起步时的屠呦呦团队只有屠呦呦和两名从事化学工作的科研人员，后来才逐步成为化学、药理、生药和制剂的多学科团队。目前，屠呦呦团队共 30 多人，这些研究人员并不局限于化学领域，研究面拓展到药理、生物医药研究等多个学科，形成多学科协作的研究模式。屠呦呦介绍，未来青蒿素的抗疟机理将是她和科研团队的攻关重点。

世界卫生组织发布的《2018 年世界疟疾报告》显示，全球疟疾防治陷入停滞。多项研究表明，在大湄公河次区域等地区，出现不同程度的对青蒿素联合疗法的抗药现象。2019 年 4 月 25 日，第十二个世界疟疾日，中国中医科学院青蒿素研究中心和中药研究所的科学家们在国际权威期刊《新英格兰医学杂志（NEJM）》上提出了“青蒿素抗药性”的合理应对方案。

屠呦呦团队提出，面对“青蒿素抗药性”现象，延长用药时间，疟疾患者还是能够被治愈的。除此之外，现有的“青蒿素抗药性”现象在不少情况下其实是青蒿素联合疗法中的辅助药物发生了抗药性。针对这种情况，更换联合疗法中的辅助药物，就会取得更好的效果。

青蒿素价格低廉，每个疗程仅需几美元，适用于疫区集中的非洲广大贫困地区人群，研发廉价青蒿素联合疗法对实现全球消灭疟疾的目标意义非凡。“中国医药学是一个伟大宝库，青蒿素正是从这一宝库中发掘出来的。未来我们要把青蒿素研发做透，把论文变成药，让药治得了病，让青蒿素更好地造福人类。”屠呦呦说。

如果说劳动品德涵养依赖理智清醒的思考，劳动情怀培育重在活跃心灵的感悟，劳动技能习得则主要靠持之以恒的学习和训练。专业技能是大学生劳动技能的核心部分，是与高等教育人才培养方式紧密相关的专业知识、专业思维和专业实践的有机统一。良好的专业技能是衡量大学生劳动素养的重要指标，对于帮助大学生合理规划职业路径、提升创新创造能力具有无可替代的积极作用。

第一节　提高劳动实操技能

21 世纪以来，各种新兴突破性技术井喷式出现，包括人工智能、物联网、3D 打印技术、纳米技术等，在广度、深度、速度上深刻影响到社会政治、经济、文化等各个方面，许多学者将这次巨变定义为“第四次工业革命”。与前几轮的工业革命相比，本次工业革命具有信息化、网络化、智能化等突出特点，互联网变得无所不在，移动性大幅提高；传感器体积变得更小、性能更强大，成本也更低；人工智能和机器学习也开始得以发展。在此次工业革命中，各个技术之间相互融合，不同技术相伴而生，横跨物理、数字、生物几大领域，新兴技术和各领域创新成果传播的速度和广度都实现新高，远远超过其他工业革命，而这一轮新的科技革命和产业变革正在催生大量新产业、新业态、新模式，将给世界发展和人类生产生活带来翻天覆地的变化。

机器劳动向智能劳动的发展，导致了生产、消费等各产业部门的重塑，对人的劳动方法、劳动习惯等产生了深刻的影响。智能劳动的发展水平成为影响劳动生产力发展的重要因素，也成为检验一个国家创新能力和核心竞争力的重要指标。

尽管当前人工智能技术还处于弱人工智能水平，但人工智能技术仍对机器劳动的工作任务，乃至整个社会职业岗位产生着重大影响。智能劳动的出现催生了一大批新的职业形态，也对传统职业产生了剧烈的冲击。智能劳动在促进劳动者进一步解放的同时，也对劳动者的价值提出新的挑战。智能劳动的发展，使得越来越多的劳动者从枯燥、繁重、危险的劳动中进一步解放出来。借助智能化劳动工具，劳动者的生存状况得到持续的改善，这也为劳动者的自由、全面发展创造了条件。劳动者职业选择的可能性正在不断增加，劳动形式的自由化程度正在不断提高,劳动关系更加灵活、更加具有弹性。部分劳动者从固定职业者转变为自由劳动者。

一、走进农业生态示范区

农业生态示范区就是采用生态园模式在观光园内进行农业的布局和生产,将农业活动、自然风光、科技示范、休闲娱乐、环境保护等融为一体,实现生态效益、经济效益与社会效益的统一。

生态农业示范区是生态园设计的核心部分,它是生态园最主要的效益来源和示范区域,是生态园生存和发展的基础。生态农业示范区的规划设计应以生态学原理为指导,遵循生态系统中物质循环和能量流动规律,示范区设计所采用的生态农业类型既有生产者、消费者,也有分解者。例如在惠东永记生态园的新规划中,稻田生态区为“动植物共生系统”式的生态农业类型,采用稻鱼鸭萍种养共生模式;果园生态区为“立体种植业”式的生态农业类型,采用果园结合养殖的模式;鱼塘生态区为“食物链、加工链式生态农业”类型,即猪鸭鱼草相结合的种养模式。这些生态农业类型都充分利用了多种生物的共生关系,将各生态元素以食物链的形式串在一起,相互转化,充分利用能量和物质,由此形成良性物质能量的生态循环,体现较高的生态和经济效益。另外,为了提高生态园的经济效益,生态园中蔬菜栽培区采用大规模产业化的生产模式。这种生产模式不仅有生产效益高、产业带动性强和集中性统一的优点,还能对其他农业产业化企业起到示范性和参考性的作用。花卉栽培区主要生产各种食用和观赏性花卉,供游人品尝、欣赏和购买。食用菌中心在生态园规划中既是生产者,又是分解者,体现了废物充分利用的功能。经过科学规划后的生态园,将会以生态农业作为生态园主要的“生态旅游”核心内容,体现“绿色、生态、示范”多种功能,可以成为观光农业生态园的旅游精品和主导产品。

农业生态示范区的发展在改变劳动方式和劳动过程的同时,创造了新的就业岗位、就业领域和就业方式,同时引发了传统劳动关系的变化。大学生应从以下几个方面培养和提高未来农业发展需要的职业劳动技能。

(一)熟练使用数字工具,培养高效完成任务的能力

熟练使用数字工具高效完成任务,既包括利用数字技术、通信工具或网络查找、评估、使用与创造信息的能力,也包括借助数字技术在数字环境中获得新知识的能力。

(1)学习现代农业技术的特种技能。比如农业机器人的引入为生产作出了很大的贡献。这些机器人有能力执行许多任务,它们可以进行计算机化,以减轻农民的负担。它们的主要处理劳动密集型、单调乏味和需要体力的工作。现在机器人被用来做只有经验丰富的农民才能掌握的技术性服务。经验丰富的农民知道如何识别敏感的水果和蔬菜,如生菜和草莓。现在这些都由农业机器人来完成,以节省时间和提高效率。

(2)学习使用喷灌系统。灌溉是使土地或土壤适于耕种的行为。过去,农民会在农场周边挖一个洞或一条壕沟来困住水,以帮助湿润土壤。在农场里,把水从一个地方运到另一个地方是一件非常麻烦的事,因此需引入洒水装置。由于压力,洒水装置可以将水喷洒给每一种作物，但只需要一个水源和一个连接到洒水喷头的管道。

（3）学习使用无人机。无人机可以提供比卫星、更精确的数据，分辨率也更高。无人机还可以用于检测受虫害影响的种植区，并通过喷洒杀虫剂对该种植区进行杀虫。这种方法最安全，因为有些农药是有毒的，在喷洒时可能会被人吸入，而且还节省了用于支付工人进行喷洒的费用。无人机对农业产生了巨大的影响，并提高了产量。

（4）设施农业主要以智能温室为主。智能温室是指配备了由计算机控制的可自动开启天窗、遮阳系统、保温系统、升温系统、湿窗帘、风扇降温系统、喷滴灌系统或滴灌系统、移动苗床等的自动化设施，基于农业温室环境的高科技“智能”温室。它运用先进的科技手段，在温室内部提供一个最适宜作物生长的环境。采用现代新型农业种植技术的目的是最大限度地利用资源，减少浪费，降低成本。现代新型农业利用无污染的土地、水域及天然环境，或者运用生态技术措施，改善种植水质和生态环境，生产出无公害绿色食品和有机食品。

（二）“三位一体”协同创新，提高现代农业实操技能

“三位一体”指政府、高校、校外基地开展联合体式区域协同创新的人才培养机制。

1. 政府方面

政府应积极有效地配置土地资源、劳动力、技术、资金等生产要素，理顺提高现代农业实操技能的相关关系，提高农产品的商品率与土地经营规模报酬，构建提高现代农业实操技能的政策法规体系、财政支持体系、培训体系和管理体系等，实现农业现代化。

1）制定试点，工作实施方案，创新培训机制

制定试点工作实施方案，对时间安排、目标任务、保障措施等提出了明确的要求。以食用菌、茶叶等为主导产业，培育现代农业实操技能，实行学历文凭和职业资格双轨培训模式。建立“政府主导、多方筹资”的多元化培训投入机制。同时加快建设培训网络，整合现有高校、县职技校等资源，逐步构建高、中、初结合，县、乡、村三级联动的现代农业实操技能培训网络。不断丰富培训内容，包括思想教育、文化素质和生产技能、经营能力、创新创业意识等方面，开展校本课程开发创新实用培训内容。

2）制定现代农业实操技能人才注册登记制度

制定资格认定标准，完善认证管理机制。“技能职业人才”的界定，坚持超前与务实相结合、统一标准与因地制宜相结合，遵循“政府引导、人才自愿、德绩并重”和“公开、公正、平等、择优”等原则。规范技能职业人才的认证条件、标准、程序、机构及后续管理，强化过程环节管理，不同产业分别制定认证管理办法；分层级建立职业农民数据库，并实行动态管理；组建第三方组合认证机构，建立综合能力评价机制，增强技能职业人才资格认证的权威性。

3）加强技能职业人才的政策支持

确立多元化的土地流转机制，制定土地流转政策，推动农村土地多元化流转。建立土地流转保障机制，支持土地跨地域流转，对低产地、撂荒地给予奖励或补助。建立农村土地流转服务机构，确保土地流转健康有序进行。加大金融扶持力度。建立“技能职业人才担保基金”，为职业人才的银行贷款提供信用担保和贴息。

2. 高校层面

高校是承担培训活动的主体，应成立高技能人才培养领导小组，设策划组、导师组等工作机构，以鼓励教师开展公益性社会服务规定为评价体系，进行绩效考核及奖励。高校应把培养高技能职业人才作为劳动教育特色培训，在校外建新农村发展示范基地，校内联合创办现代农业创新创业班。

一方面，完善高技能职业人才教育培训体系。一是实行“双轨制”培训模式。调整培养目标和方向，实行学历文凭和职业资格“双证制”。二是建立“开放式”教育培训体系。探索工学结合、农学交替、分段学习、半农半读等教学方式。在培训方式上，更多采取现场培训、田间操作、经验交流、市场考察、技能比武等教学形式。三是合理开设“实用型”教学课程。根据学生的不同层次需求，有针对性地安排教学内容，将教育培训与农时季节、生产环节、关键技术、经管理念、政策解读等紧密结合。四是突出后续教育培训。职业人才的后续教育培训包括两个方面：已经取得认证的职业人才的内涵提升培训；农业生力军的教育培训，高校试办农业领军人才创业班等，培养新生代高技能职业人才。

另一方面，依托行业企业联合培养高技能人才。以文化教育、人才教育为抓手，以立德树人、行知并进为导向，以培养敬业长技、爱岗忠企的高端技能型人才为根本任务。提高人文社科素养教育，着力培养学生可持续发展能力；努力营造爱生崇仁的氛围，不断创新学生服务管理；抓好爱心品牌建设（爱心超市、暖春行动、爱心传递站），继续发挥正能量；提高学生的参与度；提升学生就业创业能力，建好学生创新创业中心，办好特色农产品营销等电子商务创业活动；提高商贸类学生实战能力。积极探索政府、高校、校外基地“三位一体”人才培养机制，开设现代农业创新创业班，艺术类、经贸类创业人才班。组织人员开展跟踪研究行动。各专业与企业建立合作关系，建设大批真实的校外实训基地。

3. 校外基地

校外基地既是实习、实训场地，也是科技示范、人才培训的载体，还是学校“二次招生”遴选实践生和“职业农民”班学员的前提条件。

二、走进工业高新示范区

未来社会的清晰全景图是无法预知的，但互联网、移动互联网、物联网、云计算、大数据等技术推动人工智能在各个领域加速应用的趋势却是可以肯定的，由此带来的劳动方式变革也是难以避免的。智能劳动凭借机器学习和大数据处理能够高效完成重复性劳动，并通过海量大数据不断训练和自我学习，提出全新解决方案，大幅提升工作效率，进而对生产、管理、研发、营销等诸多方面产生深刻的影响。

在生产环节，大量工业机器人将在很多岗位和领域代替人类劳动者，实现网络化制造和柔性化生产；在管理环节，智能技术可以过滤和分析各种来源的信息流，使单调乏味的重复性任务实现自动化操作；在研发环节，基于智能技术可以实现行业需求发掘、用户画像，不断提高研发效率；在营销环节，智能技术可以对用户的行为习惯、年龄、教育程度、消费习惯、社交特征等进行数据分析后作出精准判断，为营销人员提供个性化、定制化的客户数据，以创新的方式与客户联系。

大学生应从以下几个方面培养和提高未来工业发展需要的职业劳动技能。

(一)提升知识融合能力

2018年4月,教育部印发的《高等学校人工智能创新行动计划》明确提出“引导高校瞄准世界科技前沿,强化基础研究,实现前瞻性基础研究和引领性原创成果的重大突破,进一步提升高校人工智能领域科技创新、人才培养和服务国家需求的能力”。高等教育将通过前沿、专业的精细化教育,为人工智能时代的人才培养提供开放、包容的发展空间和成长条件。在智能时代,学科与专业之间的界限不再像过去那么明显,单一的学科知识体系将无法满足智能时代对超学科知识链的需求。

大学生在校学习期间要加强本专业基础知识的学习,系统掌握学科知识体系、知识结构和话语体系,不断提升专业素养。大学生要利用多媒体和网络信息技术打造的“慕课”等智能化学习环境,通过开放、高效、共建、共享的新型智能交互式学习体系,借助大数据智能在线学习平台,有效打破不同专业的界限和壁垒,努力使自己成为一专多能的复合型人才。学习是人类进步的重要途径。智能时代实现了知识的无障碍共享与实时更新,所有知识均可跨越国界、民族、历史、时代平行呈现。学习者和研究者可以借助人机交互的学习方式,同步了解专业领域最新的科研发现、科研成果,不断地探索未知。随着科技的进步与社会的发展,新知识、新技术不断产生。面对许多不确定的新事物,大学生单凭已有知识与技能很难获得清晰的认知,因此大学生要树立终身学习的理念,永远处于学习状态,否则将难以适应快速变化的时代,更难大有作为。

(二)在实践教学中强化专业知识和技能训练,提高动手能力、学以致用能力

实验、实习、实训等实践教学环节是深化课堂教学的要点,可以加深对课堂上所学专业知识的理解。大学生在学习期间应通过积极参与实践,熟悉专业设备和掌握操作技能,了解本专业所对应的工作岗位、所从事工作的内容和对工作人员能力与素质的要求,更全面、更深入地了解人工智能时代对高素质劳动者的职业能力、专业认知、劳动精神等方面的要求。在实践中大学生要加强劳动行为规范,培养和塑造时间观念和团队合作精神,积累职业经验,为日后走向职场奠定基础。

(三)加强通用劳动科学知识学习

智能工业的发展在改变劳动方式和劳动过程的同时,还创造了新的就业岗位、就业领域和就业方式,并引发了传统劳动关系的变化。为了更好地了解劳动力市场的发展态势,在未来就业中有效保护自身合法权益,大学生在进行专业学习的同时还应加强劳动关系、劳动法、劳动者权利保障、职业安全与卫生、工会的作用与职能等通用劳动科学知识的学习,知晓与未来职业发展相关的劳动法律法规,熟悉劳动关系的政策和运行机制,了解与社会保障相关的法律法规和相关政策,逐步树立诚实劳动、合法劳动、体面劳动的意识。

(四)用创新性思维分析和解决现实中遇到的各类问题

一是通过专业理论学习培养批判性和创新性思维。创新思维是创新能力的源泉,培养创新思维离不开坚实的知识基础和完整的知识结构。在人工智能时代,知识资源更加开放、共享,随时随地可以检索和查找各类知识。大学生学习的目的不再是简单地记忆知识,而是要学会如何从专业知识学习中研究新情况、解决新问题、总结新经验,在学习中学会独立思考,树立创新意识,培养创新性思维。二是通过专业实践教学培养和提高创新意识和创新能力。创新意识就是不局限于某种固定的思维模式、程序和方法,提出开拓性的新观点,得到独创性的新发现。大学生要在实验、实训等实践教学活动中主动搜集并分析有关信息和资料,对相关问题作出假设并通过实验加以验证。通过观察和记录现象,分析结果,得出最后的结论并形成自己的观点。同时在实践过程中加强团队合作意识,充分地与教师和学习伙伴进行交流并融入学习小组或团队中,积极开拓创新,不断提高分析问题和解决实际问题的能力。三是通过创新创业活动提高创造性劳动能力。大学生应积极参与和申请政府、社会和学校提供的一切创新创业项目,通过创新创业项目的参与、策划、实践打破校园与社会的间隔,全方位提升自身的劳动实践能力,适应现代化科技发展和新时代产业变革,在实践中注重大数据、云计算、人工智能、区块链、物联网等新知识、新技术、新工艺、新方法的应用,创造性地解决就业创业时的实际问题,在实践中培养和提升创造性劳动的能力。

三、走进服务业创新示范区

具体讲,服务业包括以下 14 个行业:①交通运输、仓储和邮政业;②信息传输、计算机服务和软件业;③批发和零售业;④住宿和餐饮业;⑤金融和保险业;⑥房地产业;⑦租赁和商务服务业;⑧科研服务和地质勘查业;⑨水利、环境和公共设施管理业;⑩居民服务和其他服务业;⑪教育事业;⑫文化体育和娱乐业;⑬卫生、社会保险和社会福利业;⑭公共管理和社会组织。

服务业涵盖的领域十分广泛,凡不涉及有形产品生产和经营的经济活动,都视为服务性业务,但只有形成可交易的服务性业务才构成服务产业,统称为第三产业。第三产业内部又被划分为两大部门和四个层次。两大部门是流通部门和服务部门。四个层次:第一层次是流动类,包括交通运输业、邮电通信业、商业饮食业、物资供销和仓储业;第二层次是生产和生活服务类,包括金融业、保险业、房地产业、地质普查业、公用事业、居民服务业、旅游业、咨询信息服务业、技术服务业等;第三层次是提高科学文化水平和居民素质服务类,包括教育、文化、广播电视、科研、卫生、体育和社会福利事业等;第四层次是社会公共需要服务类,包括国家机关、政党机关、社会团体以及军队等。

2017 年 6 月,国家发改委正式发布了《服务业创新发展大纲(2017—2025 年)》(以下简称《发展大纲》)。《发展大纲》提出,到 2025 年,服务业增加值占 GDP 比重提高到 60%,就业人口占全社会就业人口比重提高到 55% 的目标。在发展背景下,劳动者角色转变,从产品制造者向服务提供者转变。新一代信息技术在生产过程中的应用也不断推动制造业与服务业融合。物联网的使用可以实现商品状态的实时监测,帮助企业挖掘消费者在产品使用过程中的衍生需求并有针对性地提供相应服务,通过产品与服务的创新性结合跨越“微笑曲线底部”,实现产业价值链攀升,表现为“硬件 + 软件 + 服务”的新型制造模式。企业的核心价值不再是组装、生产、制造,而是体现在产品价值的产生和实现的全过程。在这一过程中,劳动者的工作内容也要从过去单纯的设备生产发展至信息化服务、第三方检测服务等。

提升未来服务业需要的劳动技能。第一,需感知不同现代服务业行业和岗位的人才需求。感知人才需求是获取现代服务业发展人才需求信息的首要阶段,主要是利用大数据技术平台的灵敏性特点,对不同现代服务业行业和岗位的人才需求进行及时捕捉。第二,搜集不同现代服务业行业和岗位的人才需求。对感知到的不同现代服务业行业和岗位的人才需求进行搜集,主要利用大数据技术平台的数据抓取功能,实现批量化、可视化地抓取不同现代服务业行业和岗位的人才需求。第三,分析不同现代服务业行业和岗位的人才需求。大数据分析技术是大数据技术平台的核心技术,主要用于对搜集到的不同现代服务业行业和岗位人才需求信息进行数据分析处理。第四,对不同现代服务业行业和岗位的人才需求进行归类。由于现代服务业包含的行业和岗位十分广泛,不同行业和岗位的性质和特点差异较大,人才需求繁杂,所以不能直接将不同现代服务业行业和岗位的人才需求分析结果纳入高校现代服务业人才培养目标。应该利用大数据技术平台数据库中已有的人才需求类型数据库功能对不同现代服务业行业和岗位的人才需求进行归类处理。第五,对归类后的现代服务业人才需求进行决策。将人才培养目标的设置原则内置于大数据技术平台,智能化判断是否将归类后的现代服务业人才需求纳入高职院校人才培养目标。第六,将筛选后的人才需求结果向高校进行反馈。利用大数据技术平台信息反馈迅速、实时互通的特点和优势,将筛选后的现代服务业人才需求及时反馈给高校,高校将现代服务业人才需求的动态变化结果及时纳入人才培养目标,完成高校现代服务业人才培养的精准配置。

大学生应从以下几个方面培养和提高未来服务业需要的职业劳动技能。

(一)提升社交能力

人类社会是一个群体性社会,每一个人在生产活动中都离不开与他人的互动,这种互动是创造新价值的重要源泉。通过与他人的沟通交流,彼此受到启发,更容易产生新想法、新思路,创造新事物。智能劳动虽然可以代替人类完成很多事情,但在人际交往和互动方面,人类还是比电脑更擅长。人类在生活与工作中的社交能力是计算机难以替代的。需要注意的是,随着互联网的快速普及,大学生的社交能力出现了逐渐退化的趋势,很多大学生线下的社交恐惧情况越来越严重,他们把更多的时间和精力花费在电脑和手机屏幕中,甚至沉迷网络游戏,在虚幻世界中追求自我。很多人能够在社交媒体上侃侃而谈,但在现实生活中却不能有效沟通,个别人甚至像得了孤独症一样,严重缺乏社交沟通技巧。大学生身处人生的黄金时代,在心理、生理和社会化方面正逐步走向成熟,人际交往在社会化及个性完善方面的意义非同寻常。因此,良好的社交能力是大学生综合素质中的重要一环,不仅会影响大学生人格全面发展,还会对未来就业产生重要影响。学会与他人良性互动与有效合作是未来服务业智能劳动必备的能力之一。

(二)提升创新能力

未来服务业发展可以依靠人工智能,通过深度学习正确地完成很多事情。通过接收数据,人工智能可以模仿人类在工作和生活中的行为,形成必要的判断并给出相应结果。事实证明,人类的记忆、信息搜索和加工能力很难达到人工智能水平。然而,当人类采取前所未有的新方法和行动时，人工智能就会感到困惑。掌握无定式的复杂思维方式与工作方式，是计算机无法从根本上替代的。正因为如此，能够对当前事物进行重新构想的创新能力将成为人工智能时代最重要的资本，创造力变得越来越珍贵，与此相关的质疑、批判、想象、假设等思维能力将比历史上任何时候都显得更为重要。那些具有创造性思维方式和批判性独立思考能力的人，那些总能够把新想法带到工作中去的人，将在未来的职场中展现出更强的竞争力。令人担忧的是，在这个信息爆炸的时代，很多大学生在获取知识时对各类搜索引擎越来越依赖，独立思考的能力、创新的能力越来越差。在人工智能时代，知识是开放的，随时随地可查找、可检索。与检索信息和记忆知识相比，大学生更需要学习如何从已有的知识中挖掘出新应用、新知识，通过已有知识学习新知识，培养独立思考、创新的能力，这样才能成为真正有价值、不可或缺的人。

第二节　提高勤工助学技能

勤工助学作为当前高校最有生命力的资助形式，必将逐步取代困难补助、减免学费等资助形式。学生一方面通过有偿的劳动获取经济报酬，解决自身的经济困难，从而改变过去“等、靠、要”的思想，变无偿资助为有偿助学；另一方面，又可以改变过去学校经费有限，受资助人员较少的局面，从而促进高校资助体系改革的深入发展。在素质教育中，要注意学生的智力因素与非智力因素之间的辩证关系。勤工助学不仅可以使学生的智力因素得到发挥，更重要的是它还能影响学生的非智力因素。

勤工助学可培养学生的独立意识。独立意识包括生活独立、学习独立和行为独立。在一般情况下，学生是有独立意识的，而通过勤工助学又将其加强。对于从事勤工助学活动的同学来说，独立意识的培养在其活动过程中更为重要。值得一提的是，现在从事勤工助学活动的同学，不只是贫困生，也有许多家庭条件比较优渥的学生。经济独立是个人独立的前提，他们自食其力，在加强自主意识和主观能动性的同时，也锻炼自己各方面的能力，并根据自己在实践中表现出来的缺点，有意识地改善和学习，从而真正地保持生活学习各方面的独立。

勤工助学有助于大学生锻炼各方面能力，提高大学生综合素质。勤工助学的各种岗位是大学生施展才华、展示风采、锤炼意志、锻炼能力、转换思想的理想场所。在这些岗位上，大学生将理论与实践相结合，能够为自己的大学生涯增添一份难忘的经历，能够充分发挥自己的特长及聪明才智，能够发现和弥补自己的不足之处，使自己的交际能力、口头表达能力、管理能力、创造能力、风度仪表、形象气质等各个方面得到锻炼及提高。

勤工助学可培养学生良好的品德，使学生树立远大理想和人生观。良好的品德、远大的理想，是一个人不断追求、积极进取的动力和源泉。加强对学生的思想品德教育，能够帮助他们养成良好品行，树立起远大的理想和抱负。在勤工助学工作中，学生通过勤工助学，认识到自己在知识、能力、品质等方面的不足，使其变“要我学”为“我要学”，把学习变被动为主动，从而树立远大的理想、培养良好的品德。此外，勤工助学还能造就大学生吃苦耐劳、勇挑重担、团结协作、乐于助人的品德,使他们树立正确的人生观与价值观,把他们学到的知识与技能用到社会中去。勤工助学是学生适应经济社会的重要手段。就高校而言,勤工助学岗位分为以下几种。

一、食堂勤工助学岗

(一)选择合适人选

(1)岗前体检。《中华人民共和国食品安全法》规定,食品生产经营人员每年应当进行健康检查,取得健康证明后方可参加工作。到食堂参加勤工助学工作的学生必须达到食品从业人员健康标准。

(2)学生的学习成绩。只有学有余力(至少达到合格水平)的学生才适合从事勤工助学工作,因此应要求申请勤工助学岗位的学生提供由学院出具的学习成绩证明。

(3)家庭贫困程度。现在的大学生大多都希望通过参加社会实践锻炼个人综合能力,食堂要优先将勤工助学岗位提供给家庭困难同学。

(4)在每学期首末进行人员调整。食堂的工作具有一定的专业性、连续性和协同作业的特点。在学期的首末进行人员调整,学生可以有较充裕的时间进行培训和适应,减少对工作的影响,便于食堂整体运行的协调管理。

(二)重视岗前教育

(1)思想教育。要求学生认识到食堂工作事关师生身体健康和生命安全,要树立食品安全意识,强化食品安全观念。在工作时,要实现从学生到食堂员工的角色转变,谨记自己是食堂的一名普通员工,个人的言行代表食堂的形象与服务水平。不能将参加勤工助学的目标停留在为了解决吃饭问题的层次上,要上升到体现大学生自强不息、实现自力更生的精神层面,并把食堂当作积累工作经验的第一职场,在食堂工作是为了更好地适应社会,更是争取到一个为师生服务的机会。

(2)适应食堂环境,熟悉食堂的人员结构。了解食堂的厨师队伍,各部门分工和负责人,便于向他们学习和适应工作。认识食堂的物品标识,包括食堂的建筑功能布局和标识标志,硬件设备的分布及功能,告诫学生切不可擅自动用机器设备,以防发生意外事故。对学生进行专业培训。要求学生尽快掌握食品从业人员应有的基本素质,如个人仪表、上岗卫生等规范。并根据工作分工开展专业培训,熟悉本岗位的设备用具和操作流程等。

(三)合理安排工作

(1)根据学生的课程表来安排工作。每个学生的工作都不能与学习冲突,在同一时段没有课的同学被编排为一个班组,既有利于管理,有利于提高工作效率。

(2)安排适当的工作量。根据工作量确定工作人数,每人每次工作时间不超过 1 小时,每天工作总时长不超过 2 小时,每周应休息 1 至 2 天。

(3)结合学生的个人特点安排工作,如身高、性别、个人兴趣爱好及特长等。安排女生到窗口服务,安排有学生干部经历的学生从事一些管理工作。

(4)只能安排学生从事辅助性工作,一些关系食品质量与安全的工作和专业性很强、操作起来有安全风险的工作不能交给学生。

（四）规范日常管理

（1）加强制度建设，完善勤工助学工作管理制度，如人员进出制度、考勤制度、岗位职责、服务规范等。

（2）优化管理模式。一个食堂的勤工助学队伍一般由10~20名学生组成。勤工助学学生与食堂员工的比例在1：2左右，且男生比女生略多，尽量以低年级学生为主。根据工作不同将学生分成几个小组，各小组安排一名负责人，便于协调和增强学生的责任感。

（3）加强监督考核。采取一些适当的措施加强监督，比如上下班签到、定期民主评议推优、与个别同学交流谈心等。

（五）加强沟通交流

（1）勤工助学学生来自不同班级，彼此之间不熟，加上他们由于家庭经济困难，可能会因自卑心理而表现出内向的性格。管理人员要主动与他们沟通，帮助他们尽快适应食堂的环境。

（2）把队伍中的新老同学结成对子，让他们之间多沟通，在工作中发挥好传帮带的作用，使大家尽快适应工作，在工作和学习等方面相互帮助、共同进步。勤工助学学生与食堂员工之间的沟通是难点和重点。

①语言障碍。食堂员工的乡音是与学生沟通的壁垒，高校要加强员工的普通话培训，同时安排来自相同地方的学生与食堂员工结对工作，既可消除语言障碍，也可让他们感受乡情温暖。

②年龄悬殊。食堂员工的年龄一般都在40岁左右，与勤工助学学生有一定的“代沟”，这增加了他们之间的沟通难度。高校可以开展一些活动让大家相互融入，同时给员工和学生双方做一些思想工作，促进彼此之间和谐相处。

③学生食堂的工作有很强的连贯性和协作性，需要所有工作人员共同合作才能圆满完成。勤工助学学生与食堂员工之间的沟通与协作，对于学生能力和食堂服务水平有着重要影响

（六）用好激励措施

（1）多表扬。对在工作中表现积极的学生，及时给予表扬，并扩大表扬的影响面。让学生体会到被关注、被肯定的快乐，同时提升其在食堂员工心里的地位，有利于员工与学生的团结与协作，并为其他同学树立榜样。

（2）谈话激励学生。个别谈话不仅适用于表扬先进，还适用于对表现一般的学生做思想工作。谈话可以使学生切身体会到被关心、被呵护，促进他们不断进步。

（3）定期开小结会点评工作。每个月开一到两次小结会，向大家通报食堂工作情况，建立大家的主人翁精神，同时肯定前阶段工作取得的成绩，公开表扬表现突出的小组或个人。

（4）纳入院系的学生考评体系。加强食堂与学生所在院系相关老师的沟通，将学生在食堂的表现情况纳入学生的综合考核，如将在食堂工作作为院系布置的社会实践项目。对在食堂工作中表现突出的学生，可以向学院推优。

（七）以人为本

维护学生的劳动权利，如每周轮休、改善工作条件、做好劳动安全保护等。发挥学生的人脉作用。勤工助学学生来自学生群体，他们能及时地掌握广大学生对食堂的意见与建议，对于食堂的工作改进具有较好的参考作用。食堂管理人员要经常与学生交流，引导他们正确认识食堂的工作，让他们在与其他同学相处时，发挥积极的宣传作用。关心学生的学习、工作与生活情况，为他们解决实际问题。食堂管理者要努力帮助学生全面发展，做好必要的人文关怀工作，如每月给食堂员工和勤工助学学生过一次集体生日、中秋节给大家派发月饼、组织员工和学生端午节一起包粽子等，充分利用食堂的条件开展联谊活动，拉近勤工助学学生与食堂员工的距离，让大家感受集体的温暖。高校的职责是为国家培养高素质人才，学生食堂作为高校的重要部门，在为学生提供服务和帮助的同时，也要履行好教育使命，贯彻教育与实践劳动相结合的方针。对勤工助学队伍合理的管理也是一种很好的教育，学生通过在食堂的劳动实践，弥补了课堂教育的空白，从而实现了全面发展。

总之，对食堂勤工助学学生的管理和培养非常重要，对学生在食堂的工作具有很强的促进作用，对于学生本人的成长具有广泛的实际意义，值得广大高校工作者思考和探索。

二、校内超市勤工助学岗

（一）精准设置岗位需求，科学安排学生工作

把校内超市勤工助学岗当作第一课堂重要补充的实践场所，充分把校内超市勤工助学岗位打造成促进学生身心成长的沃土。校内超市勤工助学岗位数结合各部门需求及学生的需要来设定，岗位设置精准化且有质量，避免出现“在岗无事做”或者“有事做却没岗位”的现象。

首先，在合理设置岗位的基础上，科学地安排学生工作，为学生的长远发展考虑，依据学生的专业及意愿安排学生到相应的岗位工作。科学安排学生工作，一方面，学生可以在自己的岗位上学有所获，增加自信心和竞争力；另一方面，减轻用人部门工作量。其次，岗位设置要有层次、有目的地培养从事收银工作的勤工助学学生。低年级的勤工助学学生可以从事一些劳务型、服务性的工作，比如超市导购工作，增强他们的服务意识和劳动观念；高年级的学生安排一些智力型、技术含量高的工作，比如超市出入账工作、收银工作，以提高职业能力。在校内超市勤工助学工作中着重培养学生的专业技能和综合素质。

（二）举办校内超市勤工助学岗位双选会，增强学生职业意识

由学校资助中心统一部署，在校内举办校内超市勤工助学岗位双选会，申请校内超市勤工助学岗位的所有单位均到现场招聘学生。学生持上岗证根据自己的上课时间及用人单位的工作性质及岗位数应聘。校内超市勤工助学岗位双选会，增强了学生的竞争意识，使学生初步感受毕业应聘，初步感受职场的压力，提高职业化意识。

（三）加强岗前、岗中培训

（1）岗前培训。学校资助中心统一给上岗学生进行岗前培训，使学生树立正确的核心价值观，引导学生“劳动光荣”的思想，培养学生的责任感和敬业精神，消除学生贫困悲观、

不自信的心理障碍。用人部门根据不同岗位工作的特殊性，如进货退货、收银、出纳等，有针对性地进行岗前业务培训。针对性强、专业的岗前培训有利于学生明确岗位责任，增强学生的操作技能，提高其工作效率及自信心。高校认真组织校内超市勤工助学学生参加学生资助管理中心开展的上岗培训活动，强化岗前培训的要求，对不接受岗前培训的同学，取消其上岗资格；组织勤工助学学生在分配岗位前和每学期工作结束时召开座谈会。分配岗位前的座谈会邀请学院及各用人部门的老师参加，主要征求各勤工助学学生的工作岗位意向，告知工作内容、注意事项、考勤的填写和提交时间等等，增加用人部门或老师和勤工助学学生之间的了解。

（2）岗中培训。高校对学生进行岗中培训，培养校内超市勤工助学学生的职业操守、信念作风，使其入耳、入心，让校内超市勤工助学学生在潜意识中提高职业修养。每学期工作结束时高校听取勤工助学学生分享的一学期以来的工作体会和心得，反馈各用人部门或老师的意见、建议，以及布置下一学期的勤工助学工作。集体座谈会，加深了各勤工助学学生之间的友谊，增加了用人部门或老师和学生之间的了解与工作匹配度，减少了中途退岗、消极上岗现象的发生。

（3）签订上岗服务承诺书。签订校内超市勤工助学岗位双方承诺书，一方面加强了用人部门的责任感，使其认真管理学生；另一方面督促学生在制度、纪律的约束下，在不影响学业的同时按时上岗，完成工作。对工作不负责，不能达到质量要求的学生高校可给予解聘。

（四）育人精准化

高校秉承厚德、匠心的精神，以提高人才培养质量为中心，以提升学生就业能力、培育创新精神为宗旨，充分发挥校内超市勤工助学岗位作为第二课堂的作用，活跃第二课堂，把第二课堂打造成为学生成长成才的实践舞台。高校可开展多种活动，以一系列活动为驱动力，使勤工助学学生树立诚实守信、爱岗敬业，刻苦钻研、勇攀高峰的精神。

1. 注重扶志

心灵上的贫瘠比物质上的贫困更值得关注。勤工助学不仅仅是贫困生获得资助的重要窗口，更是引导他们学会自立自强，增强他们内在动力重要途径。高校要重视对勤工助学学生的帮扶工作，帮助他们从思想上“脱贫”，加强对他们的励志教育、挫折教育。高校可通过开展各式各样的活动，从精神上帮扶勤工助学学生，培养他们的自尊、自信、自立自强的意识，让他们树立正确的人生观、价值观，明确自己的人生目标和方向。

（1）励志教育。从外推力上引导勤工助学学生，邀请校外或校内老师为勤工助学学生举办励志教育讲座。通过讲座，老师跟学生分享自己的亲身经历，增加勤工助学学生的自信心，让学生深刻明白努力的重要意义，引导学生在完成学业的同时学会自我成长。通过励志教育的讲座，老师向勤工助学学生证明，成绩、能力、成功都和贫困没有任何关系，只跟自己是否努力相关。

（2）单独谈话。关注勤工助学学生的内心世界和深层次的精神生活，培养勤工助学学生良好的心理品质。在对勤工助学学生的日常管理上，以单独谈话为途径，寓助于教，教助结合，达到促使学生成长成才的目的。高校每学期分别对部分超市运货员、超市出纳、超市收银员、超市补货员、超市导购员以及卫生保洁员进行单独谈话，了解他们参加勤工助学工作的情况以及学习生活方面的情况，及时征询考勤教师的意见，帮学生端正勤工助学的态度；通过勤工助学 QQ 群和同学们分享勤工助学的辛苦喜乐，增强同学们工作的自信心、学习的自信心和生活的自觉心，促进良好科学生活观的养成。

2. 诚信感恩教育

有效的道德教育，培养了勤工助学学生敏锐的文化洞察力、价值辨析力和道德行动力。高校要教育勤工助学学生遵守国家法律、法规，服从学生资助管理中心和用人部门或老师的管理，认真工作，诚实守信、文明礼貌、爱岗敬业，保质保量完成工作任务；鼓励勤工助学学生将感恩的心化为实际行动，积极参与学校组织的公益活动；同时，鼓励他们在帮助他人的同时注重自己综合能力和专业技能的提升，实现助人和自助的双赢目标。

三、图书管理员

随着我国近年来不断的教育改革，高校得到了充分的发展，高校图书馆规模越来越大，图书馆内的书籍资料体系等越来越完善，这就需要更多的勤工助学的学生参与到图书管理中来。

高校要让学生明确自己的工作范围和内容，明确工作中的人员和责任，从工作时间、具体任务等方面都要做好明确的规定。在工作时间的安排上，高校要充分考虑学生的上课时间，对课程较多的学生要尽量安排晚班，对课程较少的学生尽量安排白班或者周末。高校要从领导层开始重视勤工助学的学生参与图书管理的工作细则，因为勤工助学的一个重要目标是锻炼学生的工作能力，作为领导和老师应该做好学生的教学工作，带领他们快速地熟悉业务，并建立明确的考核考察制度和评定政策。学生管理员要认真学习，熟悉业务知识，了解图书分类，书刊的修补和装订工作，要在工作中认真负责避免差错，锻炼自己，不断提升自身的工作能力，为走向社会工作积累丰富的经验。

（一）锻炼学生能力的同时可以增长知识

现在的学生学习压力较大，各方面都缺乏锻炼，很少参加劳动，如果在图书馆工作，可以提高他们的劳动意识，有利于培养他们的劳动观念，积累工作经验，提高工作能力。在工作中，他们有更多的机会接触到学习资料，掌握文献检索的方法，这些都对学生日常的学习非常有帮助；同时他们还可以接触到不同的人群，如学生、教师等学历高且生活阅历丰富的人，在接触这些人群时，他们交际能力也得到了锻炼和提高。

（二）解决图书馆工作繁重的难题

图书馆工作人员较少，会出现因工作繁重导致服务水平下降的问题。勤工助学学生的加入，在很大程度上解决了这一问题。这样图书馆可以细化每个人的服务内容，摆放书籍、收集资料等工作可以做得更细致。另外，有的学生对计算机的应用能力高于在图书馆工作的老教师，他们可以将图书馆很多价值高数量却很少的书籍的信息，录入到计算机内，这样既可以将资料更好地保存，也解决了由于书籍数量较少，不够学生借阅的情况发生，同时还提高了学生的计算机应用能力。

（三）增进师生间的关系

在图书馆工作中，高校要充分发挥学生交际面广、服务热情的优势，让他们参与到师生之中去了解不同身份的读者对图书馆工作状况的评价、意见和建议，了解不同读者的需求，掌握不同读者的阅读心理，这样图书馆能够更直接、更及时地掌握到广大读者反馈的阅读信息，从而拉近了图书馆和读者之间的关系，使图书管理工作不断地改进，促使图书馆更有效地为广大师生做好教学科研的服务工作，扩大增加图书馆的影响力，让更多的同学关心了解图书馆工作。

高校图书馆能为勤工助学学生提供很多工作岗位，但在工作中，如何帮助学生积累工作经验和提高工作能力是应该认真思考的问题。加强学生勤工俭学工作的管理，一方面对图书馆的管理提供了帮助，在很大程度上解决了图书馆人员紧张的难题，有利于扩大图书馆的规模和提高图书馆综合水平；另一方面对学生的工作能力有所提高和帮助，实践有力地证明，开展勤工助学活动，号召更多的学生参与到图书馆管理工作中来，有利于提高学生的思想素质和工作能力，调动学生参与劳动的积极性，培养学生为他人服务的精神品德，提供学生参与社会实践工作的机会，同时，在一定程度上减轻了学生甚至整个家庭的经济负担，为学生顺利完成学业提供了保障。我们希望无论是图书馆还是学生本身在图书管理工作中都能得到更好的发展。

高等学校学生勤工助学管理办法

第一章　总则

第一条 为规范管理高等学校学生勤工助学工作，促进勤工助学活动健康、有序开展，保障学生合法权益，帮助学生顺利完成学业，发挥勤工助学育人功能，培养学生自立自强、创新创业精神，增强学生社会实践能力，特制定本办法。

第二条 本办法所称高等学校是指根据国家有关规定批准设立、实施高等学历教育的全日制普通本科高等学校、高等职业学校和高等专科学校（以下简称学校）。

第三条 本办法所称学生是指学校招收的本专科生和研究生。

第四条 本办法所称勤工助学活动是指学生在学校的组织下利用课余时间，通过劳动取得合法报酬，用于改善学习和生活条件的实践活动。

第五条 勤工助学是学校学生资助工作的重要组成部分，是提高学生综合素质和资助家庭经济困难学生的有效途径，是实现全程育人、全方位育人的有效平台。勤工助学活动，是坚持以"立足校园、服务社会"为宗旨，按照学有余力、自愿申请、信息公开、扶困优先、竞争上岗、遵纪守法的原则，由学校在不影响正常教学秩序和学生正常学习的前提下有组织地开展。

第六条 勤工助学活动由学校统一组织和管理。学生私自在校外兼职的行为，不在本办法规定之列。

第二章　组织机构

第七条 学校学生资助工作领导小组全面领导勤工助学工作，负责协调学校的宣传、学工、研工、财务、人事、教务、科研、后勤、团委等部门配合学生资助管理机构开展相关工作。

第八条 学校学生资助管理机构下设专门的勤工助学管理服务组织，具体负责勤工助学的日常管理工作。

第三章 学校职责

第九条 组织开展勤工助学活动是学校学生工作的重要内容。学校要加强领导，认真组织，积极宣传，校内有关职能部门要充分发挥作用，在工作安排、人员配备、资金落实、办公场地、活动场所及助学岗位设置等方面给予大力支持，为学生勤工助学活动提供指导、服务和保障。

第十条 加强对勤工助学学生的思想教育，培养学生热爱劳动、自强不息、创新创业的奋斗精神，增强学生综合素质，充分发挥勤工助学育人功能。

第十一条 对在勤工助学活动中表现突出的学生予以表彰和奖励；对违反勤工助学相关规定的学生，可按照规定停止其勤工助学活动。对在勤工助学活动中违反校纪校规的，按照校纪校规进行教育和处理。

第十二条 根据本办法规定，结合学校实际情况，制定完善本校学生勤工助学活动的实施办法。

第十三条 根据国家有关规定，筹措经费，设立勤工助学专项资金，并制定资金使用与管理办法。

第四章 勤工助学管理服务组织职责

第十四条 确定校内勤工助学岗位。引导和组织学生积极参加勤工助学活动，指导和监督学生的勤工助学活动。

第十五条 开发校外勤工助学资源。积极收集校外勤工助学信息，开拓校外勤工助学渠道，并纳入学校管理。

第十六条 接受学生参加勤工助学活动的申请，安排学生勤工助学岗位，为学生和用人单位提供及时有效的服务。

第十七条 在学校学生资助管理机构的领导下，配合学校财务部门共同管理和使用学校勤工助学专项资金，制定校内勤工助学岗位的报酬标准，并负责酬金的发放和管理工作。

第十八条 组织学生开展必要的勤工助学岗前培训和安全教育，维护勤工助学学生的合法权益。

第十九条 安排勤工助学岗位，应优先考虑家庭经济困难的学生。对少数民族学生从事勤工助学活动，应尊重其风俗习惯。

第二十条 不得组织学生参加有毒、有害和危险的生产作业以及超过学生身体承受能力、有碍学生身心健康的劳动。

第五章 校内勤工助学岗位设置

第二十一条 设岗原则：

（一）学校应积极开发校内资源，保证学生参与勤工助学的需要。校内勤工助学岗位设置应以校内教学助理、科研助理、行政管理助理和学校公共服务等为主。按照每个家庭经济困难学生月平均上岗工时原则上不低于20小时为标准，测算出学期内全校每月需要的勤工助学总工时数(20 工时 × 家庭经济困难学生总数),统筹安排、设置校内勤工助学岗位。

(二)勤工助学岗位既要满足学生需求,又要保证学生不因参加勤工助学而影响学习。学生参加勤工助学的时间原则上每周不超过 8 小时,每月不超过 40 小时。寒暑假勤工助学时间可根据学校的具体情况适当延长。

第二十二条 岗位类型:勤工助学岗位分为固定岗位和临时岗位。

(一)固定岗位是指持续一个学期以上的长期性岗位和寒暑假期间的连续性岗位;

(二)临时岗位是指不具有长期性,通过一次或几次勤工助学活动即完成任务的工作岗位。

第六章 校外勤工助学活动管理

第二十三条 学校勤工助学管理服务组织统筹管理校外勤工助学活动,并注重与学生学业的有机结合。

第二十四条 校外用人单位聘用学生勤工助学,须向学校勤工助学管理服务组织提出申请,提供法人资格证书副本和相关的证明文件。经审核同意,学校勤工助学管理服务组织推荐符合工作要求的学生参加勤工助学活动。

第七章 勤工助学酬金标准及支付

第二十五条 校内固定岗位按月计酬。以每月 40 个工时的酬金原则上不低于当地政府或有关部门制定的最低工资标准或居民最低生活保障标准为计酬基准,可适当上下浮动。

第二十六条 校内临时岗位按小时计酬。每小时酬金可参照学校当地政府或有关部门规定的最低小时工资标准合理确定,原则上不低于每小时 12 元人民币。

第二十七条 校外勤工助学酬金标准不应低于学校当地政府或有关部门规定的最低工资标准,由用人单位、学校与学生协商确定,并写入聘用协议。

第二十八条 学生参与校内非营利性单位的勤工助学活动,其劳动报酬由勤工助学管理服务组织从勤工助学专项资金中支付;学生参与校内营利性单位或有专门经费项目的勤工助学活动,其劳动报酬原则上由用人单位支付或从项目经费中开支;学生参加校外勤工助学,其劳动报酬由校外用人单位按协议支付。

第八章 法律责任

第二十九条 在校内开展勤工助学活动的,学生及用人单位须遵守国家及学校勤工助学相关管理规定。学生在校外开展勤工助学活动的,勤工助学管理服务组织必须经学校授权,代表学校与用人单位和学生三方签订具有法律效力的协议书。签订协议书并办理相关聘用手续后,学生方可开展勤工助学活动。协议书必须明确学校、用人单位和学生等各方的权利和义务,开展勤工助学活动的学生如发生意外伤害事故的处理办法以及争议解决方法。

第三十条 在勤工助学活动中,若出现协议纠纷或学生意外伤害事故,协议各方应按照签订的协议协商解决。如不能达成一致意见,按照有关法律法规规定的程序办理。

第九章 附则

第三十一条 科研院所、党校、行政学院、会计学院等研究生培养单位根据本办法规定,制定完善本单位学生勤工助学活动的实施办法。

第三十二条 本办法由教育部、财政部负责解释。

第三十三条 本办法自公布之日起施行。教育部财政部印发的《高等学校勤工助学管理办法》(教财〔2007〕7号)同时废止。

第三节 提高志愿服务技能

一、志愿服务概述

志愿服务是指任何自然人、法人或其他组织自愿贡献自己的时间和精力，在不为获得任何物质报酬的情况下，为改善社会服务、促进社会进步而提供的服务。当前，志愿服务正在成为社会变革的一种积极力量，其形式日趋多样，规模越来越大，产生的社会效益日益突出。从国际经验来看，志愿人员是社会发展过程中一种巨大的人力资源，对于改善人民生活质量，提升公民素质，促进社会融合都具有特殊的意义。随着社会的进步和人们生活水平的提升，志愿服务将逐渐成为经济社会协调发展过程中的重要因素。

人们从不同的角度对志愿服务的定义提出各种不同的表述，联合国教科文组织给志愿服务下的定义是："志愿服务是一种利他行为，是指人们在非私人的场合，在一段时间内自愿不计报酬地为他人、为社会奉献自己的时间和专业知识，以帮助他人实现他们的所需。"美国社会工作协会认为，追求公共利益本着自我意愿与自由选择相结合的一群人称为志愿服务团体，而这种团体工作则称为志愿服务。美国学者马克·缪其克在其所著《志愿者》中认为："志愿服务并不是简单的无偿劳动，而是为了正确理由而实施的无偿劳动。激发'善行'的是美德，即慷慨、博爱、感恩、忠诚、勇气、同情心和对正义的渴望。"国内学者丁元竹等将志愿服务界定为"任何人自愿贡献个人时间和精力，在不为物质报酬的前提下，为推进人类发展、社会进步和社会福利事业而提供的服务"。2017 年 8 月 22 日，国务院颁布《志愿服务条例》，其第二条规定："本条例所称志愿服务，是指志愿者、志愿服务组织和其他组织自愿、无偿向社会或者他人提供的公益服务。"

上述内容对志愿服务的界定各不相同，但其基本精神是一致的：志愿服务不以营利为目的，是基于利他动机，自愿贡献知识、技能、体能及时间等，以增进他人福利、促进社会和谐与进步为宗旨的公益服务活动。每年的 12 月 5 日为国际志愿者日。

二、志愿服务原则

(一)自愿性原则

大学生志愿服务的最基本的特征就是自愿性，大学生参与志愿服务活动是通过自己的选择来决定的，是自愿的，而不是被外界因素强迫参与的。即使是高校统一组织的志愿服务活动，也是在学生志愿报名的情况下，再进行选拔、培训以及活动的开展。随着社会的进步，越来越多的大学生从内心想要参与社会建设，为社会的发展贡献自己的一份力量。因此，大学生志愿者在越发强烈的社会责任感的影响下，会更加主动地参与到志愿服务中来。自愿性对于志愿服务的正常开展具有重要的意义。正是因为大学生参与志愿服务可以进行自愿选择,即选择是否参与和参与什么活动,志愿服务活动才从为他人的服务变为做自己想做的事情。志愿服务是志愿者从自身的社会责任感出发选择参与的。这使得志愿服务的开展充满源源不断的动力。自愿性的特点,使得志愿服务的成效更加明显,同时也为大学生志愿服务的多元化发展奠定坚实的基础。

(二)公益性原则

公益性是大学生志愿服务本质特征的体现,其彰显了大学生志愿服务的根本宗旨,就是不求回报地为人民、为社会服务,这也是大学生精神文明提升的重要表现。大学生参与志愿服务的主要目的就是希望能够借助自身所学习的知识和技能,帮助其他需要帮助的人,这是一种公益性的体现。大学生参与志愿服务不是为了获取利益,而是为了参与社会建设,回报社会培养,把参与志愿服务当成践行自己社会责任感的重要方式。大学生参与志愿服务,无论是一次还是多次,都是发自内心的、蕴含热情的、想要投身社会建设的,其内含的全心全意为人民服务的精神也体现了公益性的态度。

(三)非牺牲性原则

非牺牲性原则的内涵在于,并不要求志愿者或者公益机构一定要以一种牺牲和剥削自己的形式来实现公益行为和目标。志愿者或者公益机构可以根据自己能够提供的资源和服务,在不牺牲自己根本利益和基本不影响自己生活的情况下,做好社会服务和公益事业。义工个人可以作出是否大量牺牲自己利益的决定,但公益机构不能强制或倡导义工大量牺牲个体利益去参加公益活动。在社会整体效率和利益提高的同时,不以部分人的利益牺牲和社会冲突为代价,这种社会发展模式是最健康的社会发展模式。

(四)尊重和平等原则

大学生在公益活动中对受助对象应持互相帮助的平等精神,不应有“施与”的心理和“救世主”的态度;在活动中不能以高高在上的姿态和受助人对话,要尊重服务对象的隐私权,不应随意公开服务对象的情况或资料;不能“好心办坏事”。所以志愿服务也要充分考虑服务对象的权益不被侵害。公益活动的参与者把爱由己推人,洒向大众的同时,其实更应该把这样的爱给自己的同伴。大学生在活动中应该相互理解、相互尊重,秉持严以律己,宽以待人,己所不欲,勿施于人的原则;应该充分尊重义工的劳动,充分理解组织者付出的艰辛;对活动中出现的问题应理性看待,不应该过于苛责;提出问题的方式和态度应该尽量理性宽容,只能是为了下一次更好,不能对活动参与者或组织者进行人身攻击;不能因为在活动中出现失误就任意对组织者或参与者进行人格方面的负面评价。

大学生志愿者应该虚心接受同伴的建议和批评,应对理性公允的提议或批评作出积极善意的回应,不能因为“我是在做好事”“别人没有参与就没有发言权”等理由来拒绝别人的批评,拒绝他人的监督。大学生志愿者之间应该求同存异,不能以己之所好、己之所恶强加于人,任何时候在组织内部都应该尊重自己的伙伴,而不是以苛刻的理念要求他们,更不应该以一种自以为是的道德优势给他们施加压力。这是一种基本礼貌,也是一种真正有效的行为策略。大学生志愿者可以以高标准要求自己,但不应该对他人提出高于社会普遍水平的道德要求。这是一种真正善良和有价值的行为模式。

（五）实践性原则

著名教育家陶行知提出“生活即教育、社会即学校”。他又进一步提出“教的方法是根据学的方法，学的方法是根据教的方法。事怎样做就怎样学，怎样学就怎样教”。即实践的方法是思想政治教育的根本方法。大学生志愿服务具有实践性，其在本质上就是一项社会实践活动，归根到底就是把学到的知识与实践相结合，来帮助解决社会问题，进行社会建设，是典型的大学生社会实践教育活动。志愿服务提倡“互相帮助，助人自助”。大学生通过参与志愿服务，增加自身的知识储备，加强理论与实践的融合，不断提高自己的应用能力和综合素质，并建立起实践的平台，从而更好地参与社会的建设与发展。

（六）育人性原则

“雷锋精神，人人可学；奉献爱心，处处可为。积小善为大善，善莫大焉。当有人需要帮助时，大家搭把手、出份力，社会将变得更加美好。”育人性是大学生志愿服务的重要价值体现。志愿服务对于大学生是一个自我教育、助力发展的重要课堂，是大学生参与社会建设、接触融入社会的重要方式、其对大学生的精神文明教育、社会责任感教育等变得更加日常化和生活化。志愿服务的开展，对于大学生来说，不仅仅是实践，更多的是一种育人的体现。作为高校育人的重要方式之一，志愿服务有助于大学生道德品质的养成和理想人格的培养，具有一定的教育意义。

三、志愿服务形式

中华民族向来具有邻里相伴、守望相助的传统，在儒家“大同”社会理想的指导下，建立了官办慈善机构与基于宗教体系的民间互助互济相结合的福利网格。在中国特色社会主义新时代的背景下，志愿服务完全能够实现现代化转化，形成丰富的慈善资源。学雷锋活动在全国各地蓬勃开展，雷锋事迹广为传扬、深入人心。雷锋同志以对党的无上忠诚、对祖国的无比热爱、对人民的无限深情，谱写了光彩夺目的人生诗篇，树立了历久弥新的思想道德丰碑。随着时代的发展，雷锋精神不断与民族传统美德相承接、与社会进步潮流相契合、与党的先进本色相融会，越来越焕发出引领时代风气之先的独特魅力，已经成为全党全社会的宝贵精神财富。在街道、社区、邻里层面上对孤寡老人、残疾人等困难群体进行帮助照料，弘扬雷锋精神，也已形成了稳定的长期机制。对于大学生而言，可以进行以下两种形式的志愿服务。

（一）走进养老院、孤儿院

“老吾老以及人之老，幼吾幼以及人之幼。”大学生志愿者可以定期走访，为“空巢”老人、孤儿院儿童提供生活服务和精神服务。

1. 为老年人服务

大学生志愿者在服务老年人时，需先了解老年人在进入老年期后在生理和心理上的变化，以及老年人所面对的各种问题。大学生志愿者只有充分了解老年人的情况，才能与他们进行顺利的沟通并提供贴心周到的服务。

1)了解老年人的生理、心理变化

老年期的生理变化。人在年老过程中都有一系列的老化性改变,这些都是正常的生理变化。人年老后最明显的改变包括听觉能力退化,神经系统退化(记忆力、思考学习能力下降,说话及反应缓慢),视力衰退,呼吸系统老化(气喘),骨质疏松,心脏及血管系统、消化系统及泌尿系统功能减弱,关节活动能力减低等。

老年期的心理变化。老年期的心理伴随生理功能的减退而出现变化。老年期是人生的一个特别阶段,有很多变化或变故,如退休、身体机能衰退、丧偶、子女结婚等都会对老年人心理上造成影响,当然这些心理上的改变会因个人适应能力不同而有所差别。一般常见的老年期心理改变包括变得比较内向、自我中心倾向比较强烈、对新生事物的接受能力降低、常存怀疑、缺乏热诚的心态、比较关注自己的健康状况等。老年人短期记忆能力会降低,行为表现为啰唆,容易遗忘事情或东西,而长期记忆往往能够保持,所以怀旧情结较浓。老年人面对退休及亲友相继去世,常感到无助及恐惧,且他们生活圈子较为狭窄,往往只有他们的配偶、亲人和几名相交多年的好友。老年人因子女成长、结婚离开原生家庭,会成为"空巢"老人。

2)掌握与老年人沟通的方法技巧

大学生志愿者在与老年人沟通交流时,注意使用以下方法:保持目光接触,与老年人的距离须考虑老年人的听觉敏锐程度;应用手势、表情、物品及图书作辅助;不时轻触老年人的手或肩膀,表示肯定、响应和关怀;说话的速度要慢,语调平稳,句子要精简直接;发问时,只提出一条问题,忌问多重问题;宜用选择题或是非题模式发问;可重复句子或问题的最后部分,表明已听清;适当地回应老年人,不明白老年人说话的意思时,要跟他确认;保持忍耐。

3)与老年人沟通的机会

老年人比较敏感,所以不要说过于有针对性的话语;不在嘈杂环境中与老年人交谈;同一时间不要多人与老年人说话;不要催促老年人或急于代老年人作答;不要突然转换话题;不要取笑老年人;不要与老年人争辩;不要向老年人大声呼叫或故意做夸张的嘴唇或口部的动作。

2. 走进孤儿院

和正常家庭的儿童相比,孤儿院的儿童更容易受心理健康问题的困扰,其原因是显而易见的,他们多为丧失父母的孤儿、查找不到生身父母的弃婴和儿童、亲生父母有特殊困难无力抚养的子女。种种原因造成的家庭破碎,他们在这种"先天残缺型"环境下生活,不可避免地会在心理上造成严重的消极影响。

1)孤儿院儿童的心理特征

孤儿院儿童由于童年生活的不完美,容易产生强烈的自卑感、被遗弃感、怨恨感等消极情感。孤儿院儿童有的曾经在家庭中得到过温暖的亲情,有的一开始就没有享受过亲情的呵护。在学校里他们常常受到同学的轻视,甚至讥笑。社会的传统偏见和舆论往往使得他们抬不起头,因此他们会为父母的离去或者不知所终感到羞耻,觉得低人一等。这样的家庭背景会使他们产生强烈的自卑心理,也会出现较严重的性格缺陷,个性的形成和成长发展都会受到严重的影响。儿童的个性是在生活过程中形成的。成人的态度和行为直接影响着儿童性格的形成。而丧失父母、查找不到生身父母,这样的家庭容易给孩子造成心理创伤,甚至导致孩子形成不良性格。有的孩子因缺乏父母的关爱而逐渐形成孤僻、怯懦的性格;有的孩子由于曾经目睹过家庭生活中的争吵打骂情景,而变得情绪暴躁、易怒,容易形成蛮横粗野和冷酷的性格;有的孩子由于对家庭、父母感到失望而逐渐产生悲观厌世心理。这些消极的性格特征最终会影响孩子的人际交往、同伴关系,造成人际交往的重重障碍。

同时,这样的孩子缺乏自信心,问题行为的发生率较高。由于父母不在,完整家庭教育的缺失,孩子往往缺乏良好的生活教养和学习指导,加上破裂家庭给他们的心灵带来的伤害,容易导致他们丧失自信心,出现学习和生活适应不良现象,问题行为发生的概率较高,心灵创伤持续时间较长,难以平息和恢复。

2)帮助离异家庭子女解决心理问题的技巧

用大学生的爱心、真诚、阳光唤醒他们的热情。孤儿需要爱,需要别人的关怀和体贴。因此,作为一名大学生志愿者对孤儿给予最大的帮助就是给他们足够的阳光和爱。爱的表达方式有许多种,如在生活上关心他们、在情感上支持他们、和他们一起分享痛苦和快乐的事情、关注和尊重他们的感受、和他们做知心朋友等。

用理解化解他们的偏激。家庭环境复杂的孩子在家庭出现变故后,心理难免失衡,往往比较偏激,有时也会有过激行为。大学生志愿者在为他们服务的过程中,要给予他们充分的理解和尊重,在遇到问题时,尽量先倾听他们的想法和心声,了解他们的内心世界,再下结论,并帮助他们解决学习和生活中的问题。大学生志愿者也可以就某些事情经常和他们探讨、交流想法,获得他们的认可和信任;引导他们以积极健康的心态面对生活,使他们更好地融入同龄人中,防止他们作出偏激行为。

用鼓励驱除他们的自卑。孤儿难免思想负担重,往往有自卑心理。大学生志愿者要努力发现孩子的闪光点,适时地对他们进行鼓励。因为鼓励能驱除消沉者心灵的阴霾,使他们看到生活的希望;鼓励能消融自卑者心灵的雾障,使他们信心大增。在志愿服务过程中,大学生志愿者要善于发现孩子身上的闪光点和能力特长,鼓励他们参与各项社会活动,在活动中发挥自身潜能,并培养他们的自信心和责任感。一个充满鼓励的眼神,一声发自内心的赞许,一份满怀希望的期待,都有可能改变孩子的一生,让孩子的生命展示出新的亮丽色彩。

(二)参与社区服务

社区的基本内涵,即作为居民的日常生活单位并在此过程中形成互动频繁、相互依存的人际关系。我国社区改革和社区建设的一个重要目标,就是通过社会福利权力和职责的下移,使社区成为保障居民生活福利的主体,还原社区作为日常性生活空间的丰富内容。在这一过程中,大量的社会救济服务需求在社区层面上出现,完全依靠政府部门是不可能的,因此需要广泛的"学雷锋"活动。

大学生志愿者在志愿服务的过程中,从单纯物质照料走向精神慰藉和情感互动,开展促进、帮助受助者参与社会活动、提高自身价值感和能力的服务。大学生开展社区志愿服务主要围绕以下内容。一是围绕“四个重大”事项服务，就是为党和国家重大政策进行宣讲、协助相关部门维持重要活动赛事秩序、在重要节日组织开展活动、在重大突发事件中提供服务等。这种服务活动多有明确的主题，如宪法知识宣传、人口普查政策宣传、文明城市创建、服务马拉松等体育赛事和年度美食节活动等。在2019年突发的新冠病毒感染疫情中，涌现出大量的大学生志愿者，他们参与基层社区量体温、维护秩序、为社区居民提供食物补给等志愿服务活动，展现出青春风采。二是依托社区平台开展设点服务，就是依托社区志愿服务网点，如街道设施、楼院等设立的网点，为居民提供义务维修、家政、儿童学习辅导、文体活动、环境卫生治理等服务。三是一对一结对服务。一名志愿者或一支志愿者服务队伍，为需要帮助的弱势群体提供经常性服务，如与社区大学生结对，定期服务养老院孤寡老人、残障人士、空巢老人和留守儿童等。四是参与基层专项志愿服务计划。如大学生志愿服务西部计划、大学生志愿服务苏北计划等，他们奔赴祖国和人民最需要的地方。

同时，校园宣传栏、电子展示屏、校园广播、校报、新媒体APP，都应当成为展示志愿服务典型和社区志愿服务活动的平台。在新媒体迅猛发展的时代，“志愿汇”等APP的社区志愿服务活动内容和图片在QQ群、企业微信、朋友圈等的裂变式传播，将指数级提升社区志愿服务影响力，有效增进学生对社区志愿服务的认同，吸引更多的大学生投入社区志愿服务中来。社区服务志愿者分层化管理，实施“阶梯式”志愿服务培养模式要从大学生所具有的专业技能出发，根据不同年级学生的不同服务意向来组建志愿者团队。大一新生参加志愿服务活动的时间和次数相对较多，通过参与一般性志愿服务来培养他们的志愿服务意识，如文明宣传、进敬老院等常规服务。大二学生掌握了一定的专业技能，也初步形成了志愿服务习惯，应参与“汽修维护”“医药健身”“助学支教”等社区志愿服务品牌项目。鼓励支持大三毕业生等参与“西部计划”。学生党员干部是大学生中的积极分子，是学校文化建设和育人工作的中坚力量，要发挥大学生党员干部的表率作用，引领带动更多学生投入社会志愿服务工作。

第四节　提高职业实训技能

职业技能是指与通用技能相对应的概念。高等教育阶段的职业技能是指大学生基于专业知识学习而形成的思维活动能力和职业实训能力，这些能力是以打通未来就业渠道和制订职业岗位计划为导向的，是大学生劳动技能提升的核心。具体而言，职业技能是对特定专业知识的应变能力，这种能力首先体现为一种思维活动，它能够改变人们对事物的看法，指导人们通过特定行为达到预期目的，当这种行为付诸实施并产生相应结果时，就表现为一种职业实践能力。获得专业技能需要专业知识的指导和专业思维的引导，更需要在实践活动中持之以恒地学习、模仿、操作和训练。《中华人民共和国高等教育法》指出：“高等教育的任务是培养具有社会责任感、创新精神和实践能力的高级专门人才，发展科学技术文化，促进社会主义现代化建设。”尽管各高校关于大学生专业实践的要求不尽相同，各专业的实践方式也千差万别，但通过多样化的专业实践提升大学生专业技能的目标却是明确的，这也是新时代高等教育阶段加强劳动教育的重要路径之一。

一、会计类

大学生提高自己的职业能力，首先要把专业知识学好，这是将来工作的基础，没有理论知识将寸步难行。在不影响日常学习的前提下大学生可以参加一些与专业有关的社会实践活动，增加实践能力，并将理论与实践相结合，熟悉未来可能将要从事的工作；还可以利用假期去实习，更深一步地体验和了解工作内容，让自己进入工作状态，为将来打基础。具体的方式包括到校企合作校内实训基地实习，在辅助相关会计课程实践的同时，积累会计工作知识与经验。基于校企合作的实训室对于提高大学生的综合素养、形成良好的职业能力具有重要意义。校企合作能够将校内外的优质教育资源结合，形成“理论 + 实践”的培养模式。在校内利用名师带班，提高会计专业学生对实践知识的理解和掌握；在校外实习的过程中，校外指导老师基于工作环境的实践技术指导，可以使学生更好地完成对理论知识的消化吸收，更好地形成职业能力，使得学生走出校门就能很好地适应工作岗位。《国家中长期教育改革和发展规划纲要》提出，要把专业教育放在更加突出的位置，要求大力发展专业技术，并专章规定了今后十年专业技术教育的改革发展，其中将促进高等院校和企业发展相结合作为未来十年国内专业教育发展的重要任务，体现出高等院校教学融入产业发展不仅是有可能的，而且是极为必要的。在这一过程中，校内实训室的建设将企业文化融入学生的内心，能够更好地促进会计行业发展。其次，加强对实用型人才教育模式的创新探索。产业可以反过来促进专业技能教育发展，人才培养的需求以产业发展情况和需求为转移，能够更加有效地利用社会与教育资源，完善人才培养模式，也是落实产教结合的重要方面。大学生在这样的实训室学习锻炼，可以不断提高劳动技能水平。

二、金融类

金融类学生要充分发挥自己的主积极性和主动性，积极参与金融专业课程中的各类讨论与研究。金融专业的知识是丰富多样的，因此，为了提高专业能力大学生更应该积极主动地不断充实理论知识。一方面，大学生加强就业市场调研情况，了解金融企业的人才需求，根据人才需求方向，考取对应专业的技能证书，成为适应金融企业的岗位性人才，这样才能实现互利共赢；企业也会加大对学校实训课程建设的力度，积极参与人才的培养过程。另一方面，大学生应该积极与企业进行沟通，这种沟通应该是连续长久性的沟通，及时了解企业对大学生的评价意见、看法与满意程度，知道自身的不足与长处，扬长避短。

拓宽视野，突破校企合作方式。校企合作方式不能仅仅停留在最初的岗位认知或是最后的对口实习上，可以通过以下两种方式加以丰富：一是订单式培养方式，具体包括设有企业冠名班、定向委培班、企业订单班等，校企双方共同制定实训标准、人才规格，大学生毕业后可直接去签单企业工作；二是半工半读实训方式，根据企业工作岗位需求，校企双方开展学徒制合作，企业在学校招收学员，让学生一边在学校进行实训，一边在企业工作，虚实结合实现校企双模式。

多法并举丰富实训形式。实训形式可以采用合作探究法,让大学生之间形成互动。这种方法对于大学生的分组比较讲究,不能只根据座位情况随意分组探究,应该根据大学生的特点,使实训技能掌握得较好的学生与掌握欠佳的学生之间建立互动,前者可以成为后者的学习榜样,后者是前者的“训练平台”。比如一些银行企业的大堂服务人员、引导人员,一些保险行业的宣传员等,大学生在提高了自身所学的专业技能以外,也了解到了工作的艰辛及积累了一定的社会工作经验,为毕业以后步入社会工作打下良好的基础,这也正是职业金融实训想要达到的目的。

三、专业社团活动

学生社团作为学生综合素质培养的一个重要载体,在推进新课程改革、繁荣校园文化等方面发挥着不可替代的作用。社团活动可以促进学生自主学习,促进学生综合素质的提高,进一步繁荣校园文化,营造学生自主管理、自我发展的良好氛围。

社团活动必须以全面推进素质教育、培养德智体美劳全面发展的高素质人才为目标,努力把思想道德教育的内容融入社团建设的各个方面,有力地促进学生的全面发展和健康成长。学生社团按照性质可分为思想政治类、学术科技类、创新创业类、文化体育类、自律互助类。不同性质的专业社团,其兴趣爱好培养方向不同、专业技能主攻方向不同,可以在不同的环境中,促使学生不断提高与之相匹配的劳动技能。

社团活动是一个社团的精髓所在,也是一个学生社团经久不衰的重要因素。大学生通过参与社团活动了解一个社团的发展方向、性质、实力强弱等等。但当前大多数社团的活动参差不齐,多而不精,需要通过多种措施改善此状况。

第一,不断创新社团活动形式,保证高品位、高层次、高质量、高水准的社团活动的开展。对于大一新生来说,对传统的社团活动,如讲座、演讲比赛、辩论赛、签名会、运动会等有很大的新鲜感。随着阅历的提升和时间的推移,大学生对社团活动的要求越来越高,他们都希望在有限的时间获得最大的收获,这就需要社团举办一些新颖的、效果显著的高水平活动。

第二,社团活动的开展坚持与时俱进的原则,不断创新活动的内容和主题。社团要获得可持续发展,其开展的活动必须创新性地体现时代的特色,可以从大学生关注的社会热点切入,引发大家的共鸣,吸引大学生的积极参与。比如,2022 年 10 月,中国共产党第二十次全国代表大会召开之际,大学里所有社团的社长集合起来,组建一个二十大精神宣传团,在全社团成员中开展了一次针对大学生的思想政治教育活动,进教室、进课堂、入脑入心,这样的活动非常具有感染力和吸引力,也会吸引更多的学生参与进来。

第三,不断打造精品社团,精品活动,形成强大的社团影响力和延续力。比如,开办演绎大赛、青年志愿者协会的“牵手夕阳红、走进敬老院”活动、外语协会的英语歌曲大赛、神笔书画联盟书画展暨竹轩摄影大赛、“梦想演说家”演讲比赛等,这些活动都在多年的发展之中成为经典,并不断地在创新中开展下去。但还有部分社团缺乏代表性的活动,这需要社团更新活动理念和思路,寻求更具代表性的、特色的精品活动,形成活动开展的良性循环。精品活动的打造,也逐渐为精品社团建设打下基础。同时一些组织管理规范、活动水平高、成果显著的社团作为校级精品社团，充分起到模范带头示范作用，并作为学校的重点扶持对象，对于整个高校社团的建设发展都有很大的带动作用。

举办高质量、高水平的创新创业活动。创新创业活动更能够深层次地加强大学生的创新创业教育。通过各种实践活动，在校大学生参与实践、参与社会的意识和能力增强，进而为将来更好地适应社会的高速发展、达到社会对创新创业人才的要求做准备。

世界上的一切事物都是在联系之中发展壮大起来的，学生社团的发展也离不开与其他事物联系的过程。因此要不断加强社团的内外交流，不断提升社团的实力和水平。引导学生社团的横向联系。在同一所学校中的社团发展水平有所差距，实力强的社团和实力弱的社团可以结成对子，强者在各个方面为弱者，提供帮助和指导，促进弱者变强，强者更强。比如在社团内部的运行建设、活动的开展、人员的管理等方面，两者或是多者之间展开互动交流，彼此吸收他人的优点，改正自身的缺点，促进所有社团的发展。社团和社团之间也可以联合举办活动，这样既扩大了社团活动的规模，提高了影响力，又使更多的社团在精品活动中获取经验。坚持“走出去”和“引进来”相结合。一个社团发展壮大不仅局限于校内，还要积极走出校园，步入社会，寻求新的素材。学生社团“走出去”的过程，就是参与社会、融入社会的过程。和其他高校联合组织活动、参与社会实践公益事业，不仅为大学生了解社会、服务社会、适应社会提供了平台，也为社团创新社团活动提供思路，为社团适应社会的发展步伐奠定坚实的基础。大学生社团还要积极报名参与社会上各个单位组织的学生大赛，以提升社团成员的荣誉感和凝聚力，进一步打造社团的品牌形象。此外参加企业活动，不仅扩宽了社团的经费渠道，还提高了大学生未来的就业创业能力。

知识链接1：带你走进“新兴职业”

2020年2月25日，人力资源和社会保障部与国家市场监管总局、国家统计局联合向社会发布包括生产制造和建筑、现代服务业、健康照护服务三大领域的16个新职业。

一、生产制造和建筑类

（1）智能制造工程技术人员。《中国制造2025》明确，智能制造是我国现代先进制造业新的发展方向，加快了我国制造走向“智造”的步伐。智能制造发展趋势持续向好，为智能制造工程技术人员的就业和职业发展提供了广阔的前景。

（2）工业互联网工程技术人员。随着人工智能、云计算、大数据、区块链、5G等名词逐渐为大众熟知、热议，人类社会已步入智能化时代。在此背景下，连接融合了全球工业系统与高级计算、分析、感应技术以及互联网的工业互联网应运而生。作为新一代技术的弄潮儿，工业互联网工程技术人员作为一种新职业登上历史舞台。

（3）装配式建筑施工员。占地面积达3.39万平方米的火神山医院在10天之内拔地而起，除各方力量的迅速调配、集结以及劳动者不分昼夜地辛苦付出外，有一项技术也发挥着关键作用——装配式建筑。装配式建筑允许大量现场作业转移到工厂中进行，而现场工人只需对工厂生产出的构件和配件进行组装即可。而操作这一技术的劳动者，现在有了正式的名字——装配式建筑施工员。

（4）电气电子产品环保检测员。这一新职业有很强的时代感，与当前人们的需求紧密相关。工作人员能够科学检测你所使用的电视机、冰箱、手机、空调等电气电子产品是否含有有害物质，是你身体真真正正的健康和生态环境的守护者。

（5）无人机装调检修工。2015 年是我国无人机民用化的元年。那年某歌手用无人机运送钻戒求婚，吸粉无数，随后关于“无人机”的相关报道频登热搜。随着新职业的发布，“无人机装调检修工”被正式提名，工作人员须会使用设备、工装、工具和调试软件，对无人机进行配件选型、装配、调试、检修与维护。

（6）铁路综合维修工。在铁路建设快速发展的背景下，2019 年 8 月，中国铁路总公司提出设立高铁基础设施段，负责高铁基础设备设施日常巡视检查、检测监测、养护维修、故障应急、营业线施工管理、路外环境检查等工作，同时设置综合维修车间。“铁路综合维修工”这一职业应运而生。

二、现代服务业

（1）连锁经营管理师。疫情防控期间，人们即使居家也能享受到各个连锁经营店的优质服务。食物的制作、包装、配送等一系列服务井然有序，这些工作的背后离不开连锁经营管理师的辛勤付出。

（2）供应链管理师。在信息大行其道的时代，供应链管理已经上升为国家战略，而企业如何精准定位下一个十年的“北斗星”，利用供应链寻求竞争博弈的“第二曲线”，或是管理者值得思考的问题。

（3）网约配送员。过去的“外卖小哥”“快递小哥”终于有了自己的职业名称。从业者们在获得更优质和规范的利益保障的同时，也面临着更精细和更专业的要求，这对于从业者来说既是机遇也是挑战。

（4）人工智能训练师。人工智能训练师是未来科技服务的中坚力量，他们的主要职责是使用智能训练软件，在人工智能产品实际使用过程中进行数据库管理、算法参数设置、人机交互设计、性能测试跟踪及其他辅助作业。

（5）虚拟现实工程技术人员。虚拟现实工程技术人员是指使用虚拟现实引擎及相关工具，进行虚拟现实产品的策划、设计、编码、测试、维护和服务的工程技术人员。影院里极具震撼力的星空就出自这一类从业者之手。

（6）全媒体运营师。全媒体运营师是综合利用各种媒介技术和渠道，采用数据分析、创意策划等方式，从事对信息进行加工、匹配、分发、传播、反馈等工作的人员。这一职业的正式发布象征着中国从“新媒体”时代转型到“全媒体”时代。

三、健康照护服务

（1）健康照护师。健康照护师虽然首次正式被纳入国家职业体系，但其工作内容却是人们最为熟悉的，如医院陪护人员、月嫂、家庭护工等。他们服务于家庭、医院、社区，为人们减轻家庭负担提供了支持。

（2）呼吸治疗师。呼吸治疗师是使用呼吸机、肺功能检测仪、多导睡眠图仪、雾化装置等呼吸治疗设备，从事心肺和相关脏器功能的评估、诊治与康复，以及健康教育、咨询指导等工作的人员。据华西医院统计，参与此次抗疫的呼吸治疗师，由于人数较少，每个呼吸治疗师平均要负责 11.5 张床位，最多的地方甚至每人负责近 17 张床位，疫情凸显了呼吸治疗师的人才缺口。

（3）出生缺陷防控咨询师。出生缺陷防控咨询师是从事出生缺陷防控宣传、教育、咨询、指导以及提供出生缺陷发生风险的循证信息、遗传咨询、解决方案建议、防控管理服务及康复咨询的人员。这一职业对提高出生人口素质、推进健康中国建设具有重要意义。

（4）康复辅助技术咨询师。康复辅助技术咨询师的出现满足了广大人民群众对于健康、审美的迫切需求，同时对我国应对人口老龄化也具有积极作用，是未来应用 VR（虚拟现实）技术进行心理咨询、建立智慧养老系统等发展的必然。

以上 16 个新兴职业符合时代发展的特征，既满足经济社会发展需要和人民群众对美好生活的需求，也为相关从业人员提供了职业发展、实现梦想的机会。《关于全面加强新时代大中小学劳动教育的意见》明确指出，应注重培养学生“增强诚实劳动意识，积累职业经验”“树立正确择业观”。每一份职业都有它的使命，大学生在进行职业选择时应当充分认识自己、认识环境，树立目标意识和责任意识，形成正确的劳动观与择业观。

知识链接 2:《民法典》里劳动者权益保护的“那些事”

据新闻报道，某公司业务部门 7 名员工因业务不佳被罚吃“死神辣条”，后多人身体出现不同程度不适，其中两名女员工被送往医院，查出胃绞痛、胃炎。还有公司让员工吃“蚯蚓”“芥末”等以惩罚业绩不佳的员工……近年来，“员工未完成业绩要打耳光”“跪地爬”“裸体跑”等类似新闻屡见不鲜，这实际上已严重侵犯到个体的人格权。

2020 年 5 月 28 日，第十三届全国人民代表大会第三次会议表决通过了《中华人民共和国民法典》（以下简称《民法典》），自 2021 年 1 月 1 日起施行。从劳动者权益保护的角度看，《民法典》为保护劳动者权益补充了包括人格权等在内的新内容。

第一，民事主体享有人格权。《民法典》第九百九十条第二款规定，“除前款规定的人格权外，自然人还享有基于人身自由、人格尊严产生的其他人格权益。”这是对我国宪法规定的“加强劳动保护”和“改善劳动条件”精神的贯彻，也是对《中华人民共和国劳动法》规定的劳动者劳动权利的细化。因此，该条款实施后，人格权将得到更全面、更到位的保护。

第二，扩大了用人单位的主体范围。《中华人民共和国劳动合同法》规定中华人民共和国境内的企业、个体经济组织、民办非企业单位等组织作为用人单位，《中华人民共和国劳动合同法实施条例》进一步明确会计师事务所、律师事务所等合伙组织和基金会属于劳动合同法规定的用人单位。而《民法典》中列明以下民事主体今后均可以作为劳动法上的用人单位，应当对其招用的劳动者承担相应的法律责任：公司及各类企业等营利法人，事业单位、社会团体、基金会、社会服务机构（依法设立的慈善机构、宗教场所）等非营利法人，机关、农村集体经济组织、城镇农村合作经济组织、居委会、村委会等特别法人，以及业主委员会、个人独资企业、合伙企业等非法人组织。

第三,误解协议撤销及合伙人报酬更明确。《民法典》第一百五十二条规定,重大误解的当事人自知道或者应当知道撤销事由之日起90日内没有行使撤销权的,撤销权消灭。根据该条规定,如果个人在职期间或离职时与单位签订了协议书,对内容存在重大误解的一定要在知悉该情形后90日内行使撤销权,否则逾期将无法维权。另外,针对合伙人提供劳动有无报酬的问题,《民法典》第九百七十一条规定:"合伙人不得因执行合伙事务而请求支付报酬,但是合伙合同另有约定的除外。"也就是说,劳动者作为合伙人为合伙组织提供劳动,执行合伙事务,要特别注意在合伙合同中约定清楚是否支付报酬,否则事后不能依照《中华人民共和国劳动法》的相关规定主张劳动报酬、缴纳社会保险等权益。

第四,用人单位有义务预防和制止性骚扰。《民法典》第一千零一十条规定:"违背他人意愿,以言语、文字、图像、肢体行为等方式对他人实施性骚扰的,受害人有权依法请求行为人承担民事责任。机关、企业、学校等单位应当采取合理的预防、受理投诉、调查处置等措施,防止和制止利用职权、从属关系等实施性骚扰。"然而,对于制止性骚扰行为,用人单位应该负什么责任、应建立怎样的防性骚扰机制,目前法律草案尚未明确,需要未来法规或司法解释作出进一步细化。

第五,劳动者履职造成的损害由单位先担责。《民法典》明确了"劳动者因履职造成的损害"的责任承担程序。《民法典》第一千一百九十一条规定:"用人单位的工作人员因执行工作任务造成他人损害的,由用人单位承担侵权责任。用人单位承担侵权责任后,可以向有故意或者重大过失的工作人员追偿。劳务派遣期间,被派遣的工作人员因执行工作任务造成他人损害的,由接受劳务派遣的用工单位承担侵权责任;劳务派遣单位有过错的,承担相应的责任。"现行规定下劳动者履职给单位造成经济损失的,只有双方劳动合同有特别约定的,单位才可以按照约定追偿,没有约定则缺乏维权依据。而《民法典》实施后,劳动者履职中因重大过失给单位造成损失的,单位在对外承担赔偿责任后可以直接依法向劳动者追偿。也就是说,对劳动者来说,工作中需要更加谨慎、用心,严格按照操作规程履职,否则赔偿风险增加。

实践1:从事专业实践培训

【实践目的】

(1)了解专业技能对应的岗位。

(2)知道专业技能的操作规程和产品标准。

(3)能熟练运用专业技能。

(4)体验生产过程中匠心独运、精益求精的快乐。

【实践意义】

此次活动旨在锻炼学生基本的工作能力，培养学生良好的语言表达能力和沟通组织协调能力。

【活动时间及地点】

周末，与各专业相对应的工作岗位。

【活动流程】

1. 活动前期准备

（1）准备技能训练任务单或项目方案。

（2）提前沟通协调，准备好场地。

（3）在老师的指导下，准备好专业技能训练工具。

（4）确定活动人员、位置及时间安排。

（5）向同学们发邀请函。

（6）准备手机或照相机。

（7）安排相关人员负责活动过程中的拍摄及视频的剪辑制作。

2. 具体活动流程

按照实际专业项目过程填写。

3. 注意事项

（1）注意训练场所安全和自身安全。

（2）注意工具或设施设备操作规程安全。

4. 活动分享

小组讨论交流，整理各小组心得体会，为进一步提高学生的专业技能做足准备，并让他们有一定的成就感和职业获得感。

【实践感悟】

通过本次实践活动，我的感悟：____

____

____

____

____

____

____

【总结反思】

活动总结	
我的收获	
我的不足	
改进措施	

【项目评价】

评价项目	评价主体		
	自我评价	小组评价	教师评价
主动参与			
分工明确			
团结协作			
态度认真			
专业素养			
应变能力			
活动成效			

实践 2:志愿活动——文明引导,从我做起

【实践目的】

(1)理解志愿服务的内涵与意义。

(2)了解大学生志愿服务的技能与技巧。

(3)学会策划志愿服务活动。

【实践意义】

此次活动旨在说明文明引导员代表着一个城市的形象,体现了一个城市的文明程度。文明引导员的作用是用温情的引导方式,力争让每一个有不文明行为的市民,都能认识并纠正自己的错误。举办系列活动,旨在鼓励全校同学积极向上,文明引导从我做起、从身边的点滴小事做起,丰富学校校园文化。

【活动时间及地点】

周末,学校附近小学。

【活动流程】

1. 活动前期准备

(1)准备交通引导所需物品和工具(小黄帽、志愿者马甲、文明引导旗等)。

(2)提前与交警、小学相关部门沟通,获得允许与支持。

(3)在老师的指导下,明确交通文明引导员岗位职责与注意事项。

(4)确定活动人员、位置及时间安排。

(5)向同学们发邀请函。

(6)准备手机或照相机。

(7)安排相关人员负责活动过程中的拍摄及视频的剪辑制作。

2. 具体活动流程

(1)小学放学时,大学生志愿者头戴小黄帽,身穿志愿者马甲,手持文明引导旗,站立在慢车道斑马线一侧的台阶上执勤。

(2)有序疏导放学的学生、接送孩子的家长快速撤离。

(3)协助交警引导人、车各行其道,严格遵守交通法规。

(4)劝导行人不乱穿马路,过马路要走人行横道,不翻越栏杆。

(5)提示车辆礼让行人。

(6)活动结束前,在小学门口安全的位置拍照留影。

(7)活动结束后,收拾好物品,安全返回。

(8)整理活动体会,并在小组中分享。

3. 注意事项

(1)在维持交通秩序的过程中,务必注意自身安全。

(2)遇到问题,请交警帮助解决,注意举止文明。

(3)活动结束返回时,注意交通安全。

(4)活动期间要学会使用指挥棒等,提醒周围车辆。

(5)在对他人进行劝阻时,要动之以情、晓之以理,语气合适,对不理解的人要多番解释,切勿与他人起争执,如遇困难可根据情景迅速与值班交警联系。

4. 活动分享

小组讨论交流,整理各小组优秀志愿者事迹并上报学校,通过公众号等形式进行宣传,鼓励大家践行志愿精神。

【实践感悟】

通过本次实践活动,我的感悟:______________________________

____

____

____

____

【总结反思】

活动总结	
我的收获	
我的不足	
改进措施	

【项目评价】

评价项目	评价主体		
	自我评价	小组评价	教师评价
主动参与			
分工明确			
团结协作			
态度认真			
专业素养			
应变能力			
活动成效			

实践3:勤工助学——办公室助理,储备办公室技能

【实践目的】

(1)贯彻教育部、财政部关于《高等学校勤工助学管理办法(2018年修订)》的要求。

(2)通过协助教师进行相关工作,培养学生自立自强和积极进取精神。

(3)加强理论与实际的联系,使学生掌握一定的生产知识和劳动技能,帮助学生树立劳动意识,提高学生的办公室工作能力。

【实践意义】

一方面,使经济困难的学生利用业余时间参与勤工助学活动,减轻经济负担,改善学习和生活条件,增加实践经验,帮助其顺利完成学业;另一方面推进学生劳动教育,构建新的人才培养模式,促进学生成长成才。

【活动时间及地点】

周末,学校活动室。

【基本技能】

(1)具备基本的办公室劳动工作能力。

(2)能够熟练使用日常办公软件,如 Word、PowerPoint、Excel 等。

(3)具备良好的文书编辑撰写能力。

(4)具备良好的语言表达能力及沟通组织协调能力。

(5)具备文件材料整理管理技能。

【岗位设置】

招聘人数:根据岗位实际需要人数确定。

聘任时限:当前学期。

工作时段:8:00—12:00,14:00—17:50。

工作机制:依据学生课余时间实行排班制。

【岗位要求】

(1)熟练使用 Word、Excel、PowerPoint 等办公软件。

(2)有较好的文字功底,能快速、准确地完成会议记录等工作。

(3)熟悉学校教务部门及其他各个部门的工作,并协助完成学校和各系相关文件材料的整理、提交与分发工作。

(4)具有较强的工作责任心。

(5)完成教学办公室临时交办的其他工作。

【活动流程】

1. 具体流程

(1)每学期初,学校向各学院下发本学期勤工助学岗位通知及岗位要求,学院向各专业班级学生传达通知。

(2)学校负责教师向学院负责学生介绍勤工助学岗位职责及人员要求。

(3)学生本人填写《勤工助学申请书》,学院根据实际情况签署意见,报勤工助学中心备案。

(4)经批准参加勤工助学活动的学生,将资料录入勤工助学管理系统,并接受勤工助学中心统一组织的岗前培训,培训合格后发放《勤工助学上岗证》。

(5)学生持《勤工助学上岗证》到指定岗位直接上岗或参加设岗部门组织的竞争上岗。

2. 注意事项

(1)提前做好准备,对工作内容做到大致了解,以免出现问题。

(2)做好办公室安全保卫工作,增强防火安全意识,在工作场所内除工作用电外,严禁其他个人电器、明火等,以免出现安全隐患。

(3)教师细心组织、领导学生完成各项工作,完善办公室助理岗位机制,培养学生负责任、勇担当的意识。

3. 活动分享

小组讨论交流，整理各小组心得体会。

【实践感悟】

通过本次实践活动，我的感悟：______________________________

____

____

____

____

____

【总结反思】

活动总结	
我的收获	
我的不足	
改进措施	

【项目评价】

评价项目	评价主体		
	自我评价	小组评价	教师评价
主动参与			
分工明确			
团结协作			
态度认真			
专业素养			
应变能力			
活动成效			

社会实践篇

第五章　上好校外社会实践课

【学习目标】

知识目标

了解校外社会实践的意义,了解如何进行假期社会实践和专业实践,了解校企合作的作用与模式。

能力目标

通过参加校外社会实践,增强动手能力,养成良好的劳动习惯,培养观察、思维和想象能力,提高人际沟通与协调能力,培养创新与奉献精神。

素质目标

增强劳动观念,培养生活、生存技能,在动手、动脑中培养创新意识和实践能力,促进自身全面发展。

【课堂导入】

教育与劳动相结合是我国教育培养人才的重要途径。大学生参加劳动实践,既可以巩固检验所学知识与理论,又可以应用所学知识与理论解决实际问题,还可以培养劳动实践能力和独立生存能力,更可以培养劳动意识、劳动态度、劳动习惯、劳动技能和劳动品质,牢固树立劳动最光荣、劳动最崇高、劳动最伟大、劳动最美丽的观念。

新时代劳动教育已经不再囿于校园的院墙内,而是强调身心在场和体验式学习。而校外社会实践提供了"教育所必需的,学校所不足的",为劳动教育打开了一扇窗,让劳动教育不再是单一的呈现,而是融入真实的、完整的社会生活,融入到校外实践的各个环节,达到融会贯通、互惠共赢的良好效果。全面落实开展劳动教育,是学校、家庭、社会共同要承担的责任。当下,各高校教学计划均在全力保障劳动教育课程开足上齐。各地校外社会实践基地,也纷纷加强劳动课程的开发,对劳动教育给予更多的关注和倾斜。校外社会实践基地是开展劳动教育的一个平台和场域,校外社会实践基地的劳动教育,是学校、家庭层面劳动教育的有力补充和强化促进。

新时代下,劳动教育的内涵在不断"升级换代",劳动素养也需要重新定义。在辽宁财贸学院,创新意识、实践能力、公益精神、奉献精神都被写入学生的劳动素养清单里。基于此,开设丰富多彩的校内外劳动实践课程,利用劳动教育实践基地、校企合作实践基地和其他社会资源来推动劳动素养提升,也成为该校劳动教育的一种常态。

近年来,该校紧密围绕国家经济社会发展和产业转型升级要求,对接新兴产业集群对数字化人才需求,创新产学合作、协同育人模式,采取课程置换、联合培养等形式,与新道科技股份有限公司共同规划人才培养目标，推进校企联合育人。2021年9月，辽宁财贸学院同新道科技股份有限公司签订战略合作协议，正式成立“辽财·用友新道智能商科产业学院”，重点围绕财务管理专业人才培养、专业建设、课程建设、师资队伍培养、实训环境建设、数字化教学资源库、教学实施与评价、毕业生实习与就业推荐开展全方位共建。经过两年的合作，双方探索出“双通道—双基地—六中心——平台—两会—四团队”合作方式，将校企合作办出特色，办出质量、办出效益。2022年6月，该校与山东浪潮优派科技教育有限公司结合双方优势，以大数据和人工智能专业共建为核心，以服务学校优势学科为主要目标，共同构建人才培养体系，完善协同育人机制，提高应用型人才培养质量。浪潮集团业务涵盖云计算、大数据、工业互联网等新一代信息技术产业领域，为全球120多个国家和地区提供IT产品和服务。本次合作校企双方采用“专业共建”的合作办学机制，双方共同完成教学任务，通识教育课程、基础理论课程、专业基础课程以学校师资为主，专业核心课程、实训课程、实习就业以浪潮集团为主。从第四学年开始，学生在学校或到有关企业学习、生活、实习、实训。对每届正常获得毕业证书，并愿意接受浪潮集团就业推荐的学生，浪潮集团将提供不低于2次的就业上岗机会。推荐岗位包含信息和智能的研发、测试、运维、实施，大数据分析、处理、挖掘等。这种合作方式有效解决学生毕业工作后的“水土不服”的问题，真正实现毕业即就业。

第一节　假期社会实践

一、假期社会实践的意义

（一）有利于提高大学生的思想政治素质

当代青年是同新时代共同前进的一代，生逢其时，也重任在肩，是追梦者，也是圆梦人。我们的明天需要青年人接续奋斗下去。要爱国，忠于祖国，忠于人民。要立志，立鸿鹄志，做奋斗者。要求真，求真学问，练真本领。要力行，知行合一，做实干家。这是习近平总书记在同北京大学师生座谈时对学生提出的殷切希望和谆谆教导。大学生参加社会实践，了解社会、认识国情，增长才干、奉献社会，锻炼毅力、培养品格，对于加深对党的路线方针政策的认识，坚定在中国共产党领导下走中国特色社会主义道路，实现中华民族伟大复兴的共同理想和信念，增强历史使命感和社会责任感，具有不可替代的重要作用；对于培养中国特色社会主义事业的合格建设者和可靠接班人具有极其重要的意义。

（二）有利于增长大学生的实践本领

大学生实践本领的增长，既要依靠课堂教学的知识传授，也要依靠社会实践的亲身历练。大学生有目的、有计划、有组织地参与假期社会实践，既可以使从课堂上学到的知识在实践中得以应用和检验，又可以在实打实的社会实践中使自身的实践本领得到增长，在一点一滴的社会实践中逐步培养自身的实践习惯、实践责任、实践品质，积累自身独特的社会实践经验，从而争当德智体美劳全面发展的新时代大学生。

(三)有利于增强大学生的责任感和使命感

大学生参加社会实践是增强社会责任感和历史使命感的有效途径。大学生参加社会实践应遵循贴近生活、贴近现实、贴近社会、贴近群众的原则,要走出课堂,走出校园,深入社会,深入基层,深入实践。大学生在实践中,一方面,可以充分认识社会主义现代化建设的成就,理性地思考实现中华民族伟大复兴所面临的问题,有效体验民间生活的酸甜苦辣,从而端正自身的思想态度,约束自身的实践行为,促进自身的心理成长;另一方面,可以理解自身作为社会主义现代化建设者的责任和使命,形成良好的社会责任感和历史使命感。

(四)有利于锻炼和提高大学生能力,增强就业本领

现在用人单位越来越重视毕业生的实践经历,这无形中加大了大学生的就业压力。通过社会实践,学生能把所学知识融会贯通,提高观察、分析和解决问题的实际能力。通过社会实践,学生能测试自己的能力水平,发现自己的不足和潜力。除了一定的专业水平,企业还要求学生具备相关能力,如人际沟通能力、合作能力、组织协调能力、专业知识应用能力等,而这些在校园内是无法全部学到的。通过社会实践,学生能与企业近距离接触,了解企业的运作模式和作为一名员工需要掌握的基本知识,这样不仅可以缩短从学生到员工角色转换的磨合期,也可以避免就业的盲目性。通过社会实践,学生可以打开就业的窗口,如微软的"领跑之旅"实习生计划就是一个常年的综合实习计划。参加该计划的学生将完全融入实际工作中,表现出色的学生在毕业时将有机会提前接到微软的正式聘用通知。所以通过社会实践,学生可以增加就业的砝码。当然,通过社会实践,学生也可以获得一部分生活补助,帮助他们解决生活问题。

二、假期社会实践的主要内容

(一)居家劳动

1. 孝老爱亲

古语说:"孝为德之本,百善孝为先。"在中华传统文化中,孝道是一杆秤,可以分毫不差地衡量出一个人的品德。孝源于心,爱生于情。孝老爱亲,是中华民族传统美德,是先辈传承下来的宝贵精神财富,是家庭美满幸福、社会发展进步的基石,也是我们做人的本分。

大学生应深怀感恩之心,及时报答父母亲人的养育之恩,利用假期居家时间做好"六个一":向父母汇报一次自己在大学的学习、生活感受和收获;倾听一次父母对自己学习、生活和人生的希望和期待;帮助父母做一次健康监测和家庭护理;每天帮父母打扫一次房间卫生;每周帮父母洗一次衣服;每周帮父母做一顿饭。

2. 房间有序

整理、清洁房间,是保持房间洁净有序的必备活动。由于房间空间限制,家里需要收纳的物品越来越多,因此需要对房间空间进行规划,使其充分发挥作用,实现最大化利用。

(1)整体布置有序。室内家具和生活用具定点摆放。房间布置力求美观大方,格调健康高雅。床、书桌、脸盆、水桶、热水瓶、家具、卫生洁具等物品,本着美观、有序、方便生活的原则统一定点摆放。

（2）“三面”整齐统一。墙面：墙面布置要统一、美观、健康。所有张贴物最好用透明胶固定，不要使用糨糊、胶水、图钉等。床面：起床后须叠被并将其放置在面向门口方向的位置，枕头置于被子上面，床面不要堆放杂物。桌面：物品须摆放整齐，桌面不要堆放纸箱等大件物品。

（3）地面干净。保持地面清洁干燥，果壳、废纸等应放在垃圾桶里。地面上不乱堆放脸盆、酒瓶、衣物及其他杂物。

（4）其他。洗浴间、脸盆内平时只放置洗漱用具，脏衣服不要长时间堆放。毛巾等生活用品要统一挂放。室内不要乱拉电线、绳索晾晒衣服。室内要经常通风，保持空气清新，以预防疾病传播。

3. 穿衣有型

古人言：“食必常饱，然后求美；衣必常暖，然后求丽。”当饮食服饰上升为一种文化现象而不仅作果腹御寒之需时，那霓裳背后流露的时尚亦涵盖了人们生活的要素，见证着文化的变迁。大学生作为社会最有激情创意、最具活力希望的群体，应以良好的心态来认识服饰的积极效应，充分发挥服饰的作用，弥补自身条件的不足，充分展现当代大学生自信、健康、美丽、时尚的青春风貌。

在这缤纷多彩的服装大世界中，大学生不仅要着装整洁、得体，还要学会基本的生活常识，包括洗衣必备常识、熨烫常识和实用技巧等，并利用假期进行洗衣、熨衣等实践操作。

4. 烹饪体验

现如今的社会现象是，很多人大学毕业后连饭都不会做，在学校有食堂、工作的时候点外卖、回到家里父母把饭菜做好，自己什么都不用干。一旦脱离这些环境需要自己动手做饭吃，就会捉襟见肘。大学生的学习能力和文化知识在不断地提高和增加，但是个人自理能力却越来越差了。

劳动教育成为必修课以来，很多高校为了培养学生劳动实践能力，会布置假期劳动实践作业，要求大学生利用假期进行烹饪实践。一方面可以将理论联系实际，体验劳动带来的乐趣；另一方面，可以减轻父母的家务负担，为父母尽一份孝心。只有学习做饭，才能知道父母做饭的辛苦，也能发现做饭乐趣多多。当自己动手做出一道美味的菜肴时，那种成就感、那种心情也是无法言喻的。

据了解，目前西北工业大学等一些高校开设了大学生烹饪选修课，目的是希望大学生能够认识和了解中国烹饪文化，掌握一些简单的中式烹饪技能，同时也能学会做几道家常菜和地方风味小吃，通过体验劳动的乐趣，达到劳动教育的目的。

大学生进行烹饪实践，要掌握一些烹饪基本知识和技巧，包括厨房用具的使用、煎炒烹炸炖的方法和窍门、调味料的使用方法和烹饪安全常识等。

（二）社会调研

一般来说，社会调研主要包括民生社会热点调研、行业发展与专业需求调研和专题调研等。民生社会热点调研是指大学生以自己独特的视角，围绕社会发展和居民生活情况的某一具体问题开展调查研究，提出自己的看法以及解决的意见和建议，提升认识社会和分析解决问题的能力,并为服务人民群众、实现国家发展贡献力量。行业发展与专业需求调研是指大学生结合自身所学专业,选择相关行业中的具体单位开展调查研究。在实践过程中,通过在业内了解行业发展现状和前景,调查所学专业的社会需求,提出与行业现实相适应的职业规划认识,激发大学生对专业学习的热情并培养良好的就业心态,为充分就业做好准备。

高等学校及校外社会组织(政府机关、研究机构、社会团体等)常会根据实际工作的需要,组织一些专题调研项目。大学生可以根据自身能力及兴趣爱好,选择参加相应的专题调研活动。开展专项调研,可以将实践锻炼与服务社会相结合,使大学生更广泛地接触社会生活,锻炼和提高社会活动能力,获得有价值的实践成果。

(三)公益劳动

大学生参加生产劳动,有利于培养劳动观念、职业道德和劳动技能。大学生参加的生产劳动主要包括工、农业生产活动和环卫清洁等公益劳动。工、农业生产活动是最朴素的大学生社会实践形式。实践中大学生既能体会到劳动的快乐,又能与劳动人民建立真挚的感情。环卫清洁等公益劳动是常见的大学生社会实践形式。大学生集中开展维护公共卫生、清扫垃圾、保护绿地、植树造林等内容的实践活动,能够为提升公共环境质量、促进环保事业发展等发挥积极的作用。

大学生参加志愿服务等公益活动,可以运用所学知识和技能服务人民、奉献社会,培养为人民服务的道德观,弘扬社会主义道德风尚。大学生参加志愿服务应注意以下几点:一是拓展社会服务的新领域、新载体、新形式,积极参加志愿服务西部计划、青春红丝带志愿行动等活动;二是对大学生志愿者进行规范管理,将其纳入中国青年志愿者规范管理的范畴,激发大学生参与社会服务的热情,带动更多的大学生参与到志愿服务中来。

(四)假期兼职(勤工助学)

假期兼职是指在校学生通过在寒暑假期间参加社会劳动,获取一定的劳动报酬来补充自身学业、生活中的费用支出。假期兼职一方面可以锻炼自身能力,另一方面可以减轻家庭经济负担。从性质上来看,它既属于社会劳动实践,又属于学习方式。这项活动在我国并不是新生事物,早在20世纪初,周恩来等老一辈革命家就以勤工助学的方式到海外留学。但以往的这类活动只在国外流行,在我国大规模开展还是在改革开放以后。

大学生开展的假期兼职活动主要包括劳动服务型兼职和技能服务型兼职两种类型。劳动服务型兼职,也就是通常所说的兼职打工。常见的形式有卫生清洁、商场促销、导购、饭店服务、洗碗、抄写、打字、发放传单等。这类工作时间较短、安排较灵活,可为不同层次水平的大学生提供不同的岗位,工作酬劳也根据工作难度和时间长度的不同而有所区别。技能服务型兼职包括家教辅导、文体教练、调查研究、行政助理、资料整理、文献翻译、科技开发、工程设计、施工管理等。这是对专业技术性要求相对较高的实践活动,与自身的专业学习和职业发展结合比较紧密,适合高年级大学生。

大学生开展假期兼职的途径主要有家庭所在地熟人介绍,中介服务机构介绍,或通过网络、传单等途径发布的招聘广告。在从事兼职实践活动的过程中要注意以下问题:一是所从事的劳务工作要遵守国家法律法规,符合学校和工商行政管理部门的有关规定;二是要注意自身权益的保护，确保人身安全；三是要安排好兼职与学习的时间，协调好精力与投入的关系。

（五）“三下乡”活动

文化、科技、卫生“三下乡”是新形势下大学生参加社会实践的有效载体。全国大学生志愿者暑期文化科技卫生“三下乡”社会实践活动的主要内容包括以下方面。

1. 理论普及宣讲

理论普及宣讲指，重点围绕习近平新时代中国特色社会主义思想开展宣讲报告、学习座谈、调查研究、政策宣传等形式的社会实践。

2. 历史成就观察

历史成就观察指，重点围绕中华人民共和国成立 70 多年以来经济社会发展的历史性成就、“十四五”规划实施情况等，开展参观考察、国情调研、学习体验等形式的社会实践。

3. 依法治国宣讲

依法治国宣讲指，重点围绕实施“七五”普法规划，开展法律法规宣传、建设宣讲成果展示等形式的社会实践。

4. 科技支农帮扶

科技支农帮扶指，重点围绕乡村振兴，开展农技培训推广、农业科普讲座、金融知识下乡、乡村规划引领、乡风文明宣传等形式的社会实践。

5. 教育关爱服务

教育关爱服务指，重点围绕“七彩假期”志愿者关爱农村留守儿童志愿服务项目和“暖童心”爱保护农村留守儿童工程，坚持扶贫与扶志、扶智相结合，开展学业辅导、亲情陪伴、自护教育、素质拓展、敬老孝亲等形式的精准关爱志愿服务活动。

6. 文化艺术服务

文化艺术服务指，重点围绕培育和践行社会主义核心价值观，开展艺术创作、惠民展演、全民阅读、文化普及等形式的社会实践活动。

7. 爱心医疗服务

爱心医疗服务指，重点围绕健康中国战略，开展健康普查、巡回医疗、流行性疾病防治、基本医疗卫生知识普及、乡村医疗站建设等形式的社会实践。

8. 美丽中国实践

美丽中国实践指，重点围绕美丽中国建设和打好污染防治攻坚战，开展环境治理、科普宣讲、社会调研、发展献策等形式的社会实践。

9. 专项活动

（1）“青年大学习”行动专项计划。主要包括“习近平新时代中国特色社会主义思想”万场宣讲交流活动、“助力新时代文明实践中心”全国大学生暑期社会实践专项活动、“丝路新世界·青春中国梦”全国大学生暑期社会实践专项活动、“井冈情·中国梦”全国大学生暑期社会实践专项活动、“追寻红色足迹·情系圣地发展”全国大学生延安暑期社会实践专项活动、“情系北大荒·建功新时代”全国大学生暑期社会实践专项活动、“扶贫一线体验行”全国大学生暑期社会实践专项活动。

（2）“投身乡村振兴”专项计划，主要包括“乡村稼穑情·振兴中国梦”全国农科学子聚力乡村振兴暑期社会实践专项活动、村庄规划编制志愿服务活动、“新疆学子百村行”全国大学生暑期社会实践专项活动、青少年禁毒防艾宣传暑期志愿服务活动、“筑梦新时代·奋斗新征程”全国大学生长治暑期社会实践专项活动。

（六）“四进社区”活动

大学生利用寒暑假等时间开展科教、文体、法律、卫生“四进社区”活动，具体如下。

1. 科教进社区

大学生可以利用自身的专业优势，在社区与居民共同举办教育培训、科普宣传、技能讲座、知识竞赛、读书交流、制作公益广告等活动，充分利用好社区居民活动中心和相关宣传阵地，宣传健康生活观念，普及生活知识，传播科学精神，破除落后习俗，提高社区居民的生活质量。

2. 文体进社区

大学生充分发挥个人特长，利用社区各类文体设施，组织开展歌咏、书画、曲艺、舞蹈、健身等丰富多彩的群众性文体活动，通过参加社区文体骨干培训、巡回文艺演出、公益电影播放、社区图书站建立等服务工作，弘扬传统美德，促进先进文化的传播。

3. 法律进社区

法学及相关专业的大学生深入社区开展法律宣传普及工作，举办社区法制讲座、法律咨询、法律援助等活动，通过发放宣传资料、赠送法律知识读物，提高社区居民的法律意识，优化社区的法治环境。依托法律进社区活动，大学生可以将社会实践与思想政治理论课、形势与政策课的学习紧密联系起来，开展政策宣讲、理论宣讲等活动，丰富法律进社区的内容，有助于深化对理论学习的理解和认识。

4. 卫生进社区

医学专业或具备丰富医学常识的大学生可以为社区居民进行健康检查、提供常见病义诊咨询、医疗卫生知识普及宣传，为残疾人、孤寡老人和困难家庭等群体提供卫生保健服务，倡导社区居民树立健康生活的观念。

（七）志愿者活动

青年是社会上最富活力、最具创造性的群体。习近平总书记寄语新时代青年：“勇做新时代的弄潮儿，自觉听从党和人民召唤，胸怀‘国之大者’，担当使命任务，到新时代新天地中去施展抱负、建功立业，争当伟大理想的追梦人，争做伟大事业的生力军，让青春在祖国和人民最需要的地方绽放绚丽之花！”如今全国各高校学生参加的志愿者活动，基本上包括了以下几类。

1. 以环保为主题的志愿活动

随着世界各国经济的迅速发展和生产力水平的不断提高，人类对环境的影响越来越大，环境问题已日益突出和尖锐化。严重的生态破坏和环境污染问题已成为当代人类社会面临的重大问题。如今人们越来越多地关注环保、投身环保。作为新时代的大学生，更应该加入环保大军，为环保贡献自己的一份力量。大学生可以利用假期等课余时间，参加一些诸如垃圾分类、植树造林、清理垃圾等活动，还可以参加以环保为主题的宣传活动，如口头宣传，发放宣传单，参加图片展、漫画展，制作标语牌等。

2. 爱心工程类的志愿活动

新时代大学生应该肩负起时代赋予的责任，虽然能力有限，但一颗关爱之心不会磨灭。应该努力伸出双手去帮助、关心孤寡老人、孤残儿童等有困难的弱势群体。哪怕一句问候、一次搀扶、一次弯腰都能为社会公益、慈善、福利事业，社会生态环保及建设和谐文明的社会贡献出自己的微薄之力。大学生可以利用假期等课余时间，参加帮扶空巢老人、残疾人、孤儿、留守儿童等活动，为他们提供家政修理、生活帮扶、清洁卫生等服务，还可以到敬老院、福利院、孤儿院等开展帮扶、慰问、联欢活动。

3. 社会实践类的志愿活动

大学生在暑假或者寒假的时候参加校外实习、勤工助学、支教活动、社区志愿服务、“三下乡”社会实践等活动。“三下乡”社会实践是共青团的重要品牌活动，每年都会进行，是大学生融入社会、体察民情、发挥专业能力的重要途径之一。

4. 专项服务类的志愿活动

这类活动指大学生在一些大规模的赛事、大型会议、博览会等担任工作人员，如参加冬奥会志愿服务工作等。这种工作对人员的素质、能力要求较高，工作环境和工作对象也通常是一些高层次的人员。

第二节　假期专业实践

一、专业调研

（一）专业调研的含义和注意事项

专业调研是大学生对所学专业所对应的行业、职业、岗位的社会调查与研究。调查是对社会行业、职业、岗位客观职业要求与技术、能力、道德等的收集与情报汇总。研究是在调查的基础上对客观环境收集的资料、状态和汇总情报的分析、判断。

大学生通过专业调研，可以了解本专业毕业生的社会需求，了解本专业对应的职业岗位职责，以及用人单位对学生的素质要求等，从而找出自己在专业认识上的差距，明确学习目标，确定努力方向。

要正确有效地进行专业调研，应该注意以下几点。第一，要有正确的指导思想。坚持唯物主义反映论，反对唯心主义先验论，坚持一切从实际出发和实践第一的观点，反对主观主义。第二，要制定调查纲目。不能盲目进行，必须围绕课题需要，有明确的调查要求。第三，要有深入实际的作风。第四，要有科学的态度。坚持实事求是，力求全面、真实、准确地反映现实，不能任意取舍，要有一定的理论水平和科研能力，保证作出科学分析，得出真实的结论。

（二）专业调研的程序

1. 前期准备

（1）做好案头工作。在开始调研前，必须做好“功课”，知己知彼。知彼指，知道最新的区域产业发展战略和产业政策、区域产业发展的现状（本地产业布局情况，骨干企业及其在业内的水平，甚至定位、战略、数量、规模、产值、利润、员工等）、区域产业近年来的变化及其趋势、区域产业吸收高等院校毕业生的情况等等。上述“功课”可以通过网络查询完成。知己指，知道专业的优势和劣势是什么。用人单位更看重学生的哪些素质。

（2）形成假设和预判。在调查之前要通过间接的方式，了解产业发展的现状趋势，推测产业发展对就业岗位、人才需求规格带来哪些可能的影响。

（3）制定调研提纲。提出本次调研的目标，罗列想要调查的企业和调研任务，以确保调研的针对性、有效性和操作性。

（4）设计调查问卷或访谈问题。调查问卷设计要简单易填，抓住关键问题和主要矛盾。设计访谈问题，如目前企业的发展面临哪些问题、形势和机遇？产业发展给用工带来哪些变化（岗位变化和人才需求规格变化）？企业如何应对产业转型？用工的问题怎样解决？留不住人的原因是什么？毕业生、实习生存在什么问题？对学校培养有什么意见建议？等等。

2. 进行调研

进行调研时要注意以下几点。第一，找对人。不论是问卷调查还是访谈，都要找对人，包括企业老总、技术总监、学者专家，以及优秀毕业生。仅找人力资源部门的人不够，因为他们只能提供人才需求的数量，但不能预期产业发展。第二，介绍自己。要设计一段话，介绍自己的专业，专业的人才培养方向、水平、规模等，有条件的话，一定要带着学院的宣传页，准备个小本子。第三，主导谈话。要直奔主题，了解你想了解的。

3. 回收处理信息

调研结束后，回收问卷或整理访谈记录，录入数据，用数据分析软件进行数据处理，数据结果可以适当地配上一些图表。整理文字信息资料，并分类归总。

4. 调研报告的撰写

报告的撰写要求：客观性、针对性、实证性、实效性。报告的结构主要包括五个方面。第一，调研的背景、目的和意义；第二，对调研对象基本情况和调查方法的说明。第三，内容分析，反映基本情况，剖析原因。第四，调研总结，重在找出对策，提出建议或阐明影响。第五，可在调研报告后面附上问卷、统计数据及访谈笔录等。

（三）常用的专业调研方法

1. 调查法

（1）问卷调查法（问卷法）。

问卷法是国内外社会调查中较为广泛使用的一种方法。问卷是指为统计和调查所用的、以设问的方式表述问题的表格。问卷法就是研究者用这种控制式的测量方式对所研究的问题进行度量，从而搜集到可靠的资料的一种方法。问卷法用邮寄、个别分送或集体分发等多种方式发送问卷，由调查者按照表格所问来填写答案。一般来讲，问卷较之访谈表要更详细、完整和易于控制。问卷法的主要优点在于标准化和成本低。因为问卷法是以设计好的问卷工具进行调查,问卷的设计要求较规范并可计量。

问卷设计类型一般分为两类。一类是结构型问卷,也称封闭式问卷,是把问题的答案事先加以限制,只允许在问卷所限制的范围内进行选择。如:你选择本专业的原因? A. 本人感兴趣 B. 就业前景好。结构型问卷包括是否式、选择式、评判式、划记式。另一类是非结构型问卷,也称开放式问卷,问卷由自由作答的问题组成。如:你的专业是什么? 非结构型问卷往往适用以下情况:一是较深层次的问题研究;二是在研究初期,对所研究的问题或研究对象的有关情况还不十分清楚的情况下,通过开放式问卷帮助研究人员设计封闭式问卷。

采用问卷法进行专业调研,要根据提纲的内容要点设计问卷。问卷基本内容包括调研课题题目、简要说明情况、主题问卷、调查单位。问卷要求包括以下几点:第一,语言通俗、简洁,语句通顺;第二,问题要切合提纲,不要遗漏要点;第三,问题要由浅入深,尽量客观全面,不要带有偏向性;第四,客观题答案要符合实际;第五,尽量缩短篇幅,避免重复烦琐;第六,适当加入主观题。问卷设计好后,可小范围内试做,分析出现的问题,并有针对性地进行修改。

(2)实地调查法。

实地调查法是应用客观的态度和科学的方法,对某种社会现象,在确定的范围内进行实地考察,并搜集大量资料以统计分析,从而探讨社会现象。实地调查是在传播研究范围内,研究分析传播媒介和受传者之间的关系和影响。实地调查的目的不仅在于发现事实,还在于对调查经过进行系统设计和理论探讨,形成假设,并利用科学方法到实地验证,形成新的推论或假说。

(3)个案调查法。

个案调查通常称为个案研究,属于社会研究方法的一种,是对某一具体调查对象而开展的研究,多见于社会科学研究(定性研究)。个案调查往往需要花费较多的时间和精力,有的个案调查需要查阅相关资料,有的个案调查则需要实地深入,并借助问卷、访谈等形式实现。

个案调查法的步骤:第一,确定个案是否具有研究价值和可行性;第二,制定调查方案、时间、地点、辅助工具等;第三,着手调查,要细致认真,秉承科学中立原则;第四,收集调查结果,并进行归纳分析。

2. 访谈法

访谈法是调查研究的一种常用方法,通过与调查对象面对面的交流,加深对调查对象的了解,以获取第一手资料和信息的一种工作方法。其具体做法包括个人访谈、群体访谈、专家访谈。访谈法的优点是容易操作、方便可行,以及引导深入交谈可获得可靠有效的资料。访谈法收集信息资料是通过研究者与被调查对象面对面直接交谈的方式实现的,具有较好的灵活性和适应性。

访谈法可以分为不同的类型:根据研究者与被研究者交流的方式,可分为直接访谈和间接访谈;根据访谈的人数,可分为个别访谈和集体访谈;根据访谈过程中可控制的程度,可分为结构性访谈、半结构性访谈、无结构性访谈。

访谈法完成的步骤：第一，访谈准备；第二，进入访谈；第三，访谈过程的控制；第四，结束访谈；第五，访谈记录与资料整理。

访谈实施：确定适当的访谈方法，制定访谈提纲；确定合适的调查群体，并将调查主题事先通知调查对象；选好访谈的具体时间、地点和场合；做好访谈的记录工作。

（四）专业调研报告的撰写

调研报告的核心是实事求是地反映和分析客观事实。调研报告主要包括调查和研究两个部分。调查应该深入实际，准确地反映客观事实，不凭主观想象，按事物的本来面目了解本质，详细地掌握材料。研究即在掌握客观事实的基础上认真分析，透彻地揭示事物的本质。至于对策，在调研报告中可以提出一些看法，但不是主要的。因为对策的制定是一个深入的、复杂的、综合的研究过程，调研报告提出的对策是否被采纳，能否上升到政策层面，应该经过政策预评估。

1. 调研报告一般格式

1）标题页

标题页包括封面设计、标题题目、报告人和报告日期。

2）内容目录

内容目录包括章节标题、副标题、附页码、图表目录和附录目录。

3）摘要内容

摘要内容包括调研目的、调研方法、主要调研结果、调研结论与建议的简要陈述，以及其他相关信息（如特殊技术、局限、调研背景信息等）。

4）正文

正文要求根据学生实践情况确定调研目的，找出存在的突出问题及存在问题的主客观原因分析，提出解决问题的办法和措施。

5）分析与结果

此部分内容应包括调查基础信息和一般性的介绍分析类型，调研分析得出的表格与图形，以及解释性的正文。

6）结论与建议

调查方法包括研究类型、调查问卷设计、特殊性问题或者考虑、样本选择的局限等。附录包括调查问卷、技术性附录（如统计工具、统计方法）、其他必要的附录（如调查地点的地图等）。

2. 调研报告的写作特点

1）写实性

调研报告是在掌握大量现实和历史资料的基础上，用叙述性的语言实事求是地反映某一客观事物。充分了解实情和全面掌握真实可靠的素材是写好调研报告的基础。

2）针对性

调研报告一般有比较明确的意向，相关的调研取证都是针对和围绕某一综合性或专题性问题展开的。所以调研报告反映的问题集中而有深度。

3)逻辑性

调研报告离不开确凿的事实,但又不是材料的机械堆砌,而是对核实无误的数据和事实进行严密的逻辑论证,探明事物发展变化的原因,预测事物发展变化的趋势,提示本质性和规律性的东西,得出科学的结论。

3. 调研报告写作方法

调研报告一般由标题和正文两部分组成。

1)标题

标题可以有两种写法。一种是规范化的标题格式,即“发文主题”加“文种”,基本格式为“×××(或者单位)关于 ××× 的调研报告”“关于 ××× 的调研报告”“××× 思考(建议、分析、对策研究)”等。另一种是自由式标题,包括陈述式、提问式和正副题结合使用三种。陈述式如《××× 的情况调查》;提问式如《为什么 ×××》;正副标题结合式,正题陈述调研报告的主要结论或提出中心问题,副题标明调研的对象、范围、问题,这实际上类似于“发文主题”加“文种”的规范格式,如《可持续发展重在以人为本——×× 公司人才困境与出路》等。作为公文,最好用规范化的标题格式或自由式正副题结合式标题。

2)正文

正文一般分为前言、主体、结尾三部分。

(1)前言。一般有如下几种写法:第一种是写明调研的起因或目的、时间、地点、对象或范围、经过与方法,以及人员组成等调研本身的情况,从中引出中心问题或基本结论;第二种是写明调研对象的历史背景、大致发展经过、现实状况、主要成绩、突出问题等基本情况,进而提出中心问题或主要观点;第三种是开门见山,直接概括出调研的结果,如肯定做法、指出问题、提示影响、说明中心内容等。前言起到画龙点睛的作用,要精炼概括、直切主题。

(2)主体。这是调研报告最主要的部分,这部分详述调研研究的基本情况、做法、经验,以及分析调研研究所得材料后得出的各种具体认识、观点和基本结论。

(3)结尾。结尾的写法比较多,可以提出解决问题的方法、对策或下一步改进工作的建议;或总结全文的主要观点,进一步深化主题;或提出问题引发人们进一步思考;或展望前景,发出鼓舞和号召。

4. 社会调研报告的注意事项

撰写调研报告是体现理论学习与实践成果相结合的一个重要环节。参加社会实践的大学生要结合各自实践工作内容、任务分工和调研项目课题,采取多种形式,深入群众一线开展调查研究,撰写调研报告。

1)深入开展调研

大学生参加社会实践要结合本专业理论知识、专业技能等深入基层一线,掌握民情,采取走访、座谈、问卷等多种形式,开展具有针对性的调研,广泛听取群众和一线工作人员的意见和建议,了解和掌握在社会实践过程中要研究、解决的突出问题。

2)撰写调研报告

大学生参加社会实践要对调研过程中了解的情况进行认真梳理,找出存在的问题,分析形成原因,有针对性地提出解决办法,并形成有理论、有实践、有深度、有见地的调研报告,杜绝照抄照搬、空对空的现象。

3)开展交流讨论

调研报告形成后,各团队小组认真组织交流讨论,提出修改意见。

二、专业实践

以专业实践为载体的劳动教育,是实现“五育并举”的重要手段。专业实践有助于职业道德的具体化,帮助学生熟悉职业或行业道德规范,塑造劳动价值观,即树德;专业实践的重要目的是增加学生专业知识和提高学生实践技能,即增智;专业实践中的体力活动,能使学生出汗、加强身体锻炼、磨炼坚韧意志,即强体;创新教育培育学生的创造力和审美力,即育美。

(一)专业实践教学

2020年10月13日,中共中央、国务院印发了《深化新时代教育评价改革总体方案》,明确指出应“推进高校分类评价,引导不同类型高校科学定位,办出特色和水平”,地方本科院校应积极“探索建立应用型本科评价标准,突出培养相应专业能力和实践应用能力”。要实现应用型本科高校高质量发展必须推进实践教学体系高水平建设。

实践教学是在学校的引导下,学生以获得直接经验或将间接经验转化为直接经验为主要目的,参与理论教学之外的具体社会生活的教学活动。实践教学的基本途径是参与理论教学之外的具体社会生活。实践教学的主要目的是获得直接经验,或者将间接经验转化为直接经验。

(1)从教学的范围看,实践教学包括课内实践、课外实践、校外实践。课内实践是指采取课程形式进行的实践教学活动。这里的课程是狭义的课程,是显性课程,不包括隐性课程。课内实践的内容主要是技能训练,常常采取实验、情景模拟等形式,多在虚拟的环境中以练习的方式进行。课外实践是指以校内课外活动形式进行实践教学,有些可以称为隐性课程,形式丰富多样。校外实践是指在校外进行的实践教学活动,一般在真实的社会生活中进行,但是也可能在校外的培训机构中进行虚拟练习。

(2)从教学的专业看,实践教学包括本专业实践、多专业实践、通用实践。本专业实践是指针对本专业特有的教学内容开展的实践教学活动,如机械专业的机械设计、中文专业的小说创作。多专业实践是指多个相关专业都适用的实践教学活动,如数学建模、文科的写作比赛。通用实践是指所有专业都适用的实践教学活动,如演讲比赛、志愿服务。

(3)从教学的内容看,实践教学包括技能训练、科技创新、生涯规划、组织服务、实习见习、社会体验。技能训练是指以获得特定的基本技能为主要目的的实践教学活动,多数是专业的,但也可能是非专业的。这是目前最主要的实践教学活动。科技创新是指以获得创新精神和创新能力为主要目的的专业性实践教学活动,既包括科学创新活动,也包括技术创新活动。这是目前实践教学发展的重点。生涯规划是指以促进个人生涯发展为主要目的的实践教学活动，一般包括学业规划、职业规划、创业计划等具体形式，也包括真实的创业活动。这也是目前实践教学发展的重点。组织服务是指承担校内活动的组织和服务工作，以获得组织和服务素质为主要目的的校内实践教学活动，包括担任干部、临时参与组织活动、固定担任服务人员等，多数志愿服务的专业性不明显，但是对于未来发展有重要的价值。实习见习是指在社会生活中进行实践教学活动，其中专业实习是指集中的、长期的、深入的活动，见习是指分散、短期、肤浅的活动。社会体验是指没有专业性，以获得一般社会经验为主要目的的校外实践教学活动，如与专业无关的参观考察、参与社会活动、打工。

（二）假期专业实践

大学生是国家与社会发展进程中不可或缺的力量，他们可以通过假期参加专业实践，锻炼自身工作技能和劳动体悟。在“实践出真知”的同时，一方面可以使得学生在实际工作的过程中不断探索，寻找到适合自身发展的对口工作；另一方面可以有效地将课内知识教育、技能传授与课外实践知识内化、技能强化、价值引领等深度融合，进一步提高专业学习兴趣，锻炼理论联系实际的能力。

1. 假期进行专业实践的目的及重要性

1）通过假期进行专业实践以了解就业行情

通过进入专业市场大学生可以落实相关实践单位，切身感受现今就业现状。虽然现今各高校已经把就业指导作为大一新生的必修课，并对每一年的毕业生人数进行公布，各媒体也对大学生就业现状进行报道，促使学生客观地认识自身所处的环境。但对在校学生而言，他们看到的只是一个数字和别人的求职的故事，并未亲身经历过，正所谓“百闻不如一见”。学生亲身经历、亲眼看见后，可以对现今的就业行情有一个更为直观、客观的认识与了解。

2）通过假期专业实践了解现今职业要求

在现今高等院校中，学生上课出勤率低、上课睡觉、玩手机、看小说等不良现象较为普遍。而这些现象恰恰与用人单位的高强度、高效率的用人制度相违背。通过假期专业实践，学生可以清晰地认识到用人单位对员工基本素质的要求，如遵守劳动纪律、具有高度的工作热情和团队合作精神等。

3）通过假期专业实践检测学生的真实水平

现今的普通高等院校特别是应用型本科高校基本采取理论与实践并重的教育模式，注重掌握必要的理论知识和动手操作能力。但学校教育受教学环境、师生比、课时安排、实验实训等综合条件的制约与影响，随着行业对所需员工的要求不断提高，其教学与社会需求不匹配，无法真正检测学生是否符合市场的要求。通过假期专业实践，学校首先可真正检测学生通过一年或更长时间的在校学习，能否将所学知识运用于实际；其次可通过学生的有效反馈，促使学校更好地调整课程设置，使培养目标更符合市场需求。

4）通过假期专业实践发现自己的不足点

高等院校按其专业课程安排来看，大一、大二阶段一般为大量的公共课及专业基础课。因此，学生对所学专业刚入门，与用人单位对员工知识的实用性、连贯性要求以及对不同岗位所需知识的要求相差甚远。假期专业实践首先可使学生对所学专业有更深的认识,其次可使学生在返校学习时目标更明确,针对自己的不足利用学校的整体环境,如通过图书馆、教师指导、同学帮助等方式进行有意识的提高,为毕业后真正从事专业工作打下基础。

5)通过假期专业实践为真正就业打下基础

学生利用假期进行专业实践可以了解相关行业、认识相关工作单位、认清内外部环境、认识相关的朋友等,为以后真正就业打下良好基础。据有关媒体调查,相当一部分毕业生的第一个工作单位就是实习单位。一方面公司通过学生的假期专业实践了解学生的个人素质和实际工作能力,待学生毕业后可直接进入工作岗位,减少引进人员再培养的时间,实现双赢;另一方面,学生通过假期专业实践,熟悉了公司及内部管理体制,缩短了彼此的磨合期,毕业后即成为正式员工,享受正式待遇,促进了他们的工作积极性;另外,通过实习认识的相关朋友,可在毕业就业时为自己提供相关的就业信息,为快速就业打好基础。

2. 假期进行专业实践,学生应具备的基本素质

1)个人形象问题

随着社会进步,个人形象问题也引起了企业管理层的重视。特别对于从事一线服务性行业的人员来讲,个人形象的好坏在一定程度上对其工作开展得顺利与否起着一定的作用。人们初次相遇,首先观察对方的衣着、相貌、举止及其他可察觉到的动作反应,其次根据观察得到的印象对对方作出一个初步评价。对假期进行专业实践的学生而言,必须清晰地认识到这一点。因此,从自身整体气质出发,整洁的、大气的、符合大众审美要求的个人形象非常重要。

2)个人专业技能的掌握与展现

从一般单位录用员工的情况分析来看,在过了个人形象关之后,往往是考核个人专业技能关。如设计公司的面试官会让应聘人员对原始图纸进行短时间的方案布置,并对此进行语言阐述。该方式重点考核从业人员是否具有扎实的专业理论知识、操作技能、实际经验、语言表达能力、人际沟通能力等。因此,在该过程中,作为一名应试人员必须具备扎实的专业知识,对一些操作技能较高的专业或行业,必须具备过硬的专业实践操作技能。

3)个人应具有的交际能力

心理学研究表明,人的气质有胆汁质、多血质、黏液质、抑郁质四大类型。瑞士心理学家荣格提出,可把性格分为内向型和外向型。内向型性格不善于表达,不易与别人交流。对于该性格的学生来讲,更应该在专业实践中有意识地培养自己与别人交往的能力、阐述自己观点的语言表达能力等。外向型性格善于交流,易于与别人打成一片,这是该性格的最大优点。学生通过对自己本身气质、性格的了解,可对自身的不足点有意识地进行弥补,扬长避短,并结合自己的气质、性格,从工作岗位出发培养自己的交际能力。

4)个人的团队合作精神

现代工作的最大特点是集体智慧的运用,通过小组合作或分组协作的方式共同完成一个项目或课题,将个体的创造性和个性纳入集体的智慧之中。目前越来越多的公司意识到团队合作精神的重要性,特别是经营规模较大的知名企业更重视员工的团队合作精神。例

如，联想集团表示该公司尤其欢迎具有团队协作精神、团队合作能力的应聘者。

3. 如何落实假期专业实践单位

首先利用网络，关注相关人才网，利用现代网络技术及人才网受众面广、快速、便捷、信息量大的特点，关注相关企业的招聘信息，落实实习单位，特别注意当地的人才网。

其次通过家庭关系落实相关的实习单位，利用家长、亲戚朋友的关系介绍到相关单位实习。

再次通过相关单位张贴的招聘广告和上门自我推荐相结合的方式落实相关的实习单位。

4. 假期专业实践期间应注意的事项

首先要注意安全，谨防诈骗。树立防范意识，遇事及时与辅导员老师和家长联系，谨防上当受骗。

其次在假期专业实践期间必须时刻注意自己的日常行为，明确自己的大学生身份，遵守公共道德规范，并且在社会上起带头模范作用。

再次是拓宽视野，早做规划。专业实践应该与自身的职业规划联系在一起，大学生需要了解自己的兴趣，对自己未来的人生有一个长远的规划，并通过专业实践来丰富未来规划，摸清楚职场规律，从而进行更有针对性的实习和学习，为日后的职业发展做更充分的准备。

最后需要用心选择，踏实工作。大学生在选择实践岗位时一定要慎重，要思考这份工作能为你的学业甚至未来的工作带来什么。一旦进入了工作岗位上就一定要心平气和、踏实认真工作，对自己的选择负责，从而丰富自己的人生经历，为自己今后的发展打下良好基础。

第三节　校企合作实践

一、校企合作对劳动教育的作用

大学生劳动教育是一项需要政府、高校、家庭、社会综合实施的系统工程。高校要坚持理论与实践相结合、动手与动脑相结合、个体与群体相结合、校内与校外相结合，把劳动教育融入立德树人、教学科研、服务社会、文化传承各个方面，贯穿到思想政治教育、专业教育、实践实习、创新创业教育各个环节。高校要按照《中华人民共和国教育法》规定的“教育必须为社会主义现代化建设服务、为人民服务，必须与生产劳动和社会实践相结合”的要求，坚持因地制宜、根据学科工业特点，充分挖掘和利用社会资源，将劳动教育与社会生活、生产实践紧密结合，丰富劳动教育实践平台，提升大学生劳动教育的针对性和实效性。

校企合作是以社会需求为导向、学校和企业共同参与培养人才，最终实现双赢的一种教育模式，是高校人才培养模式改革的有效手段。近年来，很多高校以经济社会发展需要为导向，主动服务国家战略，面向产业、行业需求优化相关学科设置，通过校企深度合作，推进产学研合作办学、合作育人、合作发展。

校企合作开展大学生劳动教育，有利于聚焦劳动教育突出的社会性和实践性特点，使劳动教育内容更加全面、教育资源更加丰富、教师队伍更加多元、教育场景更加真实，通过前沿的专业知识传授、系统的技术工艺培训、先进的生产设备操作、优秀的企业文化引领，实现德育、专业教育和创新教育统一，实现专业认同、技能培养、知行统一、育人育德的目标。

（一）校企合作促进劳动教育与思想引领的结合

劳动教育的核心在于思想引领，目的在于价值塑造。校企“双元”开展系统化劳动教育，各类资源共建共享，从中可以挖掘的思政教育元素丰富多样，通过学生真实的实践认知体验有效调动其主观能动性，强化劳动素养、创新品质、职业精神和社会责任感的培养。

首先，校企联合设置劳动课程、组织实习见习等生产劳动实践，可引导大学生重视并积极投身劳动实践，激发劳动热情和创造潜力，养成良好的劳动习惯，树牢“崇尚劳动、尊重劳动、热爱劳动”的价值观。

其次，企业劳动者的示范引领和企业文化的感染影响，有利于弘扬新时代劳动精神和工匠精神，培养大学生热爱劳动人民、报效国家和奉献社会的情感。

最后，依托行业、企业组织各类社会实践和志愿服务活动，可帮助学生更加真实地认识国情、了解社会、了解民情，更加深入地体会社会分工的细化及产业结构的变化，更加理性地认识自我、评价自我、发展自我，在知行合一中树立正确的世界观、人生观、价值观。

（二）校企合作体现劳动教育的时代特征

劳动教育具有鲜明的时代特征。随着生产力的发展，社会分工日益细化，产业门类更加多元，劳动形态也发生了重大变革，经济社会的发展对社会劳动力与人才结构都提出了新的更高要求。中共中央、国务院印发的《关于全面加强新时代大中小学劳动教育的意见》强调，劳动教育要“结合产业新业态、劳动新形态，注重选择新型服务性劳动的内容”。企业在经济社会发展中扮演着重要角色，在区域经济结构调整、产业转型升级中，各企业抢抓市场机遇，勇于开拓创新，不断提质增效，在产业新业态、劳动新形态以及专业劳动者素养等方面掌握第一手资料。校企合作开展大学生劳动教育，能够帮助高校聚焦行业、企业的改革发展需求，丰富大学生劳动教育专业化、时代化的相关内容，促进课程内容与职业标准相结合，通过传授行业前沿新知识、新标准、新规范和企业生产新技术、新工艺、新设备，有效促进高校人才培养供给侧和企业、产业发展需求侧的全方位融合。

（三）校企合作丰富了劳动教育的实践载体

大学期间是实践场景最为密集的时间段，实践是大学生的主要课堂。大学生劳动教育应指导学生掌握基础劳动理论和劳动知识技能，强化日常生活劳动，重点突出生产劳动和服务性劳动实践。校企合作开展大学生劳动教育，在校园作为劳动实践育人主阵地的基础上，由企业提供劳动实践平台和实习场地，拓展了大学生劳动实践特别是专业技能型、生产服务型劳动实践的范围。校企双方联合制定人才培养方案，创新劳动教育形式，结合学科专业为大学生提供多样化的劳动实践项目和管理实践岗位，促进理论教育与实践锻炼紧密结合，为大学生专业学习、技能提升和职业发展提供坚实可靠的平台。校企双方协同整合社会各类劳动教育资源和力量，加大与主管部门、行业协会、有关社会团体的交流合作，多渠道推进专业化、行业性大学生劳动实践基地建设，有利于大学生劳动教育与社会实践、公益服务、创新创业等多方位融合,从而促进劳动教育更好地从学校走向社会。

二、校企合作的劳动实践模式

高校作为劳动教育的主体要深刻把握新时代育人导向,积极发挥企业的支持作用,探索教育与生产相结合的新方式、新因素,通过平台共建、人才共育、资源共享,实现知识与技能、过程与方法、情感态度与价值观“三维”统一,构建综合性、实践性、开放性、针对性的大学生劳动教育体系。

(一)丰富劳动教育课程

高校要将校企合作办学理念贯穿人才培养全过程,以社会需求为导向,定期邀请行业、企业专家分析区域经济发展需求,研判行业、企业高素质人才的规格、岗位标准,联合企业共同优化人才培养目标、专业发展规划、人才培养方案和劳动课程体系。

1. 把劳动教育纳入专业人才培养方案

高校通过设立劳动教育必修课程,明确劳动课程与劳动实践的学时、规范等,帮助学生掌握通用劳动科学知识。

2. 加强劳动教育的顶层设计,完善劳动教育课程体系

高校根据行业、企业对专业人才知识结构、专业能力、实践能力等方面的实际要求,共建特色课程,采取工学交替、任务驱动、项目导向、实习见习等多种教学模式,将理论与实践相结合、课内与课外相结合、集中与分散相结合、脑力劳动与体力劳动相结合,促进学生进行探究式、体验式、服务式学习。

3. 丰富劳动教育课程内容,将劳动教育要素融入思政教育和专业教育

高校在开好通识类劳动教育课程的基础上,推进“课程劳育”建设,对应用性较强的专业课程由学校教师及企业专家共同制定教学大纲,由企业专家来校主讲,对实践性较强或与生产工艺流程结合紧密的内容由教室转移到企业,实现教学过程与生产过程紧密对接,提高课程的针对性和实效性。

(二)拓展劳动实践平台

构建实践体系是劳动教育的关键。高校要积极“走出去”与企业进行合作,以“产教融合、校企合作”为纽带,拓展劳动实践、专业认知、职业体验、志愿服务等劳动实践平台,构建产学研协同育人劳动教育实践链。

1. 搭建培养应用型人才的平台

高校要加大与区域产业结构契合度,主动对接区域主导产业、支柱产业和战略性新兴产业,强化与企业互动发展、融合创新,面向行业及骨干企业,融合政策、资源和智力等要素共同培养应用型人才的平台与载体。

2. 建立大学生实习实践基地

高校要坚持劳动教育与学科专业融合,把企业教育性资源引入教学过程,通过引企入校、校企联动等方式共建大学生实习实践基地,推动校企协作开发生产劳动实践项目,并根据学生自身发展规律合理确定劳动实践内容。大一、大二年级通过认知实习、实习实训等开

展劳动学科知识教育，大三、大四年级通过专项实习、顶岗实习等开展生产性劳动锻炼，让学生在真实的企业环境中提升专业实践能力，实现高校应用型人才培养目标与业界人才需求的同频共振。

3. 拓宽学生锻炼途径

高校通过企业积极融入社会，整合实验室平台、企业孵化平台、学科竞赛平台、企业社会服务平台等，让学生在课余时间积极参与创新创业训练、模拟仿真演练、社会调研、志愿服务、公益劳动，培育他们的创新意识和奉献精神。

（三）建设多元化师资队伍

高质量的人才培养需要专业化、高素质的师资队伍。校企共建一支由专业教师、企业导师、思想政治工作人员组成的劳动教育师资队伍，扎实推进大学生劳动教育的有效开展。

1. 将劳动教育纳入师德师风建设

教师要做到身体力行、率先垂范、爱岗敬业，在教书育人中彰显精益求精的劳动精神和工匠精神。高校通过开展教师劳动教育专题培训，提升教师的劳动教育意识与能力。

2. 提升教师的实践能力

高校选派专业教师到企业进行现场考察、交流互访，鼓励教师到企业挂职锻炼或顶岗工作，提高教师实践能力。同时教师通过企业实践锻炼，不断挖掘专业课程中的劳动教育元素，反哺教学，融入教材、课堂、实训等各个环节，提升劳动育人水平。

3. 聘请客座教授或兼职导师

高校聘请企业劳动模范、技术专家、科技骨干担任客座教授或兼职导师，邀请他们讲授校内实践性课程内容以及指导学生在企业生产实践，传授行业最新理念、发展趋势和生产技术；通过“劳模进校园”“与企业专家面对面”“企业就职直通车”等活动开展专题劳动教育，采取主题讲座、先进事迹报告、职业生涯规划辅导、就业指导等多种形式，提高学生对劳动意义与价值的认识，强化对劳动者历史使命精神和社会责任精神的认识和理解。

（四）健全劳动教育保障机制

新时代劳动教育需要家庭、学校、社会齐抓共管、合力推动；需要构建全员、全过程、全方位育人格局，整合配置校企双方各类教育资源，不断完善教育教学、管理服务、队伍建设、评估督导等劳动育人体系建设。

1. 完善校企联动机制

完善校企联动机制要突出学校办学主体责任和企业重要主体地位，把大学生劳动教育作为校企合作的重要结合点，定期交流研讨，创新劳动育人模式，拓展实践平台，确保组织到位、经费到位。

2. 完善劳动教育评价机制

完善劳动教育评价机制要结合深化新时代教育评价改革要求，加强过程性评价，将参与劳动教育课程学习和实践情况纳入学生综合素质档案；建立科学有效的劳动教育激励、督导和评价机制，把实践教学、实习指导、社会实践等纳入教师绩效考核，把劳动教育表现与学生评奖评优、就业推荐结合起来，为企业输送“用得上、留得住、有发展”的后备人才。

3. 注重校企特色文化引领

注重校企特色文化引领要求：将劳动教育渗透到大学生校园文化生活各个方面，利用传统媒体与新媒体等多渠道宣传校内外劳动典型人物和事迹；利用“第二课堂”组织开展各类劳动实践和志愿服务活动，营造热爱劳动、崇尚劳动、敬业奉献的良好氛围；将“诚实劳动”“创新引领发展”等优秀企业文化融入校园，促使学生在潜移默化中将爱岗敬业、精益求精的工匠精神内化为职业理想。

三、请进来、走出去

校企合作的关键是推进企业与学校的相互渗透，共同办学，既要做好校企合作办学工作，还要调动各方面的积极性。事实上，无论哪一种形式的校企合作模式，都可以概括为这样一种模式：“请进来，走出去”。也就是说，校内的专业教师和企业的操作熟练的工人要实现有效的互动，真正实现理论和实践的有机统一。应用型高校的办学宗旨是直接服务于当地经济建设，校企合作是应用型高校教育谋求自身发展、实现与市场接轨、大力提高育人质量、有针对性地为企业培养一线实用型技术人才的重要举措。

（一）请进来

作为培养人才的高校，要主动请企业的技术骨干、劳动模范、大国工匠、优秀企业管理人员等前来学校担任校外导师或兼职辅导员，将他们在生产实践中积累的丰富经验和技术提供给学生，助推人才培养，并进一步开放办学，加大合作力度，资源共享，互利共赢。

1. 校企共建实践基地

这种模式是由合作企业设计建设方案，并向学校提供仪器、设备和技术支持，建立校内教学型实习、实训基地。企业也可根据自身条件和实际需要，在厂区车间内设立“生产与教学合一型”校外实习、实训基地。为了打破实践教学基地不确定性发展的局限，高校可以从以下两个方面努力突破。

（1）由单一实践教学基地建设转变为多个实践教学平台建设。

单一实践教学基地，即依靠某个企业而建设的实践教学基地。学校培育一个企业实践教学基地需花费大量的人力、物力、财力，且单一企业抗风险能力有限，很容易受市场波动影响，进而影响到企业对实践实习生的数量与专业类型的需求变化，使校方处于被动的状态。

多个企业或是集群式企业组成的实践教学基地平台，是指学校主动联合一批企业，将校方的各类实践教学计划、实践课程在平台上公开，让多家企业同时关注并及时吸纳实习生。学校需要审核企业资格，对接实习计划，对实习企业进行评估。如此，学校变被动为主动，依托实践教学计划和学生发展需求来进行实践基地平台建设，改变以往依托单一企业用人需求、业务发展需求的被动局面。

（2）将校内课程升级改造成环境逼真、设备完善、技术先进的“教学工厂”。

校企实践基地运转的不确定性，让学校实践教学陷于不利局面，但如果将实践教学前移，把实践意识、实践技能培育等要素适当地引入理论课堂，可大大改善实践育人效果。除了理论讲授，教师课堂上也引入一定的实践教学案例，充分利用多媒体、VR，以“工厂”的仿真模式，多视角多层次地引发学生观察、谈论，既增加课堂趣味性，又提升学生的分析与处理应变能力。学校课程模块也要从实际出发，尽可能地减少不必要的理论知识。

2. 劳模工匠进校园

信仰是精神之“钙”，理想信念不坚定，精神上就会“缺钙”，就会得“软骨病”。人民有信仰，民族就有希望。青年是国家的未来、民族的希望，是中国特色社会主义事业的建设者和接班人，是实现中华民族伟大复兴中国梦的主力军。青年有信仰，国家就有力量。习近平总书记在同各界优秀青年代表座谈时指出：“历史和现实都告诉我们，青年一代有理想、有担当，国家就有前途，民族就有希望，实现我们的发展目标就有源源不断的强大力量。”[1] 青年人身上是否有理想与追求直接关系着党的事业和社会主义建设的兴衰成败，关系到中华民族伟大复兴的美丽中国梦能否实现。劳模精神正如一盏明灯，指引着青年前进的方向。

每一个时代都会有那么一种人，他们身份普通、岗位平凡、业绩突出；他们艰苦奋斗、勇于创新、争创一流；他们爱岗敬业、淡泊名利、甘于奉献；他们来自不同的岗位，从事着不同的职业，但却拥有着共同的精神；他们用自己的无私奉献和忘我劳动，为社会进步、企业发展作出了巨大贡献；他们用自己的崇高品质和内在精神深深地影响着一代又一代人，激励着他们勇敢面对困难和挑战，团结奋斗、勇往直前。他们就是我们身边的模范和典型：一群在各自领域创造了非凡业绩，值得我们永远学习和尊敬的人。

劳模作为一面鲜明的旗帜，他们的模范事迹对广大学生是一种非常现实、非常直观的教育和引导，是形象、生动的学习教材。通过各高校举办的“劳模工匠进校园”活动，大学生不仅可以面对面与劳模、工匠、企业家进行交流，了解他们的奋斗历程，也可以近距离感受到劳模身上的优良品质。学习劳模先进事迹，大力弘扬劳模精神，既能培养和塑造大学生的集体荣誉感与使命感，也能为他们将来的创业之路、职场之路做好充分准备。

中华全国总工会下发的《关于在全面加强新时代劳动教育中充分发挥工会组织作用的指导意见》（以下简称《意见》），要求各级工会发挥优势推动劳动教育，推动大中小学选聘劳模、大国工匠担任兼职辅导员。《意见》指出，要发挥工会组织资源阵地优势，推动广泛开展劳动教育实践活动。深化劳模和大国工匠进校园活动，推动将“劳模进校园”“大国工匠进校园”活动作为大中小学生的劳动教育课程。发挥劳模和工匠人才创新工作室、工人文化宫等阵地作用，加大对社会各方面开放交流力度，支持示范性创新工作室为开展劳动教育提供平台场所，积极探索劳模和工匠人才创新工作室参与劳动教育实践的方式，开发视频课程，推动工人文化宫成为大中小学开展劳动教育的重要场所。推动劳动教育与志愿服务相结合，引导职工面向广大学生开展具有劳动教育价值的志愿服务活动。推广劳模特色志愿服务，支持学校组织学生深入企业参加志愿服务活动，感受劳模精神，体会劳动之美。推动各级各类学校在劳动教育中发挥主导作用。学校工会组织要积极配合学校开展教职工劳动教育培训，特别是针对承担劳动教育课程教师的专项培训，提升教师开展劳动教育的素质和能力。

---

[1] 新华社. 习近平同各界优秀青年代表座谈时的讲话 [EB/OL][2013-05-04]http://www.gov.cn/ldhd/2013-05/05/content_2 395 892.htm

（二）走出去

作为培养人才的高校，要主动“走出去”，在与企业交流合作的过程中及时了解市场需求，与时俱进，不断修订完善人才培养方案，引导更多学生走进行业企业实习实践，到基层就业，争取培养更多更优秀更符合市场需求的人才；要围绕大学的三大功能（人才培养、科学研究、服务社会），积极主动地融入社会，走进行业，促进理论与实践相结合，校企联手科研攻关，教学科研与科研成果转化应用相结合。

1. 实习与实践

各高校可与设备先进、技术力量雄厚的企业签订学生实习协议，实行“3+1”分段学习方式，即学生前三年在校学习，第四学年将学生根据所学专业被安置到相应的企业顶岗实习，实习期满后回校参加毕业考试，考试合格取得毕业证书和职业资格证书。学生把所学到的理论知识和企业的生产实践相结合，既培养了独立处事能力，又提高了实际操作技能，为毕业后进入企业直接上岗打下了坚实基础。

2. 观摩与采访

各高校可组织学生走进企业，进行实地观摩与采访，学习劳模工匠精神和优秀管理经验。

通过实地“观劳模、访劳模、学劳模”活动，大学生从内心尊敬劳模及崇尚劳模精神，同时也认识到劳模精神并不是高不可攀的，它就生长于我们每一个具有普遍优秀品质的劳动者的心中。每名大学生在以后不一定皆为劳模，但是所有大学生皆能践行劳模精神。从现在做起，踏实地学习、生活，做好当下的事情及本职工作，这就是大学生贯彻劳模精神的最基本方式。也许这样的劳模精神很平凡，但劳模精神的本质就是一种起于平凡的不平凡精神，虽然没有惊天动地的业绩，但可以把每一件事情都做得尽心尽力、不留遗憾。劳模精神更是一种水滴石穿的坚韧精神，没有惊涛骇浪的冲动，但日复一日、年复一年的坚守，终将放射出耀眼的光彩。

3.“订单”式人才培养

“订单式”人才培养，是指高校依据企业要求，联合企业共同制定人才培养方案，共同培养学生，企业为学校提供部分实操型师资、技术和实习场所，学生毕业后可直接到企业就业的一种产学研结合的人才培养方式。

“订单”式人才培养模式是遵循人才培养规律，按照区域行业发展趋势制定专业建设规划，以学生技能和专业素质发展为最终目标，依照“基础实、结构优、能力强、素质高”的基本思路，以“能力”为核心，以“应用”为目的，以市场需求为导向，“校企合作培养办学、理论学习与专业实践并重、综合能力与创新能力协同培养”的人才培养新模式。“订单式”人才培养模式重在培养学生掌握和运用知识的实践能力，发现问题、解决问题的能力及创新创业能力。

实施“订单式”人才培养，要注重把握社会发展趋势、行业发展动态和市场需求变化，及时总结经验，逐步实现面向社会、面向整个市场的广义订单培养；应瞄准行业或领域去思考问题，增强学校抵御风险和长期发展的能力。为达到这个目标，学校应与企业共同制定人才培养方案,企业应参与教学计划的制订和教学全过程。只有这样,“订单式”人才培养才能落到实处。

实施“订单式”人才培养,高校可建立灵活的“3+1”学期制模式。“3+1”学期制模式采取大、小学期混合制教学组织方式。大一和大二实行现有的一年两个大学期模式,重点开展通识教育和专业基础理论教育;大三和大四实行一年两个大学期,每个大学期分成两个小学期的灵活模式,重点开展应用性的专业课程实习和专业综合实习,培养学生的专业技能综合运用能力和创新能力。

4. 联合办班

各高校应响应技能下乡,实现课堂前置,与企业达成联合办班协议,采取进企业办班的形式进行教学;安排班主任负责管理考核,修完教学计划规定的课程且成绩合格的学生,由学校统一颁发毕业证书和有关资格证书。教学中学校应充分利用办学优势,抽调骨干教师为学生讲授与企业生产相关的课程。

校企联合办班,可对实验班实行“双班主任”管理方式,即企业与学校均安排一名人员担任班主任,企业班主任主要负责学生在企业实习学习阶段的各项事宜,如安全管理、课程安排、企业导师分配、在企的生活安排等。学校班主任则结合学校对学生人才培养的要求,完成学分置换、学校文件传达、评优评先等相关工作。两位班主任在实际工作上相互沟通、相互协助,共同管理好学生在校在企的各项学习、实习任务。

以会计学专业为例,可组建校企合作“会计师实验班”。

(1)在大一、大二年级上完所有公共基础课、专业基础课程的基础上,大三年级在学校完成主要专业课的学习;大四年级上学期进入企业顶岗实习和进行有关会计理论课的学习,边工作边学习,同时安排岗位职称的培训与考核;大四年级下学期仍然在企业进行毕业实习与毕业设计工作,边工作边做毕业设计,提升毕业设计的质量;毕业后可直接在企业从事会计工作。

(2)大学最后 1 年上课地点由学校转移到企业,其间完成由企业高级会计职称人员讲授的会计实操课程。在教学过程中,教学模式以讲授为主,并结合一定学时的实操,实行“师傅带徒弟”的方式,手把手指导学生操作(每门课程一般安排 2 周左右的实践,需结合企业生产状况灵活安排),在用讲授法讲解知识点的同时,安排真实岗位的实操环节,以巩固理论知识和掌握实际操作技能。

(3)顶岗实践与会计实操课程学习由企业安排,会计学理论课程由校企双方共同安排。

(4)在学校学习期间尽量采用多种方式进行知识点的考核;实习期间,高校与企业协商,采用理论联系实践的考核方式,即以实际任务完成状况考核学生的专业基础理论知识掌握的程度、知识点掌握情况和技能水平。实习期间侧重考核学生的工作能力与创新能力,并安排学生参加企业组织的有关岗位职称的培训与考核。

实践1:开展专业调研并撰写报告

【实践目的】

开展本专业现状和发展前景调查,使大学生进一步了解本专业在社会发展中的地位和作用,明确从事专业工作应具备的基本素质和要求,找出自己在专业认识上的差距,明确学习目标,确定努力方向。

【实践意义】

(1)锻炼与社会上各种人交往的能力。大学生缺乏社会经验,有了提纲后就开始找调研单位。有的学生靠亲找友,而更多学生是自己硬着头皮去闯,与陌生人打交道、与专家打交道、与在岗职工打交道、与政府官员打交道,如何按照调查提纲的内容和范围,获取自己所需要的信息,按质按量完成任务是考验他们人际交往能力的第一关。

(2)了解行业现状、发展前景、人才与岗位需求等,从而更加明确自己的定位。

(3)增强学习的紧迫性,时代感。通过调研,大学生既了解了有关专业方面的知识,得到了感性认识,又加强了对一些专业知识和一些专业术语的理解。

【活动时间及地点】

寒暑假,家庭所在地。

【活动流程】

1. 前期准备

(1)确定调查课题。为了让学生对与所学专业相关的问题有更充分的了解,学生可以就以下内容展开调查:××× 专业人才应具备的基本素质、××× 专业人才职业道德、××× 专业的开设情况、××× 专业的就业状况、影响 ××× 专业学生就业的因素、用人单位对 XXX 专业学生所应具备的素质等等。

(2)设计调查方案。学生可以采用问卷调查、个案调查、访谈调查等多种调查方法展开调查。

(3)收集资料。准备好调查问卷、访谈提纲等。

(4)联系调研对象。提前一周和被调查对象或者被采访者预约,在征得对方同意后进行调查或采访,并将本次调查或采访的主题和问卷或采访提纲发给被采访者,同时将时间、地点、采访时长告知对方并达成共识。

2. 调研执行

按照计划和前期安排,执行调研行动。

3. 后期资料整理

调研完成后，要进行问卷回收、统计，或整理访谈记录等相关整理资料工作。

4. 调研总结(撰写调研报告)

学生完成假期专业调研后，要撰写调研报告，调研报告的撰写要求如下。

(1)调研报告应包括以下内容。

第一，写明标题，可以是公文式标题，如《关于 ××× 的调查报告》，也可以是观点式标题，如《礼会是大课堂，实践长真知识》。

第二，写出社会调查的参加者，调查的主题、时间和地点。

第三，写正文，调查者应根据学校要求和自己想要报告的内容撰写报告。例如，活动内容、经验体会、理性思考、问题和建议等，特别要写出自己的体会、思考后的理性认识，以及对学院人才培养模式的意见或建议。

第四，调查报告完成后要落款，并写明报告完成时间。

(2)字数不少于 2 000 字。

(3)专业调查报告须统一用 A4 纸打印(字号为小四号)、装订。

【实践感悟】

____

____

____

____

____

____

【总结反思】

活动总结	
我的收获	
我的不足	
改进措施	

【实践评价】

评价项目	评价主体		
	自我评价	小组评价	教师评价
主动参与			
分工明确			
团结协作			

续表

评价项目	评价主体		
	自我评价	小组评价	教师评价
态度认真			
专业素养			
应变能力			
活动成效			

实践 2:邀请身边的劳模进校园

【实践目的】

(1)邀请劳模进校园,使学生听取劳模的先进事迹、观察劳模的实操演示、与劳模互动交流,认真体会、深入思考,感悟劳模精神的深刻内涵,传承、弘扬劳模精神,树立职业信心、提升职业素养,找到对自己的全新认识和定位,开启人生新篇章。

(2)劳模(可以请本校本专业成功学长、学姐代替劳模)与同学面对面的交流,分享求学、求艺经历,可以激励学生刻苦求学、勤勉敬业。

(3)近距离感受本校本专业成功学长、学姐的经历,可以加深对劳模精神的认识,鼓励学生学习先进榜样,促进劳模精神的推广和社会主义核心价值体系建设。

【实践意义】

此次活动主要采访本校本专业成功学长、学姐,学习他们身上的优秀品质。举办人物专访系列活动,组织学长、学姐与在校学生面对面交谈,分享求学、求艺经历,诠释劳模精神,旨在鼓励学生积极向上、坚持学习,找到榜样和动力,感受身边平凡的人所诠释的不平凡的精神,推动学校精神文明建设的科学发展。

【活动时间及地点】

周末,学校多媒体教室或者报告厅。

【活动流程】

1. 活动前期准备

(1)查找有关被采访者的资料,整理收集相关信息。

(2)了解被采访者的兴趣爱好,使采访气氛融洽。

(3)准备采访所需设备(照相机、采访本、录音笔等)。

(4)提前三天和被采访者预约,在征得对方同意后进行采访,并将本次采访的主题和采访提纲发给被采访者，同时将时间、地点、采访时长告知对方并达成共识。

（5）向学长、学姐发邀请函。

（6）申请一间大的多媒体教室或者报告厅，准备两把椅子和两个话筒，做好活动的前期安排；制作宣传画板，在各教学楼区域进行宣传。

（7）确定采访主持人，并准备与采访相关的若干问题。

（8）安排相关人员负责活动过程的拍摄和视频的剪辑制作。

2. 具体活动流程

（1）主持人上场，介绍本期人物专访主题，邀请嘉宾上场。

（2）主持人和嘉宾就座，专访开始，主持人介绍嘉宾事迹。

（3）嘉宾分享求学、求艺经历，诠释劳模精神。

（4）主持人围绕劳模精神这一主题，对学长、学姐进行提问。

3. 采访后期

（1）整理收集到的资料。

（2）整理访谈的问答记录。

4. 注意事项

（1）应围绕劳模精神这一主题设置基本问题，若准备前已经得知这些问题，则可即兴追问问题。

（2）须注意提问方式，提问时应得当、有技巧、有取舍。

（3）本次采访活动按照计划进行，如遇不可预知等特殊情况，可另行修改或随机应变。

5. 活动分享

小组讨论交流，整理访谈的问答记录，写成一篇新闻稿并在小组内进行分享。

【实践感悟】

通过本次专访实践，我的感悟：________________________________

____

____

____

____

____

____

【总结反思】

活动总结	
我的收获	
我的不足	
改进措施	

【项目评价】

评价项目	评价主体		
	自我评价	小组评价	教师评价
主动参与			
分工明确			
团结协作			
态度认真			
专业素养			
应变能力			
活动成效			

实践3:居家劳动大比拼

【实践目的】

(1)了解劳动的价值。

(2)家庭生活能力是一个人最基本的生存能力,可以培养学生的劳动观念和习惯。

(3)了解家庭生活的技能和技巧,养成自理、自立的生活习惯。

(4)让学生了解每个成员对家庭的责任和义务,学会自己的事情自己做。

(5)培养学生热爱劳动、尊敬长辈、自立自强的品质。

【实践方式】

(1)调查、汇报,制订好适合自己的家务劳动计划。

(2)每天做家务作业。

(3)开展"家务劳动汇报展示"活动。

【实践措施】

(1)以班级为单位,开展"争当家务劳动能手"活动。

(2)以"家务能手"表格的考核和评比为动力、龙头,全面了解学生从事家务劳动的情况,从而更有针对性地采取各种有效的办法提高学生的劳动积极性和劳动技能。

【时间安排】

寒暑假实施,开学之后总结、评定。

【参加人员】

全体同学。

【活动设计】

（1）开展“家务劳动”调查活动，从而调动学生的积极性，让他们体会父母的辛苦，并下决心为父母分担家务劳动。

（2）调查学生做家务劳动的情况，了解学生喜欢做的家务劳动类型，并商量确定家庭劳动分工，制订家务劳动计划。

（3）让学生根据自己制订的家务劳动计划，每天在家做家务劳动，并把当天所做的家务记录下来，每一到两个星期让家长对其在家的劳动情况进行评价。每个月结束时学生要进行小结，写出自己的收获。

（4）开展“家务劳动汇报展示”活动，邀请家长参与，通过各种形式评估学生的家务劳动技能，并结合平时在家的家务劳动表现评出“家务劳动能手”。

【实践感悟】

通过参与劳动实践活动，我发现自身还存在的问题：________________________________

____

____

____

____

【总结反思】

劳动实践总结	
我的收获	
我的不足	
改进措施	

【活动评价】

评价标准	评分细则	分值	分数小计	教师评价
劳动计划切实可行	劳动时间安排合理	10		
	劳动内容翔实	10		
	需要达到的效果	10		
劳动计划有层次	物品收纳	10		
	清洁房间	10		
	清洗衣物	10		
	烹饪体验	10		
劳动计划完成情况	做家务认真细致	10		
	家务完成出色	10		
	心得	10		

创新创业篇

第六章　深入一线 创新实践

【学习目标】

知识目标

在学习创新创业以及劳动教育相关知识的同时，进一步提升自己的劳动价值观和创新创业精神。

能力目标

提升自己的创新创业能力，树立正确的择业观。在实践创新和发展中充分了解劳动教育的实质内涵和创新创业教育的意义，提升自身的学习质量和文化水平。

素质目标

创优争先，争取在新时代劳动教育观的影响下成为创业“领头羊”，成为知识型、技能型、创新型劳动者队伍中的一员，树立工匠精神，在新时代创业路上发挥无穷引领力。

【课堂导入】

2020年，中共中央、国务院《关于全面加强新时代大中小学劳动教育的意见》中指出，“以体力劳动为主，注意手脑并用”“深化产教融合，改进劳动教育方式”“强化诚实合法劳动意识，培养科学精神，提高创造性劳动能力”。

当前，国家高度重视劳动教育与创业教育，将劳动教育课程纳入高校必修课范畴，并将创业教育纳入学校改革发展规划。为提高教学效率和增加教学成果，高校应顺应新时代劳动教育观，牢牢把握劳动教育与创业教育“同源性、相辅性、融通性、共同性”等特征，找准劳动教育与创业教育契合点，实现劳动教育与创业教育同力同行。随着《关于全面加强新时代大中小学劳动教育的意见》的出台，以及《普通本科学校创业教育教学基本要求》的发布，劳动教育课程被纳入高校必修课范畴，同时创业教育也被纳入学校改革发展规划。由此可见，国家高度重视青年人才培养工作，不仅关注青年群体劳动素养提升，更要求青年群体能够将劳动素养转化为创业成果。劳动教育与创业教育同时开展，有助于提高青年群体实践能力，从实践成果上考察劳动教育与创业教育的教学成果。

新时代劳动教育和创新创业教育的首要目标，是培养大学生正确的劳动观念和创新创业观念，树立劳动最光荣、劳动最崇高、劳动最伟大、劳动最美丽的理念，体会劳动创造美好生活、劳动不分贵贱。创业意识是人们为满足个体或社会需求而进行创业的意向、愿望和动机，是创业的出发点和内驱力。新时代劳动教育和创新创业教育需要唤醒大学生的创新创业意识，植入“创新创业种子”，点燃创新创业热情，激发“想创新、敢创业”动力。创新精神是人们在创新过程中所展现出来的意志、信心、勇气、品质和智慧。新时代劳动教育和创新创业教育需要培育大学生精益求精、追求卓越的“工匠精神”，促其养成专注、严谨、执着的职业态度和创新精神。创业能力为继“学术能力”和“职业技能”之后大学生应具备的第三种“能力护照”。新时代劳动教育和创新创业教育需要培育大学生具有批判思维、问题解决、组织管理、团队协作等创新创业所必备的能力。

第一节 走进“辽宁财贸学院马克思主义中国化传承体验馆”

辽宁财贸学院马克思主义中国化传承体验馆，又称辽宁财贸学院“红馆”，坐落于辽宁省兴城市渤海大街2号，占地19.8万平方米，建筑面积85 000平方米，是2018年由辽宁财贸学院自筹资金自主设计的一个集平面展示、立体展示和科技展示于一体的大型现代综合性红色文化展馆。辽宁财贸学院“红馆”是党的十九大以来辽财人矢志奋斗的结晶，以贯彻落实习近平总书记“红色基因代代相传”重要思想为脉络，以“不忘初心、牢记使命、铸就辉煌”为主题，旨在赓续红色精神、传承红色基因、弘扬红色文化，全景展示中国共产党带领中国人民开天辟地、改天换地、自强不息、创造伟业的风雨征程和中国从“站起来”“富起来”到“强起来”的历史进程。

辽宁财贸学院“红馆”展区面积3.5万平方米，以中国共产党走过的革命、建设、改革三个非凡历史阶段为主线，以党史、新中国史、改革开放史、社会主义发展史、国防与军事素质教育、民族复兴教育为主要内容，设置了“一个装备实物区”“两个训练场馆”“三个红色教育展馆”“二十大精神主题展馆”“四个实践体验区”。

辽宁财贸学院“红馆”展示内容丰富、史料齐全，展陈设备先进、手段多元，具有模块化、体验式教育教学功能。自2018年11月29日开馆以来，辽宁财贸学院“红馆”面向党政机关、企事业单位、驻军部队、大中小学、在校大学生开展思想政治教育、国防教育、科普教育及主题教育实践，共有各界人士约17万人次参观体验并接受教育训练。中央电视台、新华网、《光明日报》等媒体给予广泛报道，引起社会各界良好反响。

辽宁财贸学院“红馆”以习近平新时代中国特色社会主义思想为指导，以坚定理想信念和弘扬社会主义核心价值观为目的，以传承红色记忆、传颂革命精神、传播英雄事迹、传递正能量为内容，引导师生学史明理、学史增信、学史崇德、学史力行，建设集党史、新中国史、改革开放史、社会主义发展史、国防与军事素质教育、民族复兴教育于一体的时代课堂、人文课堂和红色课堂，诠释革命传统和时代精神，打造“追梦、圆梦”教育的新阵地、新引擎。辽宁财贸学院“红馆”所获得的荣誉有辽宁省社会科学普及示范基地、辽宁省爱国主义教育示范基地、辽宁省国防教育示范基地、辽宁省教育系统党员教育培训示范基地、中共辽宁省委教育工作委员会党史学习教育基地、辽宁省普通高等学校大学生校外实践教育基地、中国民办教育协会党建学习基地。

高校应全面推动习近平新时代中国特色社会主义思想进教材、进课堂、进头脑，提高学生思想政治素质，落实立德树人的根本任务，遵循教育教学规律、思想政治工作规律、学生成长规律，以爱国主义教育为重点，以思想道德教育为基础，以辽宁财贸学院“红馆”为依托，以讲好中国故事为重要抓手，充分调动教与学两个方面的积极性，努力提高思政课的针对性、实效性、吸引力和感召力。自 2018 年 11 月 29 日，辽宁财贸学院“红馆”正式开馆以来，辽宁财贸学院组织讲授思想道德修养与法律基础、马克思主义基本原理、中国近现代史纲要、毛泽东思想与中国特色社会主义理论体系概论、形势与政策等课程，共计 3 000 余学时，32 000 余人次听课。

一、志愿讲解员

辽宁财贸学院“红馆”百位英模人物的经典故事，使红色文化成为思政课教育的源泉动力。传承和赓续英模精神，是新时代大学生党员的使命与担当，广大党员不忘初心，弘扬英模精神、根植红色基因，全力聚焦育人，引导广大师生铭记历史，努力走好新时代的长征路，以实际行动迎接中国式现代化更加美好的明天。

红色基因是中华民族的灵魂，是实现中华民族伟大复兴的动力之源与精神支柱。志愿讲解员活动，旨在聚焦铸魂育人，进一步夯实大学生思想基础，筑牢广大党员“听党话，跟党走”的理想根基，充分发挥第二课堂思政教育实践的功能，激励广大青年学子在新时代的长征路上续写新辉煌。

对担任讲解员学生的要求：学生党员、入党积极分子均可申请，党员优先；要求普通话标准，团队意识强，有良好的表达和沟通能力；具有爱国情怀，希望为宣传烈士精神、弘扬爱国主义精神作出贡献；具有爱心，有志于服务社会大众；教学相长、以行促知。志愿讲解员通过宣讲党史故事、吟诵红色诗词、采访交流等方式，将课本里、脑海中的党史故事，以生动形象的语言加以传播，继而将实践情景记录下来，形成可视化作品，弘扬红色文化，这是知行合一的重要表现，也是学生们创新创业教育的生动诠释。

“未来属于青年，希望寄予青年。”青少年永远是一个国家的未来。只有青少年坚定理想信念，将中华民族的伟大复兴作为己任，我们才可能早日实现伟大复兴的中国梦。作为当代大学生，志愿讲解员通过每一次用情讲解，为当代大学生理想信念的培植、红色基因的传承及红色故事的熏陶出一份力。

二、军事技能体验

强军之道，要在得人。人才是推动我军高质量发展、赢得军事竞争和未来战争主动的关键因素，对实现党在新时代的强军目标、把我军全面建成世界一流军队具有重大现实意义和深远历史意义。习近平总书记指出，实施新时代人才强军战略，要贯彻新时代党的强军思想，贯彻新时代军事战略方针，贯彻国防和军队现代化战略安排，聚焦实现建军一百年奋斗目标，推动军事人员能力素质、结构布局、开发管理全面转型升级，锻造德才兼备的高素质、专业化新型军事人才，确保军事人员现代化取得重大进展，关键领域人才发展取得重大突破。

为深入贯彻落实中央军委人才工作会议精神，贯彻新时代党的强军思想，贯彻新时代军事战略方针，贯彻国防和军队现代化战略安排，聚焦实现建军一百年奋斗目标，聚焦新时代人才强军战略,辽宁财贸学院实施新时代人才强军战略,把党对军队绝对领导贯彻到教育教学各方面和全过程,把新时代人才培养工作的出发点和落脚点落实到党和人民群众的需要上,全方位培养用好人才,深化军事人力资源政策制度改革,贯彻人才强国战略。因此,辽宁财贸学院特在辽宁财贸学院“红馆”开设“国防与军事训练体验馆”,深入贯彻落实新时代人才强军战略。

辽宁财贸学院“红馆”“国防与军事训练体验馆”占地 5 200 平方米,在馆中学生可以体验到将军队实战对抗训练系统转化为民用仿真系统的“真人 CS”,促进学生在军事训练中放松,在作战运动当中创新,在激烈的对抗竞争当中提高团队的合作。可以说,体验 CS 的过程不仅是宣泄情绪和释放压力的过程,也是锻炼企业团队的好机会,更是一个挑战自我的舞台,一个实现军事梦想的剧场。

(一)学生在进入“国防与军事训练体验馆”后会有专业教官带领学生进行热身运动,并讲解对战流程

真人 CS 对战流程如下。

(1)赛前编组。所有队员到齐后在真人 CS 馆大厅集合,教官根据参赛单位提供的人数和队员情况将队员分成红、蓝两队,各队分别选出队长 1 名,游戏进行过程中每队由队长负责组织人员、安排战术,教官会根据情况进行辅导。

(2)领取装备。两队队员进入指挥所存包,领取红、蓝队服,换好队服并拿好武器装备后集合,由教官带领队伍前往真人 CS 馆指导所有队员穿戴装备。

(3)对战培训。教官进行战前培训,包括头盔、枪的使用方法,装备原理,射击动作,射中与被射中后的反应及游戏中的注意事项等。

(4)开始对战。整个游戏进度由教官掌握,每队队长可根据团队的自身特点安排战术,对战结束后教官作出最后评判,报告个人成绩。

(5)装备验收。对战结束后,各队队长组织清点队员装备,检查装备情况;真人 CS 馆教官逐一清点并复查装备完好情况后回收入库。

(二)胜人者有力,自胜者强,而勇于自我革命,是我们党最鲜明的品格,也是我们党最大的优势

游戏结束后教官会带领学生进行战后讲评。

(1)教官根据巡场过程中发现的问题讲解战术。

(2)要求红、蓝两队队长分别总结本队本场战斗的优缺点。

(3)要求红、蓝两队个人战第一名队员分别总结本场战斗的战斗经验。

(三)中国共产党自成立伊始便始终把人民放在首位,始终坚持一切为了人民、一切依靠人民,并提出把人民的生命安全放在第一位

辽宁财贸学院在真人 CS 对战中也始终将学生、群众的生命安全放在首位,并制定真人 CS 对战注意事项。

(1)初中以下的学生应由成人陪同。

(2)患有内外科疾病或患有精神疾病的人士、孕妇以及不适合紧张活动者不宜参加此项活动。

（3）对战前做热身准备运动，活动中不可攀爬跳跃。

（4）玩家须礼貌待人、文明游戏，不可近身攻击或肉搏，不可损毁或投掷任何物品。严禁使用枪械进行枪体互拼、撞击等行为。

（5）玩家应遵守活动规则，听从教官指导，互相协助、确保安全，防止发生意外事故。

（6）玩家应遵守游戏规则和教官指挥，阵亡或枪械失效者应主动撤离战场，回到指定地点，以免影响战局；对战时如果阵亡，须摘下头盔，以示阵亡，切勿在场地随意走动影响其他玩家；阵亡后勿向同伴通风报信，未阵亡者不得摘下头盔冒充阵亡。

（7）真人 CS 激光枪战是以相关的设备感应分胜负的，并非接触性运动，严禁设备的互相碰撞或触地，不得对枪械、感应点、探头设备进行撞击、敲打，请勿拆卸拍击枪体及过分用力扣动扳机，以免损坏枪内设备，规范持枪姿势，严禁任何可能伤害他人的动作。

（8）对战开始前，禁止开枪射击，教官会在适当的时间安排玩家试枪。

（9）活动中，禁止人为遮挡感应器（自然掩体除外）。

（10）活动中，在预先指定场地范围内进行因越境而引发的意外，后果由违规者自担。

（11）活动中，若教官发出暂停信号，则所有玩家须停止射击并停留在原地，或听从教官指令。

（12）活动中，严格遵守教官指令与游戏规则，教官有权阻止违反指令或游戏规则的玩家，并适当进行子弹或生命值减少等惩罚，不服从教官管理的，情况严重者教官有权要求玩家终止游戏退出活动。

（13）在设备的电源接通后严禁插拔连接线，以免造成电线短路，烧毁集成模块。

（14）每个玩家的生命值是有限的，生命值耗尽后，必须摘下头盔或帽子以示“结束战斗”，并回到基地（起点）等待本局竞技结束。

（15）竞技结束后，玩家有义务协助教官例行装备检查，损坏装备者，须承担相应赔偿责任。

（16）活动结束后，玩家自行将枪支、头盔设备归还，禁止带出场外或将装备藏匿。损坏或丢失设备者须照价赔偿。

（17）个人物品及贵重物品请妥善保管，如有遗失后果自负。

（18）严禁携带及使用任何伤害性武器或有杀伤力物品进入活动场地，如棍、刀、枪、BB 枪（气弹枪）等，以免奔跑中伤己、伤人。

（19）活动过程中不得用手抓枪管，以免自己受伤或损坏设备。

（20）不得攀爬任何树木、石头或毁伤场地内的物品。

（21）在活动场地，不得吸烟、乱丢纸巾等。

（22）活动中玩家身体如有不适，须脱帽示意，退出比赛，并报告教官。

（四）“练兵之法，管之为要”

军事管理是建设巩固国防和强大军队的全局性、基础性工作，是战斗力生成和提高的倍增器。军事管理政策制度是否科学健全，关系到军事系统运行效率的高低、国防资源使用效益的高低、军事力量建设和使用效能的高低。只有不断完善军事管理政策制度,才能推动我军高质量发展,提升我军履行新时代使命任务的能力。因此,辽宁财贸学院在真人 CS 设备保管与存放方面制定了相关制度,教官也会在"战前"对设备保管与存放制度进行讲解。

真人 CS 设备保管与存放制度如下。

(1)真人 CS 场馆内禁止吸烟。

(2)真人 CS 场馆内禁止私接电线或用电设备。

(3)人员离开真人 CS 场馆时必须切断馆内全部电源。

(4)禁止人员将茶水、饮料等液体带进真人 CS 场馆,以免设备进水受潮。

(5)真人 CS 设备应分类整齐堆放,标识清楚,方便取用。设备堆放应避免挤压,以免设备损坏。设备堆放的原则:

①接收器材类,成套放入货架存放;

②发射器材类,规整摆放;

③配套器材类,分类存放;

④服装护具类,作训服装存放在货架上,红蓝方队服挂在衣架上;

⑤其他物品类,分类存放。

(6)真人 CS 场馆钥匙由专人保管,非授权人员禁止进入真人 CS 场馆指挥部。国防与军事训练体验馆设备器材清单见表 6-1。

表 6-1 国防与军事训练体验馆设备器材清单

序号	名称	数量	单位	备注
1	真人 CS 馆显示屏	1	个	—
2	真人 CS 馆灯具	47	个	包括指挥部灯 20 盏
3	真人 CS 馆电风扇	24	个	—
4	真人 CS 馆沙袋	196	个	—
5	真人 CS 馆油桶	47	个	—
6	真人 CS 馆轮胎	376	个	—
7	真人 CS 馆弹药箱	41	个	—
8	真人 CS 馆大木箱	40	个	—
9	监控设备	1	套	—
10	真人 CS 馆场地挡板	44	个	—
11	攀岩保护海绵垫	18	个	—
12	消火栓	14	个	—
13	灭火器箱	10	个	—
14	灭火器	20	个	—
15	背夹球	2	个	—
16	"神笔马良"	2	个	—
17	有轨电车	2	个	—

续表

序号	名称	数量	单位	备注
18	转布条	2	个	—
19	追逐飘带	50	个	—
20	同心鼓	2	个	含2个球
21	“不倒森林”	4	包	成人2包、儿童2包
22	动力圈绳	1	个	—
23	珠行万里	2	个	—
24	同心协力（绑腿）	57	条	—
25	线手套	9	包	—
26	沙包	1	个	—
27	秒表	2	个	—
28	8字环	4	个	—
29	安全背带	7	个	—
30	主锁	4	个	—
31	副锁	4	个	—
32	攀岩头盔	4	个	—
33	镁粉	1	袋	—
34	攀岩绳	4	条	—
35	旗杆	2	个	—
36	台球桌	1	张	含1套球、3根杆、1根架、1个三角摆球架
37	真人CS馆音响设备	2	台	—
38	爱普迪功放机	1	台	—
39	音频线	4	条	—
40	激光发射器（DK2000）	60	把	—
41	激光发射器（DK4000）	40	把	—
42	对战头盔	100	个	—
43	锦明水弹枪	2	把	—
44	功能包	16	个	—
45	分队马甲	120	件	橘黄色60件、绿色60件
46	战术马甲	60	件	黑色30件、迷彩30件
47	迷彩套装	64	套/件	特警作训服28套（另上衣2件）、山地迷彩服25套（另上衣1件）、荒漠迷彩服8套
48	腰带	2	个	—
49	激光对抗遥控器（小）（HYK-4A）	4	个	—
50	手持无线系统遥控器（SWK-2A）	4	个	—

续表

序号	名称	数量	单位	备注
51	对战枪充电器	15	个	—
52	指挥部会议桌子	1	张	—
53	木凳子	11	把	—
54	桌牌	20	个	2 个没有使用
55	监控摄像头	9	个	—
56	模拟驾考体验设备	1	套	—

三、展区板块设计

党史展馆设置 6 个篇章："南湖红船，青春起航""井冈山上，星火燎原""青春热血，东北抗联""万里长征，信念如磐""延安精神，光耀世界""不忘初心，牢记使命"，集中展示红船精神、井冈山精神、东北抗联精神、长征精神、延安精神、西柏坡精神，展示红色基因的根脉。秀水泱泱、红船依旧，行程万里、不忘来路，饮水思源、不忘初心。2019 年，辽宁财贸学院"红馆"被认定为辽宁省国防教育示范基地。

走进展厅，便是习近平总书记巨幅画像和醒目的"不忘初心、牢记使命，铸就辉煌"大字，展厅两侧是习近平总书记经典语录。

2021 年两会前夕，习近平总书记在党史学习教育动员大会上指出："在一百年的非凡奋斗历程中，一代又一代中国共产党人顽强拼搏、不懈奋斗，涌现了一大批视死如归的革命烈士、一大批顽强奋斗的英雄人物、一大批忘我奉献的先进模范，形成了一系列伟大精神，构筑起了中国共产党人的精神谱系，为我们立党兴党强党提供了丰厚滋养。要教育引导全党大力发扬红色传统、传承红色基因，赓续共产党人精神血脉，始终保持革命者的大无畏奋斗精神，鼓起迈进新征程、奋进新时代的精气神。"中国共产党从 1921 年成立以来，为了争取民族独立和人民解放，实现国家的繁荣富强和人民的共同富裕，已经走过了一百多年艰辛而辉煌的历程。

在中国共产党成立一百周年大会上，习近平总书记寄语当代青年，未来属于青年，希望寄予青年。一百年前，一群新青年高举马克思主义思想火炬，在风雨如晦的中国苦苦探寻民族复兴的前途。一百年来，在中国共产党的旗帜下，一代代中国青年把青春奋斗融入党和人民事业，成为实现中华民族伟大复兴的先锋力量。新时代的中国青年要以实现中华民族伟大复兴为己任，增强做中国人的志气、骨气、底气，不负时代，不负韶华，不负党和人民的殷切期望！

英模人物事迹展馆设置 5 个篇章："共产党员的榜样""默默奉献的功勋""九天揽月的英雄""勇攀高峰的巨匠""人民公仆的楷模"，集中展示铁人精神、雷锋精神、焦裕禄精神、"两弹一星"精神、航天精神，展示红色基因哺育成长的英雄模范、功臣巨匠、时代楷模，弘扬"精忠报国"的爱国精神、"死在戈壁滩、埋在青山头"的奉献精神、"卧薪尝胆"的奋斗精神，汲取优秀的品质和精神，感受天地英雄气、千秋尚凛然的境界，激发为有牺牲多壮志、敢叫日月换新天的热情，牢记使命，继续前进。该展馆主要展示和介绍中国共产党各个时期优秀共产党员的代表，以及为国家社会主义建设作出过突出贡献的集体和个人。正如习近平总书记 2016 年 2 月 1 日至 3 日赴江西看望慰问广大干部群众时强调，“中华民族是崇尚英雄、成就英雄、英雄辈出的民族，和平年代同样需要英雄情怀。对一切为党、为国家、为人民作出奉献和牺牲的英雄模范人物，我们都要发扬他们的精神，从他们身上汲取奋发的力量，共同为推进中国特色社会主义伟大事业、实现中华民族伟大复兴的中国梦而顽强奋斗、艰苦奋斗、不懈奋斗”。

祖国辉煌成就展馆设置 5 个篇章：“天堑通途”“能源大动脉”“中国大制造”“科技腾飞”“伟大的祖国 辉煌的成就”，集中展示中华民族伟大复兴的中国梦、中国特色社会主义进入新时代，以及以中国高铁、航空航天、大飞机、大数据、智能制造等为代表的中国制造、大国重器、大国风范、时代气象。潮平两岸阔，风正一帆悬。中国特色社会主义进入新时代，当前我国已经完成第一个百年奋斗目标，向实现第二个百年奋斗目标新征程奋进，朝着实现中华民族伟大复兴的宏伟目标继续前进。党领导人民自信自强、守正创新，创造了新时代中国特色社会主义的伟大成就。

习近平总书记曾这样讲述中国奇迹的故事：我们用几十年时间走完了发达国家几百年走过的发展历程，创造了世界发展的奇迹。改革开放是当代中国发展进步的活力之源，是我们党和人民大踏步赶上时代前进步伐的重要法宝，是坚持和发展中国特色社会主义的必由之路。改革开放 40 多年来，我国综合国力不断增强，科技创新能力持续提升，外交全方位布局，形成面向未来、放眼全球的中国特色大国外交，为全球治理体系的改革与完善贡献中国方案。

为了让辽宁财贸学院全校师生更加直观、全面地了解党的十八大以来祖国发展的辉煌成就，更加深入、系统地学习领会党的二十大精神和习近平总书记治国理政新理念新思想新战略，二十大精神主题展区精心筹划布置了以“党的二十大精神”“非凡十年 中国的十个维度”“沿着总书记的足迹看中国”“牢记总书记嘱托”等四个板块为主要内容的思政大课堂。在“非凡十年 中国的十个维度”板块，一项项重点工程、一件件国之重器、一次次创新突破……辽宁财贸学院师生在展板前不约而同地停下脚步、认真观看，感受非凡十年中祖国大地的日新月异。在“沿着总书记的足迹看中国”板块，辽宁财贸学院师生沿着党的十八大以来习近平总书记在地方考察调研的足迹，感悟总书记引领新时代的战略擘画和亲民爱民的赤子情怀，感受各地砥砺奋进的生动实践和显著成效。来到思政大课堂的最后一个部分——“牢记总书记嘱托”板块，在习近平总书记重要讲话摘录前，学生们纷纷表示将深入学习贯彻总书记重要讲话精神，用实际行动践行“请党放心、强国有我”的青春誓言。

第二节 走进创新创业科技园

创新是一个民族的灵魂，是一个国家兴旺发达的动力源泉。创新驱动本质上是人才驱动，立足新发展阶段、贯彻新发展理念、构建新发展格局，必须把人才资源开发放在最优先的位置。多年来，辽宁财贸学院高度重视创新创业教育工作。为加速应用型人才培养，深化创新创业教育改革，辽宁财贸学院将创新创业教育融入人才培养全过程，将专业教育和创业教育有机结合；全面提升学生科技创业、科技推广能力，重点培养科技型小微企业创业者；支持学生尽早参与科技创新和社会服务项目，鼓励学生申报辅修专业；建设专兼职相结合的创业指导教师队伍，开设创新创业辅导课程，建立创新创业基地，与合作企业共建创业基金，指导创新成果转化，为师生实训实习、科技孵化、创新创业提供综合服务；打造“互联网 +”创新创业服务平台，建设一批专业化、差异化、多元化、开放式的众创空间，为广大师生创新创业提供一站式服务。

一、参加学校创业大赛

为加速应用型人才培养，深化创新创业教育改革，辽宁财贸学院将创新创业教育融入人才培养全过程，将专业教育和创业教育有机结合；全面提升学生科技创业、科技推广能力，重点培养科技型小微企业创业者；支持学生尽早参与科技创新和社会服务项目，鼓励学生申请辅修专业，并获得辅修专业证书。

辽宁财贸学院专门制定了《辽宁财贸学院关于深化创新创业教育改革的实施方案》，明确了学校创新创业教育工作的总体目标、改革任务和主要措施，仅在 2021—2022 学年第一学期就邀请企业家讲授创新创业公开课、就业大讲堂等活动 10 次，专门针对大学四年级学生开设 32 学时的创业培训（SYB）课程。

2022 年，辽宁财贸学院第一届大学生创新创业企业经营模拟沙盘大赛成功举办。大赛由工商管理学院主办，辽财·新道数智产业学院承办，新道科技股份有限公司提供技术支持。开幕式上工商管理学院党总支领导、新道科技股份有限公司辽宁省区领导分别致辞，工商管理学院团总支领导宣布培训工作开始。

本次大赛利用新道科技股份有限公司的“约创”平台，由指导老师为同学们进行了平台基本规则和操作方法的讲解，内容涵盖企业发展战略制定、销售竞单、原料采购、车间生产、财务控制，使同学们对平台的操作有了较好的掌握，对企业运营也有了基本的了解。

本次大赛的目的是以赛促课、以赛促教，让同学们了解企业的基本运营方式，为将来步入社会、走进企业打好基础。同时，本次大赛也是辽宁财贸学院与新道科技股份有限公司继续深化校企合作的重要举措。辽宁财贸学院与新道科技股份有限公司有着深厚的合作基础，新道科技股份有限公司依托用友集团“650 万 +”企业客户最新应用实践、开放的实践教学平台、强大的教育服务体系，与全国超过 3 500 所院校及社会机构开展合作，共建实践教学基地近 7 000 个，校企共建专业超过 350 个，是具有先进育人理念的科技公司辽宁财贸学院与新道科技股份有限公司将在人才培养、技术创新、标准研发、社会服务、就业创业等方面继续展开探索合作，为大学生提升专业知识运用能力、专业思维与实践思考能力、职业规划能力、创新创业能力铺就一条成长成才之路。

通过辽宁贸财学院开展的一系列实践，学院学生在省级比赛中获得多项大奖。2021 年度辽宁财贸学院共组织学生参加省级以上竞赛 37 项，其中参与学生 2 701 人次，参与指导教师 1 430 人次，获省级一等奖 23 项、二等奖 58 项、三等奖 129 项、优秀奖 118 项、优秀指导教师 9 人、优秀组织单位 6 个、优秀组织个人 2 人次，获国家级特等奖 1 项、一等奖 6 项、二等奖 19 项、三等奖 18 项。根据《辽宁省教育厅办公室关于开展 2021 年国家及省级大学生创新创业训练计划项目报送工作的通知》的有关要求，2021 年度共组织推荐上报大学生创新创业训练计划项目 18 项，其中校级大学生创新创业训练计划项目 12 项、省级大学生创新创业训练计划项目 6 项、国家级大学生创新创业训练计划项目 2 项。

二、参加全国大学生创新创业大赛

为深入贯彻落实习近平总书记关于教育的重要论述和给第三届中国“互联网 +”大学生创新创业大赛“青年红色筑梦之旅”大学生重要回信精神，落实《国务院办公厅关于深化高等学校创新创业教育改革的实施意见》《国务院办公厅关于进一步支持大学生创新创业的指导意见》等文件精神，全面深化高校创新创业教育改革、提升大学生创新创业能力、加快培养创新创业人才，纵深推进大众创业万众创新，辽宁财贸学院积极鼓励学生参赛，以“我敢闯，我会创”为主题，围绕“更中国、更国际、更教育、更全面、更创新”的总体目标，传承和弘扬红色基因，聚焦“五育”融合创新创业教育实践，激发青年学生创新创造热情，线上线下相融合，打造共建共享、融通中外的国际创新创业盛会，开启创新创业教育改革新征程。

（1）更中国。更深层次、更广范围体现红色基因传承，充分展现新发展阶段高水平创新创业教育的丰硕成果，集中展示在新发展理念引领下创新创业人才培养的中国方案，提升高等教育新时代感召力。

（2）更国际。深化创新创业教育国际交流合作，汇聚全球知名高校、企业和创业者，服务以国内大循环为主体、国内国际双循环相互促进的新发展格局，搭建全球性创新创业竞赛平台，提升中国高等教育的影响力。

（3）更教育。落实立德树人根本任务，推动思想政治教育、专业教育与创新创业教育深度融合，弘扬劳动精神，加强学生创新实践能力培养，造就理想信念坚定、勇于创新创造的新时代青年奋斗者，提升高等教育新时代塑造力。

（4）更全面。鼓励各学段学生积极参赛，形成创新创业教育在高等教育、职业教育、基础教育、留学生教育等各类各学段的全覆盖，打通创新创业人才培养各环节，提升高等教育新时代引领力。

（5）更创新。丰富竞赛形式和内容，优化赛制选拔，改革赛事组织，激发全社会创新创业创造动能，促进高校创新成果转化应用，服务国家创新发展，提升高等教育新时代创造力。

以赛促教，探索人才培养新途径。全面推进高校课程思政建设，深入推进新工科、新医科、新农科、新文科建设，不断深化创新创业教育改革，引领各类学校人才培养范式深刻变革，形成新的人才培养质量观和质量标准，切实提高学生的创新精神、创业意识和创新创业能力。

以赛促学，培养创新创业生力军。服务构建新发展格局，激发学生的创造力，激励广大青年扎根中国大地了解国情民情，在创新创业中增长智慧才干，坚定执着追理想，实事求是闯新路，把激昂的青春梦融入伟大的中国梦，努力成长为德才兼备的有为人才。

以赛促创，搭建产教融合新平台。把教育融入经济社会发展，推动成果转化和产学研用融合，促进教育链、人才链与产业链、创新链有机衔接，以创新引领创业、以创业带动就业，推动形成高校毕业生更高质量创业就业的新局面。

2017 年 6 月 2 日，中国大学生跨境电子商务创新创业大赛辽宁赛区总决赛在大连工业大学举行。辽宁财贸学院派出两支队伍参加比赛，经过前期外审、现场答辩，辽宁财贸学院学子的创业项目得到了完美展示，并获得了辽宁分赛区三等奖。大连之行，辽财学子受益匪浅！本次大赛既为辽宁财贸学院学子打造了优秀的创新创业平台，也是对跨境电商实践和创新创业项目的进一步检验，进一步加大了学校应用型人才培养和供给侧改革的深度和力度，有力地推动了学校应用型人才的培养。

第三节　实习实训

辽宁财贸学院一直以来全面贯彻党的教育方针，坚持教育与生产劳动和专业实践相结合，以培养学生的创新创业精神和实践能力为重点，将劳动教育融入学生实习实训全过程，实现学生的全面发展。

一、顶岗实习

辽宁财贸学院与企业共建现代产业学院和虚拟仿真实训平台，结合社会需求和技术发展趋势，依托入驻企业、金融银行业实践教育基地协助搭建模拟创业环境，对学生进行创业素质和能力的培养。为了让每个学生都成才，让每个梦想都开花，让每个学生都能高质量就业，辽宁财贸学院紧紧围绕国家经济社会发展和产业转型升级要求，对接地方新兴产业集群对数字化人才的要求，主动适应地区经济发展需要，连续三年，每年投入 1 000 万元，与国内知名上市公司新道科技股份有限公司和浪潮集团有限公司建立战略合作伙伴关系，合作专业涵盖学校全部招生专业。同时，辽宁财贸学院还积极打造“互联网 +”创新创业服务平台，建设一批专业化、差异化、多元化、开放式的众创空间，为广大师生创新创业提供一站式服务。

辽宁财贸学院与以上 2 家公司共同建立智能商科产业学院、大数据数智产业学院、财务管理数智产业学院等多个现代产业学院，从人才培养、专业建设、课程建设、实训环境建设、教学资源库共享、实习就业推荐、创新创业能力培养等方面全方位合作；建立 DBE 智能财务实验中心、VBSE 企业经营管理实验中心、大数据审计虚拟仿真实验中心、大数据商科实训室数字经济实训室、大数据科学与技术实训室等 8 个实验室；购置、研发 VBSE 基础会计课程实践教学系统、DBE 财务共享服务中心实践教学平台、B+Cloud 基础实践教学云平台等 20 个大型软件实践平台；邀请一大批行业优秀认证讲师、授权讲师、领域专家、行业大咖亲自为学生上课，逐步形成专业共建、人才共育、过程共管、资源共享、责任共担的校企合作新局面。

辽宁财贸学院自主研发了具有知识产权、获得国家专利的银行仿真模拟、审计仿真模拟等 5 个实训平台;建立了 DBE 智能财务、VBSE 企业经营管理等 8 个实验中心;建设管理会计综合实训平台、IFCC 智能云财务中心等 18 个实践教学平台,为学生专业课学习提供全仿真模拟环境;紧盯产业前沿和社会需求,同新道科技股份有限公司共建数智产业学院,与浪潮集团有限公司共建财会大数据学院,建成教育大数据应用技术国家工程实验室(数据科技创新研究中心),使人才培养质量得到全面提升,实现了学生专业学习、岗位实习、实操应用、就业创业等育人全链条无缝对接。每年毕业生就业率都在 96% 以上。

二、职业技能大赛

2017 年,辽宁财贸学院承办“葫芦岛银行杯”综合柜员职业技能大赛。2017 年 10 月 29 日上午,葫芦岛市首届银行业职工暨“2017·葫芦岛银行杯”综合柜员职业技能大赛在辽宁财贸学院汇泽楼计算机教室举行,此次大赛由葫芦岛市总工会主办,参赛选手为葫芦岛市所有银行的职工代表。辽宁财贸学院会计学院师生以裁判员和监考员的身份参与其中,并以严谨的态度出色地完成任务,受到了大赛组委会一致好评。大赛分为点钞、传票录入、特殊字符输入三个环节。辽宁财贸学院教师运用丰富的专业知识,对选手提出的疑问进行解答。辽宁财贸学院学生运用平时上课学习的内容和第二课堂活动积累的经验对参赛选手用的道具进行检查与整理以及监督参赛选手在规定时间内完成比赛。通过此次大赛,辽宁财贸学院师生积累了银行系统考核的经验,在此基础上辽宁财贸学院专业教师将教学课程体系和辽宁财贸学院建立的“多岗位财务综合实训平台”相结合,提高学生的实际动手能力,根据社会发展的需求和行业需求,培养更多面向基层的应用型会计人才。

近年来,辽宁财贸学院通过人才培养方案制定、教学环境建设、师资团队培育、制度措施保障,系统化推进书证融通、课证融合,形成了可复制、可推广的“1+X”证书项目建设育人新路径,并通过“三依托、三打造”加速形成“1+X”证书育人体系。一是以智慧校园建设为依托,打造“1+X”证书项目教学团队;二是依托校企合作专业建设,打造“岗课证研创服”育人模式;三是依托学分银行建设,打造应用型综合人才培养平台。2021 年以来,辽宁财贸学院将“1+X”证书制度试点工作作为年度重点工作,安排专项资金,组建管理和教师团队研究培养方案制定、课程体系构建,师资队伍培养;同时结合工作实际,制定了《辽宁财贸学院“学历证书 + 若干职业技能等级证书”制度试点工作操作手册》《辽宁财贸学院“学历证书 + 若干职业技能等级证书”制度试点工作考核站点管理制度》等,卓有成效地推进了“1+X”证书制度试点工作。辽宁财贸学院参与“1+X”证书项目试点的专业共计 12 个,分别为会计学专业、财务管理专业、审计学专业、工程造价专业、经济学专业、资产评估专业、信息管理与信息系统专业、软件工程专业、旅游管理专业、金融工程专业、行政管理专业、互联网金融专业,专业覆盖率为 52%。辽宁财贸学院学生共考取“1+X”证书 544 个,其中财务数字化应用职业技能等级证书 201 个、业财一体信息化应用职业技能等级证书 288 个、工业 APP 设计与开发职业技能等级证书 21 个、金融智能投顾职业技能等级证书 34 个,毕业学生在工作岗位深受企业好评。

尤其是最近几年，辽宁财贸学院师生获得国家级和省级奖励近700项，学生获得各类职业资格认证近5 000人次。在2018年、2019年辽宁省经济与管理类专业统考中，辽宁财贸学院总平均成绩名列前茅。2016年、2018年全国高等教育满意度调查显示，辽宁财贸学院本科教育各项满意度均高于全国平均值10%以上。

知识链接1

教育部关于印发《大中小学劳动教育指导纲要（试行）》的通知

教材〔2020〕4号

各省、自治区、直辖市教育厅（教委），新疆生产建设兵团教育局，有关部门（单位）教育司（局），部属各高等学校、部省合建各高等学校：

为深入贯彻习近平总书记关于教育的重要论述，全面贯彻党的教育方针，落实《中共中央 国务院关于全面加强新时代大中小学劳动教育的意见》，加快构建德智体美劳全面培养的教育体系，我部组织研究制定了《大中小学劳动教育指导纲要（试行）》，现印发给你们，请认真贯彻落实。

教育部

2020年7月7日

大中小学劳动教育指导纲要（试行）

为深入贯彻习近平总书记关于教育的重要论述，全面贯彻党的教育方针，落实《中共中央 国务院关于全面加强新时代大中小学劳动教育的意见》，加快构建德智体美劳全面培养的教育体系，制定本指导纲要。

一、劳动教育性质和基本理念

（一）劳动教育性质

劳动是创造物质财富和精神财富的过程，是人类特有的基本社会实践活动。劳动教育是发挥劳动的育人功能，对学生进行热爱劳动、热爱劳动人民的教育活动。当前实施劳动教育的重点是在系统的文化知识学习之外，有目的、有计划地组织学生参加日常生活劳动、生产劳动和服务性劳动，让学生动手实践、出力流汗，接受锻炼、磨炼意志，培养学生正确劳动价值观和良好劳动品质。

劳动教育是新时代党对教育的新要求，是中国特色社会主义教育制度的重要内容，是全面发展教育体系的重要组成部分，是大中小学必须开展的教育活动。它具有鲜明的思想性，必须将马克思主义劳动观贯彻始终，强调劳动是一切财富、价值的源泉，劳动者是国家的主人，一切劳动和劳动者都应该得到鼓励和尊重；倡导通过诚实劳动创造美好生活、实现人生梦想，反对一切不劳而获、崇尚暴富、贪图享乐的错误思想。具有突出的社会性，必须加强学校教育与社会生活、生产实践的直接联系，发挥劳动在个人与社会之间的纽带作用，引导学生认识社会，增强社会责任感；同时注重让学生学会分工合作，体会社会主义社会平等、和谐的新型劳动关系。具有显著的实践性，必须面向真实的生活世界和职业世界，引导学生以动手实践为主要方式，在认识世界的基础上，获得有积极意义的价值体验，学会建设世界，塑造自己，实现树德、增智、强体、育美的目的。

（二）劳动教育基本理念

1. 强化劳动观念，弘扬劳动精神

将劳动观念和劳动精神教育贯穿人才培养全过程，贯穿家庭、学校、社会各方面。注重让学生在学习和掌握基本劳动知识技能的过程中，领悟劳动的意义价值，形成勤俭、奋斗、创新、奉献的劳动精神。

2. 强调身心参与，注重手脑并用

把握劳动教育的根本特征，让学生面对真实的个人生活、生产和社会性服务任务情境，亲历实际的劳动过程，善于观察思考，注重运用所学知识解决实际问题，提高劳动质量和效率。

3. 继承优良传统，彰显时代特征

在充分发挥传统劳动、传统工艺项目育人功能的同时，紧跟科技发展和产业变革，准确把握新时代劳动工具、劳动技术、劳动形态的新变化，创新劳动教育内容、途径、方式，增强劳动教育的时代性。

4. 发挥主体作用，激发创新创造

关注学生劳动过程中的体验和感悟，引导学生感受劳动的艰辛和收获的快乐，增强获得感、成就感、荣誉感。鼓励学生在学习和借鉴他人丰富经验、技艺的基础上，尝试新方法、探索新技术，打破僵化思维方式，推陈出新。

二、劳动教育目标和内容

（一）总体目标

准确把握社会主义建设者和接班人的劳动精神面貌、劳动价值取向和劳动技能水平的培养要求，全面提高学生劳动素养，使学生：

树立正确的劳动观念。正确理解劳动是人类发展和社会进步的根本力量，认识劳动创造人、创造价值、创造财富、创造美好生活的道理，尊重劳动，尊重普通劳动者，牢固树立劳动最光荣、劳动最崇高、劳动最伟大、劳动最美丽的思想观念。

具有必备的劳动能力。掌握基本的劳动知识和技能，正确使用常见劳动工具，增强体力、智力和创造力，具备完成一定劳动任务所需要的设计、操作能力及团队合作能力。

培育积极的劳动精神。领会“幸福是奋斗出来的”内涵与意义，继承中华民族勤俭节约、敬业奉献的优良传统，弘扬开拓创新、砥砺奋进的时代精神。

养成良好的劳动习惯和品质。能够自觉自愿、认真负责、安全规范、坚持不懈地参与劳动，形成诚实守信、吃苦耐劳的品质。珍惜劳动成果，养成良好的消费习惯，杜绝浪费。

（二）主要内容

主要包括日常生活劳动、生产劳动和服务性劳动中的知识、技能与价值观。日常生活劳动教育立足个人生活事务处理，结合开展新时代校园爱国卫生运动，注重生活能力和良好卫生习惯培养，树立自立自强意识。生产劳动教育要让学生在工农业生产过程中直接经历物质财富的创造过程,体验从简单劳动、原始劳动向复杂劳动、创造性劳动的发展过程,学会使用工具,掌握相关技术,感受劳动创造价值,增强产品质量意识,体会平凡劳动中的伟大。服务性劳动教育让学生利用知识、技能等为他人和社会提供服务,在服务性岗位上见习实习,树立服务意识,实践服务技能;在公益劳动、志愿服务中强化社会责任感。

(三)学段要求

1. 小学

低年级:以个人生活起居为主要内容,开展劳动教育,注重培养劳动意识和劳动安全意识,使学生懂得人人都要劳动,感知劳动乐趣,爱惜劳动成果。指导学生:①完成个人物品整理、清洗,进行简单的家庭清扫和垃圾分类等,树立自己的事情自己做的意识,提高生活自理能力;②参与适当的班级集体劳动,主动维护教室内外环境卫生等,培养集体荣誉感;③进行简单手工制作,照顾身边的动植物,关爱生命,热爱自然。

中高年级:以校园劳动和家庭劳动为主要内容开展劳动教育,体会劳动光荣,尊重普通劳动者,初步养成热爱劳动、热爱生活的态度。指导学生:①参与家居清洁、收纳整理,制作简单的家常餐等,每年学会 1~2 项生活技能,增强生活自理能力和勤俭节约意识,培养家庭责任感;②参加校园卫生保洁、垃圾分类处理、绿化美化等,适当参加社区环保、公共卫生等力所能及的公益劳动,增强公共服务意识;③初步体验种植、养殖、手工制作等简单的生产劳动,初步学会与他人合作劳动,懂得生活用品、食品来之不易,珍惜劳动成果。

2. 初中

兼顾家政学习、校内外生产劳动、服务性劳动,安排劳动教育内容,开展职业启蒙教育,体会劳动创造美好生活,养成认真负责、吃苦耐劳的劳动品质和安全意识,增强公共服务意识和担当精神。让学生:①承担一定的家庭日常清洁、烹饪、家居美化等劳动,进一步培养生活自理能力和习惯,增强家庭责任意识;②定期开展校园包干区域保洁和美化,以及助残、敬老、扶弱等服务性劳动,初步形成对学校、社区负责任的态度和社会公德意识;③适当体验包括金工、木工、电工、陶艺、布艺等项目在内的劳动及传统工艺制作过程,尝试家用器具、家具、电器的简单修理,参与种植、养殖等生产活动,学习相关技术,获得初步的职业体验,形成初步的生涯规划意识。

3. 普通高中

注重围绕丰富职业体验,开展服务性劳动和生产劳动,理解劳动创造价值,接受锻炼、磨炼意志,具有劳动自立意识和主动服务他人、服务社会的情怀。指导学生:①持续开展日常生活劳动,增强生活自理能力,固化良好劳动习惯;②选择服务性岗位,经历真实的岗位工作过程,获得真切的职业体验,培养职业兴趣;积极参加大型赛事、社区建设、环境保护等公益活动、志愿服务,强化社会责任意识和奉献精神;③统筹劳动教育与通用技术课程相关内容,从工业、农业、现代服务业以及中华优秀传统文化特色项目中,自主选择 1~2 项生产劳动,经历完整的实践过程,提高创意物化能力,养成吃苦耐劳、精益求精的品质,增强生涯规划的意识和能力。

4. 职业院校

重点结合专业特点，增强职业荣誉感和责任感，提高职业劳动技能水平，培育积极向上的劳动精神和认真负责的劳动态度。组织学生：①持续开展日常生活劳动，自我管理生活，提高劳动自立自强的意识和能力；②定期开展校内外公益服务性劳动，做好校园环境秩序维护，运用专业技能为社会、为他人提供相关公益服务，培育社会公德，厚植爱国爱民的情怀；③依托实习实训，参与真实的生产劳动和服务性劳动，增强职业认同感和劳动自豪感，提升创意物化能力，培育不断探索、精益求精、追求卓越的工匠精神和爱岗敬业的劳动态度，坚信"三百六十行，行行出状元"，体认劳动不分贵贱，任何职业都很光荣，都能出彩。

5. 普通高等学校

强化马克思主义劳动观教育，注重围绕创新创业，结合学科专业开展生产劳动和服务性劳动，积累职业经验，培育创造性劳动能力和诚实守信的合法劳动意识。使学生：①掌握通用劳动科学知识，深刻理解马克思主义劳动观和社会主义劳动关系，树立正确的择业就业创业观，具有到艰苦地区和行业工作的奋斗精神；②巩固良好日常生活劳动习惯，自觉做好宿舍卫生保洁，独立处理个人生活事务，积极参加勤工助学活动，提高劳动自立自强能力；③强化服务性劳动，自觉参与教室、食堂、校园场所的卫生保洁、绿化美化和管理服务等，结合"三支一扶"、大学生志愿服务西部计划、"青年红色筑梦之旅""三下乡"等社会实践活动开展服务性劳动，强化公共服务意识和面对重大疫情、灾害等危机主动作为的奉献精神；④重视生产劳动锻炼，积极参加实习实训、专业服务和创新创业活动，重视新知识、新技术、新工艺、新方法的运用，提高在生产实践中发现问题和创造性解决问题的能力，在动手实践的过程中创造有价值的物化劳动成果。

三、劳动教育途径、关键环节和评价

（一）劳动教育途径

将劳动教育纳入人才培养全过程，丰富、拓展劳动教育实施途径。

1. 独立开设劳动教育必修课

在大中小学设立劳动教育必修课程。中小学劳动教育课平均每周不少于1课时，用于活动策划、技能指导、练习实践、总结交流等，与通用技术和地方课程、校本课程等有关内容进行必要统筹。职业院校开设劳动专题教育必修课，不少于16学时；主要围绕劳动精神、劳模精神、工匠精神、劳动组织、劳动安全和劳动法规等方面设计。普通高等学校要将劳动教育纳入专业人才培养方案，明确主要依托的课程，可在已有课程中专设劳动教育模块，也可专门开设劳动专题教育必修课，本科阶段不少于32学时；课程内容应加强马克思主义劳动观教育，普及与学生职业发展密切相关的通用劳动科学知识，并经历必要的实践体验。

2. 在学科专业中有机渗透劳动教育

中小学道德与法治（思想政治）、语文、历史、艺术等学科要有重点地纳入劳动创造人本身、劳动创造历史、劳动创造世界、劳动不分贵贱等马克思主义劳动观，纳入歌颂劳模、歌颂普通劳动者的选文选材，纳入阐释勤劳、节俭、艰苦奋斗等中华民族优良传统的内容，加强对学生辛勤劳动、诚实劳动、合法劳动等方面的教育。数学、科学、地理、技术、体育与健康等学科要注重培养学生劳动的科学态度、规范意识、效率观念和创新精神。

职业院校要将劳动教育全面融入公共基础课,要强化马克思主义劳动观、劳动安全、劳动法规教育。专业课在进行职业劳动知识技能教学的同时,注重培养“干一行爱一行”的敬业精神,吃苦耐劳、团结合作、严谨细致的工作态度。

普通高等学校要将劳动教育有机纳入专业教育、创新创业教育,不断深化产教融合,强化劳动锻炼要求,加强高等学校与行业骨干企业、高新企业、中小微企业紧密协同,推动人才培养模式改革。专业类课程主要与服务学习、实习实训、科学实验、社会实践、毕业设计等相结合开展各类劳动实践,注重分析相关劳动形态发展趋势,强化劳动品质培养。在公共必修课中,要进一步强化马克思主义劳动观教育、劳动相关法律法规与政策教育。

3. 在课外校外活动中安排劳动实践

将劳动教育与学生的个人生活、校园生活和社会生活有机结合起来,丰富劳动体验,提高劳动能力,深化对劳动价值的理解。

中小学每周课外活动和家庭生活中劳动时间,小学 1 至 2 年级不少于 2 小时,其他年级不少于 3 小时;职业院校和普通高等学校要明确生活中的劳动事项和时间,纳入学生日常管理工作。

大中小学每学年设立劳动周,采用专题讲座、主题演讲、劳动技能竞赛、劳动成果展示、劳动项目实践等形式。小学以校内为主,小学高年级可适当安排部分校外劳动;普通中学、职业院校和普通高等学校兼顾校内外,可在学年内或寒暑假安排,以集体劳动为主,由学校组织实施。高等学校也可安排劳动月,集中落实各学年劳动周要求。

4. 在校园文化建设中强化劳动文化

学校要将劳动习惯、劳动品质的养成教育融入校园文化建设之中。要通过制定劳动公约、每日劳动常规、学期劳动任务单,采取与劳动教育有关的兴趣小组、社团等组织形式,结合植树节、学雷锋纪念日、五一劳动节、农民丰收节、志愿者日等,开展丰富的劳动主题教育活动,营造劳动光荣、创造伟大的校园文化。

要举办“劳模大讲堂”、“大国工匠进校园”、优秀毕业生报告会等劳动榜样人物进校园活动,组织劳动技能和劳动成果展示,综合运用讲座、宣传栏、新媒体等,广泛宣传劳动榜样人物事迹,特别是身边的普通劳动者事迹,让师生在校园里近距离接触劳动模范,聆听劳模故事,观摩精湛技艺,感受并领悟勤勉敬业的劳动精神,争做新时代的奋斗者。

(二)劳动教育关键环节

各地和学校要注重围绕劳动教育的目标和内容要求,从提高劳动教育的效果出发,把握劳动教育任务的特点,抓住关键环节,选择适宜的劳动教育方式。

1. 讲解说明

围绕劳动为什么、是什么问题,有重点地进行讲解,让学生懂得劳动的意义和价值。加强劳动观念、劳动纪律、劳动相关法律法规的正面引导,指明轻视劳动特别是轻视普通劳动的危害,让学生明辨是非。加强劳动知识技能的讲解,让学生认清事理,掌握实践操作的基本原理、程序、规则,正确使用工具的方法和技术。讲解要与启发思考、示范、练习等结合起来。

2. 淬炼操作

围绕如何做的问题,注重示范与练习,让学生会劳动。强化规范意识,注重从最基本的程序学起,严守规则,避免主观随意。强化质量意识,注重引导学生关注细节,每个步骤、环节都要精准到位。强化专注品质,注重引导学生对操作行为的评估与监控,做到眼到手到心到,有始有终。

3. 项目实践

围绕劳动能力的培养,让学生完成真实、综合任务,经历完整劳动过程。注重劳动价值体认,引导学生从现实生活中发现需求,选择和确定劳动项目。强化规划设计意识,充分发挥学生的主动性、积极性、创造性,引导学生对项目实践进行整体构思,综合运用所学知识、技术,不断优化行动方案。强化身体力行,锤炼意志品质,敢于在困难与挑战中完成行动任务。

4. 反思交流

围绕劳动价值意义的建构,引导学生总结、交流,促进学生形成反思交流习惯。指导学生思考劳动过程和结果与社会进步、个体成长的关联,避免停留在简单的苦乐体验上。组织学生交流分享劳动的体验和收获,肯定具有积极意义的认识,纠正观念上的偏差。将反思交流与改进结合起来,使学生在劳动中获得成长。

5. 榜样激励

围绕劳动的精神追求,树立典型,激发劳动热情。注意遴选、树立多类型榜样,不仅要有大国工匠、劳动模范,还要有身边劳动表现优异的普通劳动者和同学。指导学生从榜样的具体事迹中领悟他们的高尚精神和优良品质。明确要求学生在日常劳动实践中努力向榜样看齐。

(三)劳动教育评价

将劳动素养纳入学生综合素质评价体系。以劳动教育目标、内容要求为依据,将过程性评价和结果性评价结合起来,健全和完善学生劳动素养评价标准、程序和方法,鼓励、支持各地利用大数据、云平台、物联网等现代信息技术手段,开展劳动教育过程监测与纪实评价,发挥评价的育人导向和反馈改进功能。

1. 平时表现评价

要在平时劳动教育实践活动中及时进行评价,以评价促进学生发展。要覆盖各种类型的劳动教育活动,明确学年劳动实践类型、次数、时间等考核要求。关注学生在劳动教育活动中的实际表现,注重从行为表现中分析把握劳动观念形成情况。以自我评价为主,辅以教师、同伴、家长、服务对象、用人单位评价等他评方式,指导学生进行反思改进。要指导学生如实记录劳动教育活动情况,收集整理相关制品、作品等,选择代表性的写实记录,纳入综合素质档案,作为学生学年评优评先的重要参考。

2. 学段综合评价

学段结束时,要依据学段目标和内容,结合综合素质档案分析,兼顾必修课学习和课外劳动实践,对劳动观念、劳动能力、劳动精神、劳动习惯和品质等劳动素养发展状况进行综合评定。建立诚信机制,实行写实记录抽查制度,对弄虚作假者在评优评先方面一票否决,性质严重的应依法依规严肃处理。在高中和大学开展志愿者星级认证。高中学校和高等学校要将考核结果作为毕业依据之一。推动将学段综合评价结果作为学生升学、就业的重要参考。

3. 开展学生劳动素养监测

将学生劳动素养监测纳入基础教育质量监测、职业院校教学质量评估和普通高等学校本科教学质量评估。可委托有关专业机构,定期组织开展关于学生劳动素养状况调查,注重学生劳动观念、劳动能力、劳动精神、劳动习惯和品质等的监测。发挥监测结果的示范引导、反馈改进等功能。

四、学校劳动教育的规划与实施

(一)整体规划劳动教育

学校是劳动教育的实施主体,应根据国家相关规定,结合当地和本校实际情况,对劳动教育进行整体设计、系统规划,形成劳动教育总体实施方案。方案要明确劳动教育目标内容、课时安排、主要劳动实践活动安排、劳动教育过程组织与指导及考核评价办法等。同时要基于学生的年段特征、阶段性教育要求,研究制定"学校学年(或学期)劳动教育计划",对学年、学期劳动教育实践活动作出具体安排,特别是规划好劳动周等集中劳动,细化有关要求。使总体实施方案和学年(或学期)活动计划相互配套、衔接,形成可持续开展的劳动教育实施方案。

学校在劳动教育规划时要注意处理以下几个方面的关系。

1. 理论学习和实践锻炼的关系

理论学习和实践锻炼都是劳动教育的必要内容。理论学习重在让学生理解和掌握"劳动创造了人本身""劳动创造世界"等历史唯物主义基本理论以及劳动相关法律、法规、政策,将其作为行动的指南。实践锻炼重在将所学知识转化为真正有用的实际本领,形成良好的劳动习惯,弘扬劳动精神。规划劳动教育时,要两者兼顾,坚持以实践锻炼为主,切实保证每一个学生都有必要的劳动实践经历,不能只是口头上喊劳动、课堂上讲劳动。要通过学生实践前的计划构想、实践中的观察思考和实践后的反思交流,加深对有关思想理论、法规政策的理解,实现理论学习和实践锻炼的统一。

2. 劳动教育与其他教育活动的关系

在开足专门劳动教育必修课的同时,中小学劳动教育必修课实践环节中与综合实践活动的社会服务、设计制作、职业体验重叠部分,可整合实施。职业院校、普通高等学校劳动教育中学生生产劳动和服务性劳动可以通过专业实习、实训、创新创业等实践环节完成,日常生活劳动可以通过学生管理落实。

3. 劳动的传统形态与新形态的关系

将日常生活劳动教育贯穿大中小学始终。在安排生产劳动和服务性劳动项目时,中小学要以使用传统工具、传统工艺的劳动为主,引导学生体会劳动人民的艰辛与智慧,传承中华优秀传统文化，兼顾使用新知识、新技术、新工艺、新方法的劳动。职业院校、普通高等学校要注重结合产业新业态、劳动新形态，选择现代农业、工业、服务业项目，提升创造性劳动能力。

（二）劳动教育的组织实施

1. 实施机构和人员

学校要建立健全劳动教育组织实施的工作机制。明确主管校领导，设置机构或明确相关部门负责劳动教育的规划设计、组织协调、资源整合、师资培训、过程管理、总结评价等。

要建立专兼职相结合的劳动教育教师队伍。根据学校劳动教育需要，明确劳动教育责任人，进行劳动教育规划、组织实施、评价等，配齐劳动教育必修课教师，保持教师队伍的相对稳定性。要充分发挥教职员工特别是班主任、辅导员、导师的作用，利用少先队、共青团、党组织以及学生社团等各方面的力量，合力开展劳动教育实践活动。充分利用家长及当地人力资源，聘请相关行业专业人士担任劳动实践指导教师。

2. 劳动安全风险防范与管理

学校要把劳动安全教育与管理作为组织实施的必要内容，强化劳动安全意识，建立健全安全教育与管理并重的劳动安全保障体系。

要依据学生身心发育情况，适度安排劳动强度、时长，切实关注劳动任务及场所设施的适宜性。科学评估劳动实践活动的安全风险，认真排查、清除学生劳动实践中的各种隐患。在场所设施选择、材料选用、工具设备和防护用品使用、活动流程等方面制定安全、科学操作规范，强化劳动过程每个岗位的管理，明确各方责任，防患于未然。制定劳动实践活动风险防控预案，完善应急与事故处理机制。要特别关注劳动过程中的卫生隐患，按照疾控、卫生健康部门及行业有关规定，采取相应措施，切实保护学生的身心健康。鼓励购买劳动教育相关保险。

3. 建立协同实施机制

中小学要推动建立以学校为主导、家庭为基础、社区为依托的协同实施机制，形成共育合力。学校要通过家长会、家长学校、社区宣讲、网络媒体等途径，引导家长树立正确的劳动观；明确家长的劳动教育责任，让家长主动指导和督促孩子完成家庭、社区劳动任务；学校要与相关社会实践基地共同开发并实施劳动教育课程。

职业院校、普通高等学校要建立学校负责规划设计，行业企业社会机构主要负责业务指导，双方共同管理的劳动教育实施机制。通过建立劳模工作室、技能大师工作室，设置荣誉教师、实务导师岗位等，多渠道引入社会力量参与学校劳动教育。要联合社会力量，共建共享稳定的劳动实践基地、校外实习实训基地、各类型创新创业孵化平台，多渠道拓展劳动实践场所。

五、劳动教育条件保障与专业支持

地方教育行政部门要切实加强对劳动教育工作的组织领导，明确机构和人员承担区域推进劳动教育的职责任务，切实加强条件保障、专业支持和督导评估，整体提高大中小学劳动教育质量和水平。

（一）条件建设

1. 丰富和拓展劳动实践场所

地方教育行政部门要统筹规划和配置劳动教育实践资源，满足学校多样化劳动实践需求。充分利用现有综合实践基地、青少年校外活动场所、职业院校和普通高等学校劳动实践场所，建立健全开放共享机制，特别是充分利用职业院校实训实习场所、设施设备，为普通中小学和普通高等学校提供所需要的服务。可安排一批土地、山林、草场等作为学农实践基地，确认一批厂矿企业作为学工实践基地，认定一批城乡社区、福利院、医院、博物馆、科技馆、图书馆等事业单位、社会机构、公共场所作为服务性劳动基地。推动学校充分利用校内学习、生活有关场所，逐步建好配齐劳动技术实践教室、实训基地，丰富劳动教育资源。

2. 加强师资队伍建设

要明确劳动课教师管理要求，保障劳动课教师在绩效考核、职称评聘、评先评优、专业发展等方面与其他专任教师享受同等待遇。推动中小学、职业院校与普通高等学校建立师资交流共享机制，发挥职业院校教师的专业优势，承担普通学校劳动教育教学任务。建立劳动课教师特聘制度，为学校聘请具有实践经验的社会专业技术人员、劳动模范等担任兼职教师创造条件。

高等学校要加强劳动教育师资培养，有条件的院校开设劳动教育相关专业。把劳动教育纳入教育行政干部、校长、教师、辅导员培训内容，开展全员培训，强化劳动意识、劳动观念，提升劳动教育的自觉性。对承担劳动教育课程的教师进行专项培训，提高劳动育人意识和专业化水平。

3. 健全经费投入机制

各地要统筹中央补助资金和自有财力，多种形式筹措资金，加快建设校内劳动教育场所和校外劳动教育实践基地，加强学校劳动教育设施建设，建立学校劳动教育器材、耗材补充机制。学校可按照规定统筹安排公用经费等资金开展劳动教育，可采取政府购买服务方式，吸引社会力量提供劳动教育服务。

（二）加强专业研究和指导

1. 加强劳动教育研究与指导

在全国教育科学规划、教育部人文社会科学研究项目中支持劳动教育研究。地方教育行政部门鼓励和支持相关机构设立劳动教育研究项目。设立一批试验区或试验学校，注重开展跟踪研究、行动研究。举办论坛讲座，营造良好学术氛围。

各级中小学教研机构要配备劳动教育教研员，组织开展专题教研、区域教研、网络教研，通过协同创新、校际联动、区域推进，提高劳动教育整体实施水平。鼓励高等学校依托有关专业机构开展劳动教育教学研究。

2. 组织开展劳动教育课程资源研发

基于劳动教育教学的实际需要，省级教育行政部门明确中小学劳动实践指导手册编写要求，体现“一纲多本”，满足不同地区学校的多样化需求，负责组织审查。职业院校可组织编写劳动精神、劳模精神、工匠精神专题读本，由编写院校或委托专业机构进行审查。鼓励学校、学术团体、专业机构等收集整理反映劳动先进人物事迹和精神的影视资料，组织研发展示劳动过程、劳动安全要求的数字资源，梳理遴选来自教学一线的典型案例和鲜活经验，形成分学段、分专题的劳动教育课程资源包，促进优质资源的共享与使用。

（三）督导评估与激励

1. 加强对学校劳动教育实施情况的督查

把劳动教育纳入教育督导体系，完善督导办法。对地方各级人民政府和有关部门保障劳动教育情况进行督导。对学校劳动教育开课率、学生劳动实践组织的有序性，教学指导的针对性，保障措施的有效性等进行督查和指导。督导结果要向社会公开，作为衡量区域教育质量和水平的重要指标，作为对被督导部门和学校及其主要负责人考核奖惩的依据。

2. 建立健全劳动教育激励机制

在国家级、省级教学成果奖励中，将劳动教育教学成果纳入评奖范围，对优秀成果予以奖励。依托有关专业组织、教科研机构等开展劳动教育经验交流和成果展示活动，激发广大教师实践创新的潜能和动力。积极协调新闻媒体传播劳动光荣、创造伟大思想，大力宣传劳动教育先进学校、先进个人。

知识链接 2

劳动教育是什么？教什么？怎么教？
——《大中小学劳动教育指导纲要（试行）》解读

2020 年 7 月 7 日，教育部印发了《大中小学劳动教育指导纲要（试行）》（以下简称《指导纲要》）。据悉，《指导纲要》是《中共中央 国务院关于全面加强新时代大中小学劳动教育的意见》（以下简称《意见》）的配套文件，主要面向学校，重点针对劳动教育是什么、教什么、怎么教等问题，细化有关要求，加强专业指导。

《指导纲要》如何阐释劳动教育的内涵和特征？对劳动教育的目标内容做了哪些细化？将如何解决“有教育无劳动”和“有劳动无教育”的问题？7 月 15 日，记者就有关问题采访了教育部教材局负责人。

劳动教育是什么？

对学生进行热爱劳动、热爱劳动人民的教育活动。

当前，社会上对什么是劳动教育有不同的理解，教育部教材局负责人指出，忽视劳动的现象主要表现为轻视体力劳动，尤其是看不起普通劳动者。《指导纲要》重申《意见》提出的“以体力劳动为主，注意手脑并用”要求，并进一步阐明了劳动教育的内涵和特征，指出“劳动教育是发挥劳动的育人功能，对学生进行热爱劳动、热爱劳动人民的教育活动”。

该负责人介绍，劳动教育有三个基本特征：“一是鲜明的思想性，强调劳动者是国家的主人，一切劳动和劳动者都应该得到鼓励和尊重，反对一切不劳而获、崇尚暴富、贪图享乐的错误思想；二是突出的社会性，要求引导学生走向社会，认识社会，强化责任担当意识，体会社会主义社会平等、和谐的新型劳动关系；三是显著的实践性，以动手实践为主要方式，引导学生在认识世界的基础上，学会建设世界，塑造自己，实现树德、增智、强体、育美的目的。”

根据《指导纲要》，劳动教育的基本理念为：强化劳动观念，弘扬劳动精神；强调身心参与，注重手脑并用；继承优良传统，彰显时代特征；发挥主体作用，激发创新创造。

《指导纲要》提出，要将劳动观念和劳动精神教育贯穿人才培养全过程，贯穿家庭、学校、社会各方面。注重让学生在学习和掌握基本劳动知识技能的过程中，领悟劳动的意义价值。要让学生面对真实的个人生活、生产和社会性服务任务情境，亲历实际的劳动过程，善于观察思考，注重运用所学知识解决实际问题，提高劳动质量和效率。在充分发挥传统劳动、传统工艺项目育人功能的同时，紧跟科技发展和产业变革，准确把握新时代劳动工具、劳动技术、劳动形态的新变化，创新劳动教育内容、途径、方式，增强劳动教育的时代性。同时，要关注学生劳动过程中的体验和感悟，引导学生感受劳动的艰辛和收获的快乐，增强获得感、成就感、荣誉感。

劳动教育教什么？

各地各校结合实际制定具体劳动教育清单。

教育部教材局负责人介绍，依据《意见》，《指导纲要》对劳动教育的目标内容做了细化和具体化：一是明确劳动教育目标框架，具体包括树立正确的劳动观念、具有必备的劳动能力、培育积极的劳动精神、养成良好的劳动习惯和品质四个方面；二是明确三类劳动教育（日常生活劳动教育、生产劳动教育、服务性劳动教育）的育人价值定位；三是明确小学、初中、普通高中、职业院校、普通高等学校劳动教育主要内容和三类劳动教育的具体要求。

“各地和学校可以依据以上三个方面的要求，结合实际制定更为具体的劳动教育清单，切实解决劳动教育教什么的问题。”该负责人说。

“与职业院校、高等学校相比，中小学有自己的特点，”该负责人介绍，《指导纲要》在加强中小学劳动教育方面着重强调了要打好基础、安全适度、开齐课程、讲究方法、家校合作。比如，要注重日常生活劳动习惯的养成，根据学生年龄特点有序安排劳动教育内容要求，上好每周一节劳动教育必修课，同时安排必要的课外劳动时间和劳动周活动，建立以学校为主导、家庭为基础、社区为依托的协同实施机制等。

在职业教育方面，《指导纲要》明确提出职业院校劳动教育的重点是结合专业特点，增强学生职业荣誉感和责任感，提高职业劳动技能水平，培育积极向上的劳动精神和认真负责的劳动态度；规定职业院校开设劳动专题教育必修课不少于16学时，主要围绕劳动精神、劳模精神、工匠精神、劳动组织、劳动安全和劳动法规等方面设计；同时将劳动教育全面融入公共基础课和专业课之中，注重培养学生的敬业精神，吃苦耐劳、团结合作、严谨细致的工作态度；还要求职业院校主动开放实训实习场所、设施设备，为普通中小学和普通高校提供所需要的服务。

结合普通高校的实际情况，《指导纲要》强调：一是要明确重点，强化马克思主义劳动观教育，注重围绕创新创业，结合学科专业开展生产劳动和服务性劳动，积累职业经验，培育创造性劳动能力和诚实守信的合法劳动意识；二是规定载体，要求明确主要依托的课程，其中本科阶段劳动教育必修课不少于32学时，明确学生日常生活中的劳动事项和时间，组织开展劳动周或劳动月；三是强化服务，加强劳动教育师资培养，有条件的院校开设劳动教育相关专业。

劳动教育怎么教？

开设必修课，将劳动教育纳入人才培养全过程。

“当前学校中，有教育无劳动和有劳动无教育问题同时存在，”教育部教材局负责人说，提高劳动教育的质量水平，必须解决怎么教的问题。

为切实解决有教育无劳动问题，《指导纲要》明确了劳动教育的途径，包括独立开设劳动教育必修课、在学科专业中有机渗透劳动教育、在课外校外活动中安排劳动实践、在校园文化建设中强化劳动文化四个方面。“特别是对劳动教育必修课、课外校外劳动实践时间、每学年一次的劳动周提出了具体要求，将劳动教育纳入人才培养全过程，”该负责人说。

具体来看，中小学劳动教育课平均每周不少于1课时，职业院校开设劳动专题教育必修课，不少于16学时，普通高等学校要将劳动教育纳入专业人才培养方案，明确主要依托的课程，可在已有课程中专设劳动教育模块，也可专门开设劳动专题教育必修课，本科阶段不少于32学时。中小学每周课外活动和家庭生活中劳动时间，小学一至二年级不少于2小时，其他年级不少于3小时；职业院校和普通高等学校要明确生活中的劳动事项和时间，纳入学生日常管理工作。

“劳动教育不是简单让学生扫地、做家务，”该负责人介绍，《指导纲要》围绕讲解说明、淬炼操作、项目实践、反思交流、榜样示范等关键环节，加强对劳动教育方式方法的具体指导，要求通过组织学生参加劳动实践，对学生进行热爱劳动、热爱劳动人民的教育，切实解决有劳动无教育的问题。

在评价改革方面，《指导纲要》提出，将劳动素养纳入学生综合素质评价体系。以劳动教育目标、内容要求为依据，将过程性评价和结果性评价结合起来，健全和完善学生劳动素养评价标准、程序和方法，鼓励、支持各地利用大数据、云平台、物联网等现代信息技术手段，开展劳动教育过程监测与评价，发挥评价的育人导向和反馈改进功能。

“这里突出强调要依据劳动教育目标，制定劳动素养评价标准，注重对学生劳动素养形成和发展情况的测评分析。要将平时表现评价、学段综合评价和学生劳动素养监测区别开来，分别提出相应要求，同时要改进评价方式手段，”该负责人说。

“劳动教育意义重大，各地和学校要将劳动教育摆在突出位置上，切实予以加强，”该负责人强调，各地和学校要加强组织管理，明确实施机构和人员，具体负责劳动教育的规划设计、组织协调、资源整合、师资培训、过程管理、总结评价等。加强支持保障，对劳动教育所需要的师资、场地设施、经费投入等，进行合理规划和统筹安排，为劳动教育的实施创造必要条件。加强专业研究和指导，组织开展劳动教育课程资源研发，促进优质资源的共享与使用。

实践1:深入辽宁财贸学院"红馆"实践

【实践目的】

(1)参观辽宁财贸学院"红馆",学习铁人王进喜事迹,使学生体会到"宁可少活二十年,拼命也要拿下大油田"的顽强意志和冲天干劲。劳模与同学面对面交流,分享求学、求艺经历,诠释劳模精神,解答同学们关心的问题,激励同学们刻苦求学、勤勉敬业。

(2)引导同学们思索世界钻井纪录是如何创造的,是否离得开刻苦的钻研,傲人成绩的取得还需要什么样顽强的信念支撑?王进喜在生命的最后一刻仍不忘祖国的事业,作为新时代大学生的你决定怎样规划自己的人生?

【实践意义】

此次活动主要借助辽宁财贸学院"红馆"这一平台开展沉浸体验式教学,不断探索劳动教育课教学的新方法、新模式、新途径,积极拓展辽宁财贸学院"红馆"实践教学功能,综合运用图片、音视频、实物展示、VR体验等形式,将劳动教育课程与课程思政有机地融合,使教材内容立体化、直观化、实景化、实物化,让学生能够更加直观地感受到劳动模范的榜样力量。此次活动旨在鼓励全校同学积极向上,坚持学习,找到榜样和动力,感受我们身边平凡的人所诠释的不平凡的精神,推动学校精神文明建设的科学发展。

【活动地点】

辽宁财贸学院"红馆"。

【活动流程】

1. 活动前期准备

(1)学生提前阅读相关资料,了解课程内容、熟悉思考题等。

(2)学生要穿运动鞋参加活动。

(3)学生要带笔本等学习用品(教材可不带)。

(4)学生要注意保暖。

(5)学生要严格按照实践教学课表时间上下课。

(6)进入展馆后,学生严禁私自出入展馆大门,确有急事,须经带队领导批准后方可离开。

2. 具体活动流程

(1)召开协调会议。部署任务、区分责任、明确要求(教务处、劳动教育课程全体教师、各学院负责人、辅导员)。

(2)分配学习小组。学院将参加实践的学生按学号分为两个教学大组,每教学大组设置六个小组,明确组长并形成分组名单,学院与辅导员对接确定各组组长,提前安排两名主持人。

注:授课前将名单报马克思主义学院。

(3)辽宁财贸学院"红馆"工作人员具体保障任务。

辽宁财贸学院"红馆"工作人员全面配合劳动教育课实践教学的顺利、高效实施,授课过程中做好话筒、音响、多媒体一体机、电池等教学所用物品和设施的准备及保障工作;提前准备好各教学大组号牌,学生抵达后由指定负责人组织发放号牌和对讲机,提醒学生实践教学注意事项;学生做体验活动时,提供现场组织、保障服务。

(4)车辆运输保障。教务处负责车辆调配。

(5)安全管理保障。教务处在学生实践前组织召开一次安全管理协调会,对相关安全问题进行强调;参训学生所在学院,负责做好安全隐患排查、指定安全员以及学生的安全教育和管理工作,并做好现场秩序维护。

3. 后期事项

(1)实践后全体学生以小组为单位进行视频制作,视频内容一定要正面宣传、大力弘扬爱国主义精神,歌颂英模人物,恳谈心得体会。坚决不允许上传错误、消极、不健康的言论。

(2)整理相关后期资料。

4. 注意事项

(1)严禁在馆里和连廊吸烟,禁止大声喧哗。

(2)场馆连廊摆放的白桌椅严禁随便挪动(坐后严禁摇动,因为椅腿较软,摇晃容易导致椅腿弯曲或折断),起身后将桌椅摆回原位。

(3)要爱护场馆内的设施,所用装备要轻拿轻放,有些装备必须在老师指导下操作。

(4)场馆内的展品不要随意触摸,严禁搬动场馆内的各种设备,严禁私自使用馆内任何电器设备。

(5)要在指定区域活动,不得踩踏污水井盖,严禁攀爬飞机、坦克、舰艇、火车等,以免发生危险。

5. 活动分享

小组讨论交流,整理访谈的问答记录,并撰写一篇新闻稿在小组内进行分享。

【实践感悟】

通过本次专访实践,我的感悟:______________________________

____

____

____

____

____

____

【总结反思】

活动总结	
我的收获	
我的不足	
改进措施	

【项目评价】

评价项目	评价主体		
	自我评价	小组评价	教师评价
主动参与			
分工明确			
团结协作			
态度认真			
专业素养			
应变能力			
活动成效			

实践 2:参加各种技能大赛

【实践目的】

(1)邀请本校的技能大赛获奖选手(可以请本校参加全国创新创业类、省级创新创业类比赛获奖的优秀选手)与同学面对面交流,分享备赛、参赛经历,诠释创新创业精神,解答同学们关心的问题,激励同学们刻苦求学、勤勉敬业。

(2)学校团委推出"创新创业先进个人"活动,邀请"榜样学生"进入学校,并组织同学对其进行采访,加深对大学生创新创业的认识,近距离感受本校本专业成功学长、学姐的经历,鼓励同学们学习先进榜样,促进全校范围内创业精神的推广,促进社会主义核心价值体系建设。

【实践意义】

通过举办人物专访系列活动,组织学长、学姐与在校学生面对面交谈,分享备赛、参赛经历,诠释创新创业精神,解答同学们关心的问题,激励同学们刻苦求学、勤勉敬业。此次活动旨在鼓励全校同学积极向上,坚持学习,找到榜样和动力,感受我们身边平凡的人所诠释的不平凡的精神,推动学校精神文明建设的科学发展。

【活动时间及地点】

周末,学校多媒体教室或者报告厅。

【活动流程】

1. 活动前期准备

(1)查找有关被采访者的资料,整理收集相关信息。

(2)了解被采访者的兴趣爱好,使采访气氛融洽。

(3)准备采访所需设备(照相机、采访本、录音笔等)。

(4)提前三天和被采访者预约,在征得对方同意后进行采访,并将本次采访的主题和采访提纲发给被采访者,同时将时间、地点、采访时长告知对方并达成共识。

(5)向学长、学姐发邀请函。

(6)申请一间大的多媒体教室或者报告厅,准备两把椅子和两个话筒,做好活动的前期安排;制作宣传画板,在各教学楼区域进行宣传。

(7)确定采访主持人,并准备与采访相关的若干问题。

(8)安排相关人员负责活动过程的拍摄及视频的剪辑制作。

2. 具体活动流程

(1)主持人上场,介绍本期人物专访主题,邀请嘉宾上场。

(2)主持人和嘉宾就座,专访开始,主持人介绍嘉宾事迹。

(3)嘉宾分享求学、求艺经历,诠释劳模精神。

(4)主持人围绕创新创业这一主题,对学长、学姐进行提问。

3. 采访后期

(1)整理收集到的资料。

(2)整理访谈的问答记录。

4. 注意事项

(1)应围绕创新创业这一主题设置基本问题,若准备前已经得知这些问题,则可即兴追问问题。

(2)须注意提问方式,提问时应得当、有技巧、有取舍。

(3)本次采访活动按照计划进行,如遇不可预知等特殊情况,可另行修改或随机应变。

5. 活动分享

小组讨论交流,整理访谈的问答记录,并撰写一篇新闻稿在小组内进行分享。

【实践感悟】

通过本次专访实践,我的感悟:____

____

____

____

【总结反思】

活动总结	
我的收获	
我的不足	
改进措施	

【项目评价】

评价项目	评价主体		
	自我评价	小组评价	教师评价
主动参与			
分工明确			
团结协作			
态度认真			
专业素养			
应变能力			
活动成效			